饭店经理人丛书

实战版

酒店管理合同
从谈判到履行

王丽华/主编 · 孙铤哲/副主编

北京·旅游教育出版社

作者名单

主　编　王丽华
副主编　孙铤哲
编　委　李　亚
　　　　孟宪石
　　　　张　兵

出版说明

饭店业是中国经济社会改革开放的前沿窗口。从20世纪80年代建国饭店聘请半岛集团管理饭店以来，我国的饭店经营人员、管理人员就开始参照国际饭店经营管理的经验，来运营我国的饭店业务。

经过20余年的成长，我国的饭店业从组织形态到管理理念都发生了深刻的变化，突出表现为：企业形态由单体饭店向集团化方向发展，管理理念由模仿西方饭店管理思想向管理模式创新发展。此外，我国的一些饭店企业已经开始将触角伸展到国外，迈出了拓展国际业务的步伐，开始在国际市场上与国际知名饭店集团角力。我国的饭店经营管理者在放眼世界的同时，更为关注经营管理理念如何与我国、与本组织的文化相融合。在这一发展变革中，我国的饭店经营管理者总结出了诸多发展民族饭店业及国内饭店国际化拓展的经验。及时地展示饭店经营者、管理者的探索与尝试，总结他们的经验，对于中国饭店业的发展助莫大焉！

在我国由计划经济向市场经济过渡的转型时期，我国的饭店业正处于国际饭店管理经验本土化、国内企业发展国际化的紧要关头，在这样的历史时期，我们有必要在经济全球化、国内竞争国际化的大背景下，审视我国饭店业的发展，思考如何提高中国饭店组织的国际竞争能力。作为全国的旅游教育类专业出版社，我们有责任、有义务倾注我们的理性、热情去关注我国饭店业在经济转型期的每一步发展。在与众多饭店经理人深度访谈和大量调研的基础上，我们推出了"饭店经理人丛书"。

"饭店经理人丛书"涉及战略、品牌、企业文化、质量管理、人力资源、市场营销、财务、法律知识、收益管理、安全管理及创新力等饭店运营中的重大专题，由管理经验丰富的饭店人或研究饭店企业的专家学者执笔，力求用通俗的语言讲述中国饭店经理人自己的探索与实践经验。此丛书以服务现实为出发点，以解决饭店管理中的症结为主线，以国际上饭店管理的新趋势、新理念为参照，以提升饭店经理人的管理水平为最终目的，以向饭店经理人传输新思想为最高追求。通过对写作专题的严格选择与对写作质量的"苛求"，使得丛书具有"内容领先，实践有效"的特质。

在"饭店经理人丛书"的筹划和组织编写的过程中，我们得到了以下单位的大力支持：中国旅游饭店业协会、首旅集团、锦江集团、钟山宾馆集团、金陵饭店、开元旅业集团、北京第二外国语学院等。在此，向以上给予我们帮助的单位表示衷心的感谢！同时，也向未能一一列举的每一位关注我社丛书出版的朋友表示诚挚的谢意！此外，我们的作者在工作之余花费了大量的时间和精力尽心尽力地写作，将他们对饭店业的管理经验与读者诸君共享，于此，也向我们的作者致以谢忱。

"饭店经理人丛书"是一个开放的体系，我们希望有更多的饭店业经营者、管理者与专家学者加入到丛书的写作队伍，在读者、作者与我出版社的共同努力下，让这套饭店经理人的图书永远反映时代的脉动。

旅游教育出版社

目录

第一编　酒店项目的前期准备与评估

第一章　中国酒店业发展现状
第一节　改革开放政策实行30年后的中国酒店业现状　/　5
第二节　酒店委托管理概要　/　16

第二章　前期可行性调研
第一节　宏观经济的考虑　/　20
第二节　酒店项目的选址　/　24
第三节　酒店的定位　/　27
第四节　酒店星级评定　/　32

第三章　前期经济及技术考量
第一节　关于酒店前期规划的经济性考量　/　40
第二节　酒店前期设计的重要性及有关考量　/　51

第四章　管理公司、业主代表及其他
第一节　酒店管理公司的选择　/　61
第二节　业主代表　/　72
第三节　其他专业顾问　/　78

第二编　酒店管理合同的要素及谈判

第五章　酒店管理合同概述

第一节　酒店委托管理项目合同框架体系 / 86
第二节　酒店管理合同的主要条款 / 98

第六章　酒店人事安排

第一节　酒店人事安排概述 / 102
第二节　酒店总经理的任命 / 103
第三节　酒店总经理的职责 / 106
第四节　酒店总经理的考核和撤换 / 108

第七章　酒店财务处理

第一节　会计准则的适用 / 112
第二节　酒店收入和营运成本的计算 / 115
第三节　酒店年度预算 / 118
第四节　业主对酒店财务的监督 / 122

第八章　酒店资产安排

第一节　酒店不动产 / 125
第二节　家具、装置及设备（FF&E） / 132
第三节　营运物资与设备 / 134

第九章　酒店中央集团服务

第一节　市场营销服务 / 136
第二节　中央预订服务 / 138
第三节　其他中央集团服务及费用分摊 / 140

第十章　管理费用计算

第一节　管理费用概述 / 143
第二节　基本管理费 / 143
第三节　奖励管理费 / 147

第十一章　业绩考核

第一节　业绩考核概述 / 153
第二节　营业毛利考核方式 / 154
第三节　RevPAR考核方式 / 159

第十二章　酒店品牌与知识产权保护

第一节　酒店品牌及其内涵 / 164
第二节　酒店品牌在中国的注册 / 169
第三节　酒店品牌的保护 / 173
第四节　业主对酒店品牌的关注 / 176

第三编　酒店管理合同的履行

第十三章　酒店管理合同的履行

第一节　违约事项的处理 / 182
第二节　侵权事项的处理 / 190
第三节　未约事项的处理 / 194

第十四章　酒店管理合同的转让

第一节　管理合同转让的条件 / 197
第二节　管理合同转让的程序 / 201
第三节　管理合同转让的后果 / 204

第十五章　酒店管理合同的解除

第一节　管理合同解除的条件 / 207
第二节　管理合同解除的程序 / 211
第三节　管理合同解除的后果 / 214

第十六章　管理合同的争端解决

第一节　专家意见 / 217
第二节　商事仲裁 / 219
第三节　民事诉讼 / 223

后记　/　225

第一编

酒店项目的前期准备与评估

第一章
中国酒店业发展现状

导读

在进行客观数据收集及宏观与微观经济分析一个项目（前期准备及评估）前，我们需要首先介绍一下中国酒店业现阶段所处的大环境和发展状况，使读者对改革开放三十多年国内酒店业最新的行业情况有所了解。中国的酒店业由最初对酒店业务"完全不懂、没有接触"迅速发展到北京奥运前拥有全世界最多的酒店前期技术人才及业内从业人员，进步之快，成就之显，连欧美国家都要称羡。在行业迅速扩张的同时，新酒店项目在建造及装潢方面愈显奢华。但从经济指标来看，酒店房价已在2007年触顶向下，行业的总体出租率在60%水平（据STR2011年度报告）。虽然每个酒店项目开发商兴建酒店目的各不相同，但进行酒店项目立项前就必须对项目前期过程中的各项客观指标进行科学而冷静的分析，为酒店委托管理项目的后期运行奠定坚实的基础。

2010年，中国超过日本成为世界第二大经济体，国人的消费已经震撼着全世界。例如，LVMH披露其集团销售来自中国消费者的除税及利息前赢利（Earnings before interest and tax）占集团除税及利息前赢利的40%[1]。国际大型活动的举办基本改变了外国人对我华夏"东亚经济病夫"的看法。2010上海世博会在黄浦江两岸上演了"世界上参加国家和组织最多的世博会"，世博会期间的6个月总共吸引了7308万国内国外的访客。在此之前，2008年，北京亦成功举办了第29届夏季奥运会，赢得了全世界的尊重和喝彩。中国的经济改革则走过30多年的风雨历程，成绩有目共睹。

　　2008年对全世界来说，也是跌宕起伏的一年。"金融海啸"席卷欧美各国，并很快从金融领域向实体经济蔓延。值得庆幸的是，世界大国们在中美带头下都采取"量化宽松"的货币供应增长政策，不到半年时间很多国家便因货币充沛供应而有了一个强力的"V"形反弹。自2008年年末起，在中央制定的4万亿经济刺激计划和多项针对性的产业扶持政策，以及M2（广义货币）供应年增长率接近30%的大环境下，国内的房地产出现了前所未有的繁荣景象。不少高端房地产项目为了增强产品的差异化，项目中都规划了高端的酒店项目（如海棠湾的多数综合房地产项目及新建的城市综合体），继京、沪、津、穗后，已有多个主要城市相继出现酒店供过于求的现象，RevPAR（平均每间可供出租客房收入，亦称为实现房价）[2]长期处于500元以下。

　　美国2012年上半年的经济增长呆滞，失业率仍超过8.5%，加上自2009年以来的超宽松的货币政策，除了带来全球的通胀外，还加重了美国经常账户赤字（超过GDP的10%）。2011年标普评级机构（Standard & Poor's）将美国的主权国债历史性的从AAA级别调低到AA+，并给予"前景负面"的指导性看法。不仅如此，欧洲经济也因全球的经济形势而受到严重影响。但作为社会发展的重要经济指标，中国的旅游业与酒店业为什么没有出现过"V"形反弹？国内高星级酒店因外国客源减少而产生的需求真空为什么还不能通过拉动内需来填补？为此，我们需要首先了解一下中国酒店业现阶段所处的大环境和发展状况。

---

[1] LVMH Skips European Austerity Raising Prices for Chinese. Bloomberg News, 2012-05-01.
[2] RevPAR=（酒店）平均房价×平均出租率；国外一般解作每可出租房间（每天）收入。

第一节　改革开放政策实行30年后的中国酒店业现状

《同一个世界，同一个梦想》（"One World, One Dream"）于2008年唱响不久，就从大洋彼岸的美国传来了雷曼公司（Lehman Brothers）破产的消息。随后，危机雪球越滚越大，影响无孔不入，愈演愈烈，逐渐演化成席卷全球的金融风暴。冰岛政府宣布Glitnir银行被国有化，冰岛金融监管局随后接管了Kaupthing银行。大型金融机构及跨国公司纷纷裁员，上市公司业绩大幅下滑。世界各国先后进入同一场"噩梦"。

在2008年金融危机的影响下，国内经济也出现了种种问题，如出口贸易下滑，产值下降，消费紧缩等①。虽然中央政府2008年11月推出的"经济刺激方案"，使我国避免了一场席卷欧美的"金融信贷危机"，但是全球经济低迷的大趋势仍对中国经济的发展产生较大的负面影响。"欧洲四国（PIGS）②"的信用违约互换（CDS）长期徘徊于高水平，而美国的债务评级也在2010年被历史性调低。金融危机至今已有4年，而"金融海啸"的后遗症仍然萦绕着全世界的普遍消费情绪。尽管不少国内专家认为，中国拥有充沛的内需及世界最多的外汇储备，经济不会受到较大影响，但对于酒店业以及相对依赖国外购买力的行业而言，必然会受到影响，并会在可预见的未来继续萎缩。

---

① 中国经济四季度增速剧烈下滑 复苏前景悬疑重重. [2009-1-23]. 路透社新闻 www.cn.reuters.com
② 葡萄牙（Portugal），爱尔兰（Ireland），希腊（Greece）& 西班牙（Spain）四国的缩写。

表 1-1 2011 年 STR 发表关于美洲 4 个国家酒店客房出租率与房价变化的数据[1]

国家	出租率	变化（%）	ADR	变化（%）	RevPAR	变化（%）
巴西	68.5%	2.4%	BRL234.66	15.0%	BRL 161	17.9%
加拿大	61.9%	1.7%	CAD127.94	−0.6%	CAD 79.2	1.1%
墨西哥	56.8%	3.4%	MXN1 277	−0.8%	MXN 726	2.6%
美国	60.1%	4.4%	USD 102	3.7%	USD 61.1	8.2%

* "变化"一栏是比较 2010—2011 之间的变化；ADR 以当地货币计算。

根据史密斯旅游调查公司（Smith Travel Research，简称"STR"）发布的截至 2011 年年底的全球酒店需求趋势报告，美国酒店行业全年 RevPAR[2]、入住率（Occupancy）与平均房价（ADR）分别为 61.1 美元、60.1% 与 102 美元[3]（表 1-1）。与 2007 年"金融海啸"前的数字相比[4]，图 1-1 显示缺口仍然没有补上（RevPAR 下降了 4.5 美元，降幅 7%）。同一期间内，我国的 RevPAR、入住率与 ADR 分别为人民币 473 元（75 美元）、61.6% 与人民币 768 元（122 美元）。根据国家旅游局最新的数据统计显示：2011 年中国入境旅游总人数为 1.35 亿人次（其中入境外国人 2 711 万人

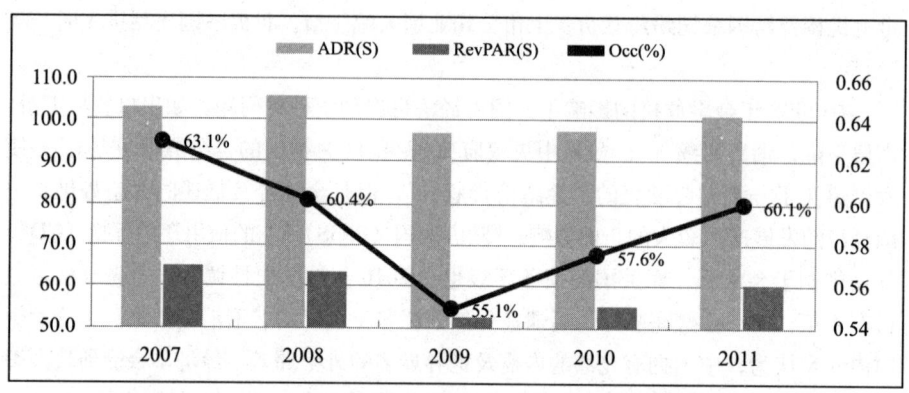

图 1-1 2007—2011（5）年美国出租率与房价趋势

咨询来源：STR 报告。

---

[1] STR Global Americas results for 2011. [2009-1-23]. hotelnewsnow.com.
[2] 即 "Revenue per Available Room（实现房价）"，缩写为 "RevPAR"
[3] US Hotel Occupancy Rises 4.5% to 63.4% Second Quarter 2011. [2011-7-26]. hotelnewsresource.com.
[4] 2007 年 RevPAR 为 65.6 美元，入住率为 63.1%，而平均房价为 104.04 美元。这一数据尚未计算美元在这 5 年间的 30% 以上的下降购买力。

次，入境过夜旅游者 5758 万人次）①，对比"金融海啸"后的 2008 年全年入境旅游人数 1.3 亿人次（其中外国旅客人数 2433 万，过夜外国旅客人数 5305 万②），3 年后除了入境旅游外国人有较为显著上升（11.4%）外，总入境旅游人数及过夜人数平均年增长率均低于 3%。从外汇创收分析，入境旅游外汇总收入从 408 亿美元涨到 485 亿美元，不过如果扣除人民币对美元 9% 的升值，每年的平均增长只有 3%（表 1-4）。

表 1-2　2011 年 STR 发表关于澳大利亚、中国、印度、新加坡 4 国酒店出租率与房价变化的数据③

国家	出租率	变化（%）	ADR	变化（%）	RevPAR	变化（%）
澳大利亚	73.8%	1.1%	AUD 172	3.5%	AUD 127	4.7%
中国	61.6%	0.3%	CNY 768	2.5%	CNY 473	2.8%
印度	59.9%	−1.2%	INR 6 608	−0.9%	INR 3 960	−2.1%
新加坡	83.9%	1.0%	SGD 290	9.9%	SGD 243	11.0%

*"变化"一栏是比较 2010—2011 之间的变化

2009 年第一季度对中国旅游业来说实为非常艰难的日子，当年 1~3 月入境旅游人数只有 3027 万人次，其中外国旅客人数同比下降了 23%，过夜外国旅客人数同比下降了 24%，旅游外汇季度总收入只有 87.65 亿美元（同比下降 15.4%）④。然而到了 2010 年，较好的全球经济氛围及上海世博会及广州亚运会（一北一南）造就了较高的入境旅游增长：总人数达 1.34 亿人次，旅游外汇收入 458 亿美元，相比 2009 年增长 15.5%⑤；出境旅游人数 5739 万人次，增长 20.4%；全国旅游业总收入 1.57 万亿元，增长 21.7%⑥。

表 1-3　2008—2011 年入境旅游收汇情况及（3 年）变化

		2011 全年	同比增长（%）	2008 全年	同比增长（%）	2008—2011 年平均增长（%）
入境旅游人数	万人次	13 542.4	1.2	13 002.7	−1.4	1.4
外国人	万人次	2 711.2	3.8	2 432.5	−6.8	3.8

---

① 2011 年 12 月入境旅游接待收汇情况．[2012-1-19]．国家旅游局网站 cnta.gov.cn．
② 2008 年 12 月入境旅游接待收汇情况．[2009-2-18]．国家旅游局网站 cnta.gov.cn．
③ STR Global: Asia/Pacific results for 2011. [2012-1-23]. hotelnewsnow.com.
④ 2009 年 3 月入境旅游接待收汇情况．[2009-4-22]．国家旅游局网站 cnta.gov.cn．
⑤ 2009 及 2010 人民币每年净"涨水"约 5%；因此除去人民币升值约 9%，实质的外汇收入增长为 6.5%。
⑥ 国内旅游人数达 21 亿人次，比上年增长 10.6%；国内旅游收入 1.26 万亿元，增长 23.5%。

续表

		2011全年	同比增长（%）	2008全年	同比增长（%）	2008—2011年平均增长（%）
香港同胞	万人次	7 935.8	0.1	7 835.0	0.5	0.4
澳门同胞	万人次	2 369.1	2.2	2 296.6	−1.0	1.1
台湾同胞	万人次	526.3	2.4	438.6	−5.2	6.7
过夜旅游人数	万人次	5 758.1	3.4	5 304.9	−3.1	2.8
外国人	万人次	2 194.1	3.1	1 970.4	−7.9	3.8
香港同胞	万人次	2 691.6	3.2	2 566.9	1.1	1.6
澳门同胞	万人次	427.9	8.9	387.9	−0.8	3.4
台湾同胞	万人次	444.4	1.8	379.8	−5.6	5.7
入境旅游外汇收入	亿美元	484.6	5.8	408.4	−2.6	6.2
外国人	亿美元	286.5	7.2	237.0	−5.9	7.0
香港同胞	亿美元	110.6	3.5	92.6	5.2	6.5
澳门同胞	亿美元	27.6	4.4	34.0	17.4	−6.3
台湾同胞	亿美元	59.9	4.2	44.8	−11.0	11.2

数据来源：国家旅游局网站

尽管受美国失业率逐渐下降的正面影响，越来越多专家对2012年的全球酒店前景渐趋乐观[①]，然而持续疲弱的消费需求及欧洲国家不稳定的政治经济环境将对开始复苏的高档住宿需求形成压力。从2011年股价来看，不少大型国际连锁酒店集团的股价都从2010年的高位下调了30%以上（即使2012年年初又有所反弹）。中东地区政治局势动荡，政权频繁更替，令该地区的吸引力减退，2011年整个地区的出租率下降6.8%（全年只有57.1%），尽管ADR增长了5.3%（全年ADR为162.8美元），但全年的RevPAR跌至93美元（同比下降1.8%）。同一时期欧洲的出租率及业绩表现平稳，整个地区年出租率达到66.3%，增长3.1%，全年ADR为143美元，ADR涨幅为9.4%，全年的RevPAR上升12.7%，达到92.8美元。

---

① STR机构预测2012年美国全年出租率将上升1.5%，达到60.9%，ADR为105.74美元（上升4%），总体RevPAR将上浮5.5%，为64.43美元（仍然低于金融海啸前即2007年前的65.6美元）。U.S. hotel industry Summer forecast predicts strong performance | STR Reports. [2012-5-4]. hospitalitynet.org.

表 1-4　半岛酒店集团公布 2011 年及 2010 年旗下酒店表现

	Attributable Interest%	Revenue (HK$m)		Available Rooms		Occupancy %		ARR (HK$)		RevPAR (HK$)	
		2011	2010	2011	2010	2011	2010	2011	2010	2011	2010
The Peninsula Hong Kong	100	1 156	1 059	300	300	74	70	4 094	3 816	3 043	2 660
The Peninsula Shanghai*	50	461	385	235	235	59	63	3 221	2 830	1 900	1 778
The Peninsula Beijing**	76.6	386	362	525	525	49	46	1 472	1 409	719	650
The Peninsula New York	100	552	498	239	239	71	67	5 841	5 570	4 159	3 727
The Peninsula Chicago	100	446	412	339	339	65	59	2 946	2 965	1 905	1 762
The Peninsula Beverly Hills	20	421	396	193	193	74	72	5 478	5 147	4 027	3 699
The Peninsula Tokyo	100	699	762	314	314	54	65	4 008	3 861	2 171	2 522
The Peninsula Bangkok	75	193	183	370	370	51	49	1 480	1 398	748	688
The Peninsula Manila	77.4	273	240	497	497	70	69	1 133	1 036	792	719
Total		4 587	4 297	3 012	3 012						
Average						62%	61%	2 973	2 819	1 829	1 714

资讯来源：HSH 2011 年报

"金融海啸"后两年，在欧美日同时受到多重国内偏低增长及累积债务问题影响的大环境下，刚刚显露一丝生机的全球经济可能需较长时间的恢复。作为持有近 1.8 兆（万亿）美国债券的最大债权国，中国外汇储备盈余充沛，加之 2009～2010 年过量的流动性[①]，几乎泛滥的信贷支撑着"过度乐观"的市场情绪，更引发大部分企业对国内房产投资的倾斜，一片高昂的情绪中不乏"世界之最"的新建摩天大楼酒店项目。不少开发商在前两年的信贷"超标[②]"中都达到了优于预期的销售额，手中充足的资金也使得开发商对高资金要求的超高层高星级酒店项目更加进取。不仅是京、沪、津、穗、深，其他城市亦遍地呈现摩天华厦（昆明、武汉、南宁、南昌、南京、苏州、无锡等都有 300 米以上的超高楼）。纵使拥有超级硬件，但在目前国内市场情况下，中、高星级酒店在大部分城市已普遍存在需求日渐疲软、供应过剩的趋势。表 1-4 列示了半岛酒店集团 2011 年及 2010 年全部酒店表现，其国内的两家顶级豪华酒店（北京与上海）在上述两年中的平均出租率分别为 49% 与 59%。

高星级酒店需求出现疲软拖低了 RevPAR，那么近年来风险投资钟情的低端经济型酒店（Economy Hotels）的经营状况又如何呢？

---

① 2010 年及 2009 年的全年新增借贷分别为 7.95 万亿及 9.59 万亿。
② 2009 年人民币各项贷款增加 9.59 万亿元，同比增长 32%，增幅比上年末高 13 个百分点。当年 M2 同比增长 28%。总 M2 量超过美国。

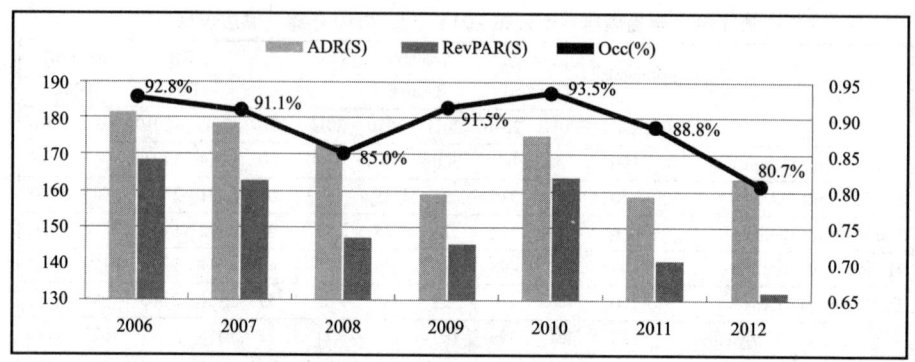

图1-2　2006—2012年第一季度如家酒店RevPAR—ADR—OCC表现趋势

数据来源：如家酒店集团已公布年/季报．Investor Relations Home. english.homeinns.com

　　经济型酒店自2000年年初开始迅速发展，全国涌现了大量的经济型酒店，但由于缺乏行业的指导、规范及有效的商业模式，经济型酒店在数量急剧增加的同时，却在很大程度上扰乱了这个行业的竞争态势，服务水平低落，且业绩普遍持续下滑。例如，如家（Home Inn）连锁酒店2012年第一季度业绩显示，尽管总营业收入为人民币11.56亿元（同比增长66%），但由于经营成本上升高于房价收益（涨80%），结果却出现季度亏损3690万。2011年同期，如家运营利润已从6 160万元降低至3 150万元，从而导致归属股东的净利润缩减3成[1]。2012年，如家第一季度的RevPAR为132元（2011年及2010年全年RevPAR分别为141元及164元），开业18个月以上的"成熟门店"的RevPAR则为151元，同比只上涨了1.3%。汉庭2012年首季度公布的业绩也基本相同：RevPAR同比从144元升至156元，虽然总收入比上年同期增长52.9%（至6.89亿元），但净亏损为940万元（约150万美元）；2011年同期净亏损1 400万元（约210万美元）[2]。2011年以来，物价水平持续攀升，无论是原料、租金、员工工资还是水电煤通信等公共费用均达到历史高点。成本涨了，客房收入却开始下跌，说明实际的下滑更大。

---

[1] 汉庭业绩首次爆亏　如家净利缩水三成．[2011-5-13]. finance.sina.com.cn/stock/usstock/c/20110513/07129836076.shtml.

[2] 汉庭连锁酒店一季度净亏损150万美元．[2011-5-10]. it.sohu.com/20120510/n342808818.shtml.

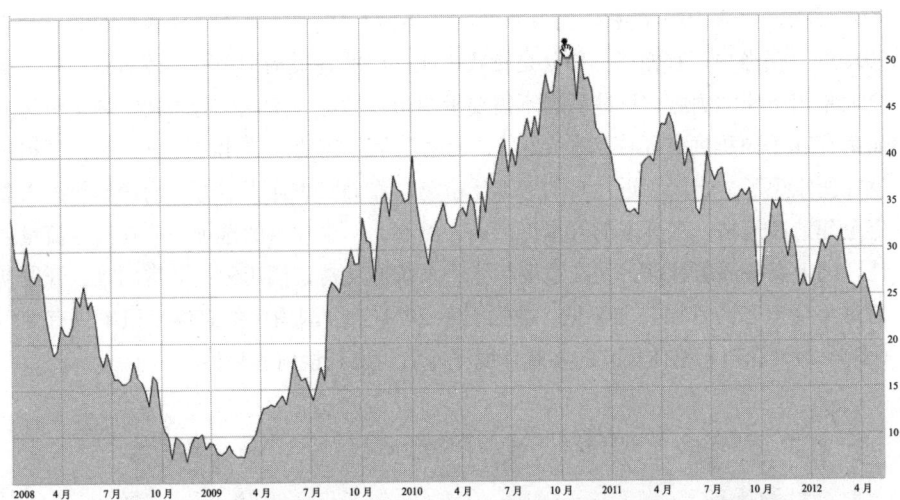

图1-3　2008—2012年5月如家酒店集团（NASDAQ）股价表现

数据来源：雅虎财经 finance.yahoo.com.

在2008年金融危机中，几家在香港上市的大型国内房地产公司的股票曾经迅速从最高值缩水了80%左右，十分形象地展现了泡沫破裂带来的后果，不过，得益于中央"超宽松信贷"的货币政策①，不到一年，这些公司的股价又逐渐恢复。虽然房地产市场经过了近两年的高速发展，多数的国内房地产公司市值仍然无法回到"金融海啸"前的水平。2011年开始，过度的流动性及过松的信贷政策终于导致高通胀，这也危及到一般企业的赢利。

虽然国内旅游由于人均收入增加及消费习惯的改变继续保持旺盛，但作为酒店业的上游产业、具有较高购买力的涉外旅游业仍然在恢复当中②。国内高星级酒店业与一般房地产业不同，前者主要依靠海外旅客，而后者主要依赖本国购买力。在酒店建设之初，开发商的主要目的是赢利，但并不是每个投资者都能如愿以偿。中国酒店业向来存在赢利少、亏损多的问题③。据一项调查统计表明，目前中国酒店

---

① 中国2009年新增贷款规模创下纪录高位．[2010-1-15]．中文华尔街日报 cn.wsj.com．
② 2008—2011年入境旅客年增长率只有1.4%，不到每年200万人次；过夜入境旅游人数增长率则为2.8%，大大低于中国GDP增长及酒店投资增长。
③ 这通常归咎于前期策划的合理性及发展商项目队伍的技术水平。有些项目的立项缺乏客观条件，规划时常存在设施过大过多的问题，因此不少新开的酒店营运几年后仍然不到60%的入住率。

90%亏损,只有10%赢利,而且赢利的基本都是中外合资及外方管理的酒店。在90%的亏损当中,有相当一部分是行政职能部门的各类培训中心、政府招待所、国有大集团下属的酒店,这些酒店不需要承担市场风险,所以在管理及市场定位等方面都存在不同程度的无序竞争①。当"无序竞争"演变成"无力竞争"时,亏损也就在所难免了。当然,近几年的房地产市场高涨确实也让不少开发商纷纷投入大量资金建造高规格、高标准的五星级酒店。然而,不少项目的选址并非在高客流量之地,加上有些酒店管理公司在过度扩张中系统性支持,酒店营销非常困难,开业初期每年几千万的亏损并非罕见。数据显示2011年全国酒店的总体出租率只有60%(表1-2),在市场整体疲软的客观环境下,酒店赢利谈何容易!

图1-4　吉林通化如家酒店10死41伤火灾灾后现场

酒店项目与商品房项目有所不同。酒店项目要想具备持续生命力(其实就是"创赢能力"),就必须在投建初期至少做好使用30年②的准备,不像商品房开发商开

---

① 酒店业国企民改势在必行.城市规划网 info.upla.cn/html/2007/06-27/37260.shtml.
② 一般的商业用地土地使用权的年限为40年,但扣除拍地及酒店建设所需时间,所剩约三十多年。

发商品房的目的主要是为了"一次性"销售。然而，国内酒店业普遍轻视（甚至忽视）专业投入的情况相当严重。例如，经济型酒店在我国短时间内就"遍地开花"，但水平差距之大让人难以置信。有些经济型酒店甚至没有窗户、没有电梯、没有喷淋，根本就没有考虑过客人的需要或酒店经营的需要；有的设备太简陋或选址随意性高，给客人带来巨大的灾难[①]（图1-4）。最近媒体不断曝光经济型酒店的丑闻：自来水充当纯净水，客用布草与医院布草混洗，客用杯具不清洁不消毒，没有拿到营业执照就擅自开业等。这一系列事件说明经济型酒店在管理方面有很多短板和缺失[②]。

表1-5 截至2011年第三季度全球筹备中项目总览
TOP 10 Countries
Total Construction Pipeline

Country	Q3 2011	
	Projs	Rms
China	1 385	396 804
United States	2 851	347 930
India	375	70 668
Brazil	208	32 406
United Kingdom	207	27 144
Saudi Arabia	78	24 933
Dubai	67	20 805
Russia	84	17 725
Canada	141	17 461
Abu Dhabi	58	17 205
All Other Countries	1 624	304 258
Total Global Pipeline	7 078	1 277 339

资料来源：Lodging Econometrics（LE）Report 2011Q3.

国内酒店近年来数量激增，导致普遍的市场供过于求，大部分市场酒店房价因此走低，亏损严重。2008年北京奥运会及2010年上海世博会进一步催化了两大

[①] 2011年5月1日，通化市如家酒店烧死10个人的事件只是反映了一部分行业内选址时的"随意性"；吉林通化如家酒店火灾已致10死41伤. [2011-5-1]. 网易新闻 news.163.com.
[②] 病态的中国酒店业. [2012-5-22]. 慧聪酒店网 hotel.hc360.com.

都市的现代化，带动了周边经济圈内旅游业和酒店业的发展①。根据全球预测机构 Lodging Econometrics（LE）2007 年 10 月报告，北京奥运前在建及规划中的酒店有 71 家，共 18 458 间客房，当年预计，2008 年奥运之际，星级酒店将达 800 家，客房达 13 万间②（但最后实现率尚不足 1/3）。上海也不例外，2007 年年初至少有 58 个在建或拟建的高星级酒店项目（不过直至 2011 年年底，上海五星级酒店总量只有 44 家③），其客房总量按平均每家 372 间计算大约是 21 576 间，可用于接纳 330.76 万增量的入境过夜人次。

最近，同一机构的报告指出，至 2011 年第三季度，中国在建及新公布的酒店项目有 1 385 家，将提供 39.6 万余间客房（表 1-5）。此前专家预计，到 2010 年，上海仅高星级酒店就具备接待近 1000 万人境过夜人次的能力。根据中国旅游研究院的初步统计数据，2010 年世博会带来的直接旅游经济收入将超过 800 亿元人民币，其中 34.3% 是与酒店住宿有关，也就是说酒店业从世博会中获益约 274 亿元。此外，该研究报告还显示，当年 5～9 月的上海酒店业的入住率达到 80%（但 2011 年五星级酒店入住率只有 55.3%），与 2009 同期相比增加了 30%，不仅如此，日均房价也增加了超过 30%。对于上海的酒店业和酒店从业者来说，2010 年是突飞猛进的一年，或将成为上海酒店业史上最为辉煌的一年。不过"盛宴"之后遗留下"惨淡"的供应过剩，当年年底不少酒店已经呈现"post-event（大型活动后）"之疲态现象④，2011 年，上海 IBHS（上海国际品牌饭店业协会：International Branded Hotels of shanghai）全年的行业报告显示上海 50 多家会员酒店 2011 年的平均入住率只有 57.3%，STR 公布的 2011 年全年行业报告也显示同样偏低的 RevPAR：只有 444 元（同比下滑 18.2%）⑤。北京酒店业同年的 RevPAR 依然低于金融危机前的水平，至 2010 年 10 月为止，北京的 RevPAR 为 399 元，扣除通胀因素比 2007 年同期的 589 元下降 32%⑥。

---

① 上海世博会催熟浙江五星酒店？. 新浪财经 sina.com.cn.
② 2008 北京奥运会对中国酒店业的影响分析和解析．中国网 big5.china.com.cn/travel/txt/2008-02/19/content_10134018.htm.
③ 旅游星级饭店基本情况（2010）表 7.19. 2011 上海统计年鉴 stats-sh.gov.cn.
④ 世博后入住率低 年末沪上酒店普降 3 成．[2010-12-24]. 新民网 news.xinmin.cn.
⑤ Hotel Industry in the Asia Pacific Region Ends 2011 With Positive Results. [2012-1-24]. www.hotelnewsresource.com.
⑥ 亢奋的酒店投资潮 未来五年总投资将近 4000 亿．[2011-3-3]. 瞭望东方周刊．

表 1-6 2011 年北京酒店全行业出租率与房价表现

	2011 年 12 月	同比增长（%）	2011 年 1～12 月	同比增长（%）
星级饭店平均房价（元/间）	517.6	7.0	481.7	7.0
一星级	273.5	28.5	244.5	28.3
二星级	277.3	11.8	219.7	1.5
三星级	427.6	11.2	341.1	9.6
四星级	487.1	1.8	472.6	7.2
五星级	779.1	3.0	795.5	-3.2
星级饭店平均出租率（%）	58.4	4.1	59.9	3.5
一星级	39.9	6.7	37.5	7.7
二星级	50.5	2.6	52.3	0.9
三星级	56.1	4.1	57.9	2.9
四星级	62.9	5.4	63.1	4.0
五星级	61.1	2.1	64.2	3.8

数据来源：北京市统计局 bjstats.gov.cn.

2010 年上海世博会后的"post-event"效应早已被很多专家预见，不少专家在此之前便指出上海这一供大于求的情况预计将持续到世博会之后数年。其实，自从上海在 2006 年高星级酒店整体的出租率及平均出租房价达到十年间最高水平后（当时官方公布只有 26 家五星级酒店）[1]，从 2007 年起由于供应增长速度超过了需求增长速度，当年的平均房价虽有所上升，但出租率却下降了几个百分点，此后除了世博的几个月外，基本上可以说需求疲弱（出租率年平均低于 60%），浦西浦东新开的国际酒店 2010 年全年的出租率均在 30% 上下。那么，既然 2010 年上海世博会举行 3 年前大家就清楚认识到酒店供应增加速度过快，并且市场房价又无上升空间，为什么还会有众多发展商投资建造高端酒店呢？笔者将在随后章节通过真实案例来剖析成功酒店项目背后的谜底。

---

[1] 当年之所有星级酒店之实现房价（RevPAR）为 412 元；平均房价为 645，而平均出租率为 64%。

第二节　酒店委托管理概要

作为一种系统性的管理模式，酒店管理合同（也称为"酒店管理协议"）有效地平衡及优化了酒店业主和酒店管理公司双方的利益与合作关系，并使具有比较优势（Comparative Advantage）的酒店管理公司以相对较低的成本及风险在短时间内复制其多至上百年所累积的管理及操作经验并应用于更多的酒店，为全球酒店业的发展及酒店管理整体水平的提高作出了显著贡献。世界上第一份酒店管理合同诞生于1948年的波多黎各（Puerto Rico），该合同涉及的酒店名为"Caribe Hilton"，是希尔顿（Hilton）冲出美国本土后的第一个酒店管理项目（希尔顿同时也提供了开业资金），该酒店经多次翻新，目前仍在营业。可能是出于税务安排的考虑，希尔顿集团（Hilton Corp.）将希尔顿国际（Hilton International）独立出来，使之成为专门于美国本土之外执行管理合同的分公司。希尔顿国际一般很少参与项目股权投资，至多只会提供少量资金以供酒店开业。总的来说，管理合同有别于"参股"或"带资"管理，但也不同于"特许经营（Franchising）"。在履行特许经营合同时，酒店管理集团一般只向酒店业主提供品牌与操作标准，很少会提供其集团管理人员协助管理该酒店。

在中国酒店业内，管理合同经营模式占据了大部分的酒店高端市场，尤其是准五星级及以上星级的酒店，以国外管理公司结合外方管理团队的模式为主，国内管理公司暂时还处于挑战阶段。酒店业主在决定采用管理合同方式并考虑聘请专业团队来管理其新建或现成酒店时，国外管理公司无论在品牌认知、订房系统、常客管理、管理经验及系统技术支援等方面，都具有明显优势，因此更易得到酒店业主青睐。

中国第一家使用管理合同的酒店是位于北京长安街、20世纪80年代初开业的建国饭店，管理公司为著名的半岛集团（The Peninsula Group；上市集团名为"香港上海大酒店有限公司"），双方以"合资—合营"方式签订了《合作建造和经营北京建国饭店合同》。建国饭店于1982年4月28日开业，总建筑面积约3.2万平方米，提供467间客房①（平均每间面积为68.5平方米）。此后，在各个门户城市，如广州、北京、上海、南京、西安等城市，陆续出现了聘请外方管理公司以管理合同模式提供专业酒店委托管理服务的高星级酒店。②

1978年至1987年期间为改革开放后第一个10年，已履行且相关酒店已开业的管理合同总量不超过10份，酒店业主（开发商）一般为大型城市的旅游局或相关企业。从20世纪80年代末开始，酒店管理业务的发展并不太快。因为当时国内的经济活动活跃地区很大程度上仅限于广东省③（被认为是最开放的地区）、4个经济特区与主要的旅游城市（如北京、上海、西安、南京等），国外管理公司绝少参加投资。而在整个90年代里，酒店管理项目发展速度加快，但由于外汇④调配供应紧张，国外公司提供专业管理的项目大多为四星级水平酒店（普遍造价较五星级低25%～35%），其中有不少酒店因为当地政府支持而破格挂了五星，天津某家外资管理酒店就因天津市举办1995年世界乒乓球锦标赛而升级到五星。这基本上反映了大部分省会及热门旅游城市在2000年前的酒店供应情况。在深圳、沈阳、大连、济南、郑州、武汉、重庆、昆明、南昌及苏州等城市，外资管理的五星级酒店直至90年代末才陆续出现。

进入21世纪，由于国家外汇储备日渐丰厚，酒店投资也从国资主导转成民资主导。房地产行业的成熟催化了高星级酒店前所未有地高速发展。酒店业在一线经济或旅游城市不再独领风骚，在二、三线的地县级市也逐渐热闹起来。最近几年更出现五星级立项成为"规定动作"的趋势。在京沪穗琼地区，有的新项目甚至用"六星级"或"七星级"或"精品酒店"做广告招徕顾客，不少外国旅客对国内近几年落成酒店的豪华度都叹为观止。外资管理公司仍然坚持不投或少投资金的方针，采用管理合同拓展其网络。有的外资管理公司一年签订80份以上的新管理合同，内资管理公司也有一年签20份以上的，各大小管理公司出现前所未有的扩张速度。管理合同发展业务似乎成了一门只赚不赔的各个集团都热衷的生意。

---

① 揭秘新中国第一家中外合资饭店北京建国饭店．[2009-2-26]．新华网 big5.xinhuanet.com．
② 如北京丽都（假日皇冠）、广州花园（半岛集团）、南京金陵（香港文化东方）、西安古都（香港新世界）、上海华亭（喜来登）等。
③ 在1983—1985年不到3年的时间内，广州市内陆续有白天鹅、花园及中国大酒店开业。
④ 当时高星级酒店所需之设备在国内一般没有能力生产，如酒店电视机、冰箱、床垫、餐饮设备等，需要用外汇进口。

三亚凤凰岛在建国际会议中心设计效果图　　三亚凤凰岛在建国际会议中心最新状况：2012年5月

图1-5　在建七星级三亚凤凰岛国际会议中心酒店

图片来源：海南省人民政府网 hainan.gov.cn

在酒店委托管理模式下，酒店业主与酒店管理公司通过签署管理合同来约定双方的权利、义务和责任，其主要精神为：

（1）酒店业主为酒店提供土地使用权、建筑物、家具、设施设备、运营资本、各种执照等，并根据合同约定承担相应法律及财务责任。同时，酒店业主聘用酒店管理公司作为自己的代理人，承担酒店经营管理职责。作为代理人，酒店管理公司以酒店业主的名义经营，拥有酒店的经营自主权，负责酒店日常经营管理，定期向酒店业主上交财务报表和酒店经营现金流，并根据合同约定获得管理酬金（这种模式与业主和管理方共担风险、利益捆绑有本质的区别）。

（2）一个完整的酒店管理合同项目包括前期准备阶段、合同谈判阶段，以及合同履行阶段。针对酒店管理合同项目的前期准备阶段，笔者将在本编以后章节对前期可行性调研、前期经济及技术考量，以及管理公司和业主的确定等逐一进行讲解，旨在强化酒店开发商在酒店项目筹备过程中对各项客观指标的敏感度；通过分析前期重点考虑因素的潜在影响（正负两方面），希望更多的酒店项目参与人员能够以更为科学和贴近实际的角度剖析、思考并解决从酒店项目可行性评估阶段至酒店管理团队的选择与任用阶段通常所必须面对的诸多问题与技术挑战。

第二章
前期可行性调研

导读

英文有句谚语:"抱最好的希望,做最坏的打算。" 2 000多年前,孙子也说过类似的话:"知彼知己,百战不殆;不知彼而知己,一胜一负;不知彼不知己,每战必殆。"任何项目都不是靠运气或拍脑袋就能成功,做好充分有效的前期准备才是制胜的关键。酒店项目的特征在于高投入、长回报,要准确地了解以前和现在的市场情况以及未来的供需趋向,为项目准备一份系统而有效的前期调研及分析文件,这才是项目成功的先决条件。

第一节　宏观经济的考虑

好的选址、好的规划、好的经营，这是酒店项目成功的三大要素。但在**确定开发每一个酒店项目之前，开发商必须首先考虑宏观环境是否适于该酒店项目的存续和发展**。

2008年，大型奥运场馆与空前高速发展的高星级酒店相继在京城动工并落成，使奥运主办城市北京可以自信地对全世界说"We are ready"。但问题是，大部分高星级酒店的收入从2008年10月份开始出现了跳水式下滑。很多新开业的五星级酒店10月份与11月份的出租率均不到40%。根据北京BARDE报告[①]，不少酒店在2009年1月份的出租率甚至都不到30%，有些连20%都守不住。笔者曾对上海饭店业协会国际品牌酒店分会（IBHS）2008年全年统计报告中的所有酒店，都按RevPAR数值依次排列，取前10家酒店的数据计算其加权平均值（Weighted Average），其结果为1 062元，同比2007年下降了21%。如果包括所有IBHS会员酒店（国外管理组）的数据，2008年38家的加权平均RevPAR为694元，比2007年（833元）下降了20%。

无独有偶，往届奥运会的举办城市也经常遇到同样的问题。加拿大魁北克省就用了30年时间来清偿1976年蒙特利尔（Montreal）夏季奥运会的债务。2000年悉尼奥运会后，悉尼酒店出租率严重下跌，大约3年之后才得以恢复，而且当年国际经济与消费需求还很强劲。2008年奥运会虽然拉动了不少短期性酒店客房入住需求，但却让不少刚落成的酒店在奥运结束后变得滞销。由于缺乏理性的前期可行性分析，新开业酒店在奥运后业绩难免大幅下滑，不少新开业酒店目前的网上价格只有400多元。这与郎咸平所提到的国家为拉动GDP增长而投资大型基建工程却忽视扶持

[①] BARDE是北京市高星级酒店协会的一份行业分享报告。BARDE组织里的会员酒店将每月提供有关数据给当月的轮选"召集人"，由其制作当月的数据供各家会员酒店分享。

一个国家的骨干——经济制造业[①]是同一个道理。

2010年，第41届世界博览会在上海举行。统计数据显示[②]，2010年1～12月，上海接待国际旅游入境人数851.1万人次（入境过夜人数733.72万人次，平均每月61万人次），同比年增长37.6%，其中外国人数增长36%。全年接待国内旅游者21 463万人次，比上年增长73.6%。其中，外省市来沪旅游者1.13亿人次，增长32.7%。全年国际旅游外汇收入64.05亿美元，同比增长33.5%；国内旅游收入2 523亿元，增长31.8%。

表2-1 上海入境旅游统计（2010年）

指标	单位	12月	比去年同月增长（%）	1～12月	比去年同期增长（%）
国际旅游入境人数	万人次	60.3	20.9	851.1	35.3
外国人	万人次	47.7	24.6	665.6	35.9
港澳同胞	万人次	5.0	6.0	77.5	43.3
台湾同胞	万人次	7.6	10.8	108.0	26.9

不过好景不长，2011年上海全年接待国际旅游入境人数817.57万人次，下降3.9%。其中，入境外国人648.31万人次（下降2.6%）。在国际旅游入境人数中，过夜旅游人数668.61万人次，同比下降8.9%。全年的星级酒店出租率为65.7%（其中五星级酒店为68%），平均房价为686.3元，跌8.1%（其中五星级酒店为1 136.3元，下跌9.8%），全行业的RevPAR为347元（其中五星级酒店为623元）。

表2-2 上海星级酒店基本情况（2011年度）

指标	合计	五星级	四星级	三星级	二星级	一星级
饭店数（个）	298	44	64	123	65	2
客房数（万间）	6.51	1.96	2.04	1.97	0.53	0.01
床位数（万张）	10.1	2.69	3.08	3.37	0.94	0.02
客房平均出租率（%）	65.7	68.0	66.5	63.1	63.9	52.0
营业收入（亿元）	190.5	98.3	54.7	31.6	5.9	0.1
平均房价（元/间天）	686.3	1 136.3	607.5	371.8	269.3	178.1

资料来源：上海统计网 stats-sh.gov.cn

[①] 郎咸平. 郎咸平说——谁也逃不掉的金融危机. 北京：东方出版社，2008.
[②] 1—9月本市旅游发展简况. [2008-11-21]. 上海统计网 http://www.stats-sh.gov.cn/2005shtj/tjfx/jdxx/userobject1ai7734.html.

执笔本书第一版时，笔者曾预计在2010年世博会举行期间，上海将会产生较为强劲的住宿需求，但大量的新增高星级酒店将会对市场价格形成巨大的负面压力，而且，世博会过后大量新增酒店如何寻找新客源也将面临挑战。也许有人会提到自2004年起每年举行的上海F1大奖赛。尽管几天的赛事总是吸引大量F1赛车粉丝涌到位于嘉定的国际赛车场，但事实证明国际赛车并没有坚实地拉动上海嘉定地区对五星级酒店的需求。在2005年的F1大赛时，赛车场旁边就已有一家拥有1164间客房并由业主自管的五星级酒店，但业绩并未达到预期目标，而直到2011年底，区内的几家已立项的五星级酒店似乎都尚未完工。虽然在F1赛车举行的前后两星期内，酒店接近爆满，但平时房价只维持在40～60美元的水平。原因很简单，由于附近缺乏商业需求，不少客人还是喜欢较为熟悉的那些国际五星级酒店。

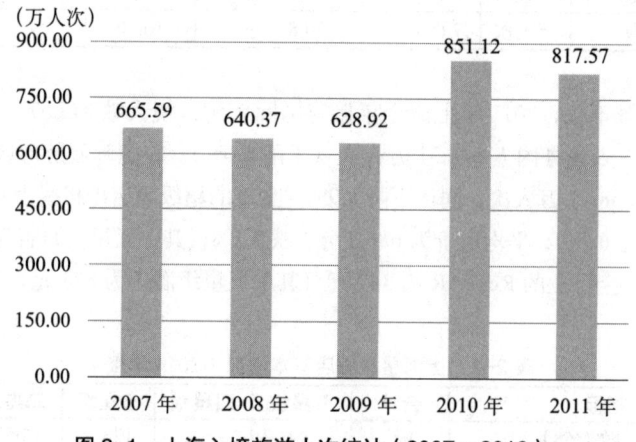

图2-1 上海入境旅游人次统计（2007—2012）

数据来源：2011年上海市国民经济和社会发展统计公报．上海市统计局 tjj.sh.gov.cn.

此外，1999年在云南省昆明市举办的世界园艺博览会可以给我们更多启示。10年后的今天，昆明五星级酒店仍以低房价而闻名[①]。昆明世界园艺博览会是一个政府主导项目，借助强大的舆论攻势，昆明在半年时间内汇聚了900余万人，当时的酒店一时供不应求。但没人想过昆明世界园艺博览会过后又会怎样，也没

---

① 昆明世界园艺博览会后遗症：展园和酒店出租车业濒临崩溃：http://news.sohu.com/36/79/news211067936.shtml.

想过这 900 余万人对高星级酒店的真正需求是多少。现在昆明在吸引国际酒店品牌方面与云南省内开发较晚的其他城市相比已显得相对落后了。云南省的旅游胜地目前以丽江为首，国际品牌如"悦榕庄（Banyan Tree）"等已经进驻，每晚房费 3 000 元，差不多位居全国最高水平。而在昆明市，Westin 已撤离，假日也在 2002 年换成 Ramada（品牌特许经营，由业主自管），市场暂时缺乏任何国际品牌的参与。

抛开国际大型活动在中国举办所带来的影响不谈，我国旅游业整体而言仍然处于稳步发展的阶段，主要原因在于国家的经济体系已经基本形成了较为稳定的架构，同时在内部需求方面仍然还有很大的提升空间。国家旅游局局长邵琪伟最近在 2009 年全国旅游工作会议上就曾指出[①]："预计（2009 年）全年国内旅游人数可达 17 亿人次，增长约 6%；国内旅游收入 8 700 亿元，增长约 12%；入境旅游人数 1.30 亿人次，下降约 2%；入境过夜旅游人数 5 300 万人次，下降约 3%；旅游外汇收入 400 亿美元，下降约 5%；出境旅游人数 4 600 万人次，增长约 12%；旅游总收入可达 1.14 万亿元，增长约 4%。"

从以上数据中我们可以看到，尽管入境旅客数量在世界经济降温的大环境下不可避免地出现下滑，但国内强劲的购买力仍然支撑着整体的旅游消费市场。其实在绝对数值上，国内旅游收入所增加的 12% 是完全可以抵消入境旅游下降 5% 所减少的外汇收入的，但我们却不能直接地将国内旅客的平均购买力与外国旅客的平均购买力画上等号，因为大家所购买的产品不同：国内旅客对酒店产品的需求主要在超高、中低水平，而国外旅客的相对需求主要集中在中高档次酒店。这种需求的差异不可避免地会导致在国际金融危机所形成的新宏观经济的环境下，高星级酒店将面临较大且长时期的挑战。

众所周知，近年来很多国内发展商投资酒店的热情很高，其中一个原因在于 2005 年开始出现的广泛性的"流动性过剩"现象，通俗地讲就是货币供给量过多。央行较为宽松的货币政策及较多的国外资金的流入（看好人民币升值）造成了信贷过松的倾向，发展商更容易取得开发资金而逐渐地投入对技术要求较高的酒店项目，因此大量资金随之涌入酒店和房地产领域。2007 年起，一、二线城市先后都出现过酒店开发的热潮，从北京、上海、广州、深圳等中心城市辐射到毗邻城市，如天津、唐山、大连、青岛、苏州、昆山、杭州、宁波、南昌、东莞、佛山、珠海、长沙等。

---

① 邵琪伟在 2009 年全国旅游工作会议上的讲话．[2009-2-5]．国家旅游局网站 cnta.gov.cn．

在这些城市里，开发高星级酒店受到了当地政府的大力支持，而且较为宽松的放贷政策也提供了建造高星级酒店所需的资金。

随着一、二线城市市场的饱和，酒店投资商的投资目标也从一、二线城市转移到竞争相对较少的二、三线城市及主要内陆城市，如温州、义乌、太原、洛阳、淄博、石家庄、宜昌、贵阳、惠州、湛江、泰州、南通、江阴、连云港以及云南的多个旅游城市等，并聘请拥有国际销售网络的国际酒店管理公司进行专业化管理。不可否认，首先进入二、三线内陆城市的国际品牌由于不存在其他国际品牌的竞争，在与国内酒店品牌的竞争中拥有更高的比较优势，因而酒店的业绩较为突出。但是，这并不代表日后的竞争态势也将如此地维持下去，往往一家原本具有市场领导地位的国际品牌酒店会被后来进入的硬件更好的其他新的国际品牌酒店所替代；同时，超过市场需求的客房供应也不可避免地将大幅拉低各竞争者的平均出租房价。比如，2009年春季广交会的房价就比2008年下跌约30%，究其原因除了金融危机的影响之外，近两年在广州新落成的酒店过多也是一个重要原因。

酒店投资必须理性，在综合分析宏观经济及影响酒店投资和经营的各项因素的基础上再作出正确的决策，非理性的投资欲望及投资决策无法取得酒店项目的成功。

第二节　酒店项目的选址

笔者多年前曾接触过一位拥有一块位于三亚亚龙湾的地块的开发商，当时笔者在了解该地块的基本情况后就直接告诉他，笔者任职的国际酒店集团不会做没有海滩的海滩度假酒店。后来，这个亚龙湾海边的度假酒店被另一家国外大型酒店集团H公司接受了。但在开发商跟H公司签约后，只是在地块外围涂上了H公司的标志。直至2008年8月，那块地块仍未动工，只是围板上H公司的标志已被抹掉。其实，如果这位开发商能够一开始就找一家专业顾问公司做项目可行性咨询的话，就不会在"百忙"之后变成"白忙"了。成功运营一家五星级品牌酒店，不能靠一厢情愿，而是要靠一系列的客观条件。

　　下面再看一个正面案例。半岛酒店集团旗下第八家酒店——东京半岛酒店于2007年9月1日隆重开业。近年来，东京市内新开业的豪华酒店多数位于办公大楼或多用途商业建筑群内，而位于丸之内区的东京半岛酒店楼高24层，是10多年来东京市内唯一一整幢独立新酒店。东京半岛酒店毗邻日本皇宫，巍然耸立在日本著名的丸之内区，拥有优美的闹市景观，豪华的住宿、先进的设施、顶级的美馔及细致体贴的服务一应俱全，已然成为东京闹市的触目新地标。2011年东京半岛酒店业务虽然受到"311"福岛核泄漏的影响，但平均房价仍然维持在4 000港元以上水平（图2-2）。

图2-2　东京半岛酒店

　　一个酒店经营是否成功，首要的要素在于选址。在酒店筹建之初，除做好商机及其他客观环境分析外，选定适当的地址乃是重中之重。那么应当选择什么样的地址呢？笔者以为，酒店所在地的人流量至关重要。如果顾客难以找到酒店，那酒店只能靠口碑吸引顾客了，但口碑需要日积月累。没有好的地点就等于先天不足，再豪华的酒店在竞争中也会变得被动。这也是东京半岛酒店建在日本皇宫附近，而且取得成功的重要原因。

　　在西方国家，选址被视为开业前所需的三大主要资源之一，因为选址地点决定了酒店可以吸引有限距离或地区内潜在顾客的多少，也就决定了酒店销售收入的高低，从而反映出选址地点作为一种资源的价值大小。选址的重要性可以归纳为以下主要几点：

　　（1）选址是一项长期性、固定性投资，关系着企业发展前途。店址一经确定，就需投入大量资金。当外部环境发生变化时，它不像人、财、物等经营要素可以轻易进行相应调整。

（2）店址是确定经营目标和制定经营策略的重要依据。不同的地区有不同的社会环境、人口状况、地理环境、交通条件、市政规划等，它们分别制约着其所在地区的顾客来源和特点，以及对经营商品、价格、促销活动的选择。

（3）选址是否合适也是影响经济效益的一个重要因素。如果酒店的地点选择得当，就意味着享有地利的优势。在规模相当、经营服务水平基本相同的情况下，好店址必然带来较好的经济效益。

（4）选址要坚持"方便顾客"的原则，最大限度地满足顾客的需要，否则将失去顾客的信赖和支持，酒店也就失去了生存的基础。

一般来说，人潮就是钱潮。在车水马龙、人气汇集的热闹地段设店，成功的概率就较高。下面以一些不成功的案例来说明在选址方面应当注意的一些问题。

（1）选址远离城市中心。这方面问题较为明显，但也不乏"明知不可为而为之"的例子。笔者曾接触过一位南方的开发商，其项目组合（Portfolio）共有7个项目，项目类型全是住宅—酒店—商业的综合模式，分布在不同城市的非市中心地带，一般都在市中心70公里以外。但很多顾客是不愿入住偏远的酒店的，因为时间成本与交通成本都会大幅增加，除非是住客的活动区域只限于酒店附近。在美国，这种远离市中心的酒店一般只有三、四星，或者是汽车旅馆（MOTEL），价位至多59.99美元。

（2）选址没有商业配套。不要低估酒店住客对商业配套的需求，更不要高估度假酒店客人在店内消费的热情。大多数国内客人都不会在酒店内解决全部吃喝问题。笔者对珠海的喜好不亚于三亚，三亚亚龙湾的海滩除了阳光与海滩外，就乏善可陈。吃饭要先远足，购物娱乐也要离开亚龙湾。同在海南省的博鳌、石梅湾等新开发地区也同样存在周边配套欠缺的问题。与此相反，珠海则提供了很多方便配套设施，吃喝消费，近在咫尺。

（3）选址交通网络不完善。交通网络至关重要。笔者曾入住过北京机场附近的一家会所酒店，硬件非常不错，但酒店的地址却连出租车司机都找不到。而笔者往往每次都充当向导的角色，带领出租车司机花一个小时才能到达。客人难找，生意亦难找。

（4）选址附近交通混乱。大多数开发商都希望在最中心的地段建酒店，但繁华的地段必定有繁忙的道路。面对这些繁华地段的项目，一定要请具有经验的交通专家做顾问，最大限度地减少"瓶颈地带"的面积。例如在重庆的高差地段，两个以上的入口是必需的选择。旧式酒店大多将大堂入口与宴会，甚至娱乐场所（如 KTV 或水疗）的入口全放在一起，这肯定会有问题的。例如上海新天地地段将会开业两家超五星级酒店，但众所周知太仓路一天有 20 个小时都在塞车，这两家酒店开业后只会加重道路的负担，所以设计师在疏导车流方面必须下足工夫。

（5）选址欠缺邻近酒店的自然条件。上文提到的没有海滩的亚龙湾海边度假酒店就是个很好的例子。城市酒店存在同样的问题，如香港、澳门、珠海等地靠海酒店最好要有海景或山景，尽量避开高架路或高压电缆。这就要求在做项目时一定要看现场，不要只依赖图纸，因为高压电缆在二维（2D）图纸上是看不到的。

（6）选址附近竞争过于激烈。大家都会想在好的地址上盖酒店，但市场需求不是无限的。三亚亚龙湾是全国单一地段五星级酒店最多的地方，但房价也相差甚远。有的高达数百美元，有的虽然房间更大，但却不到 100 美元。北京的东三环 CBD 地区，在建及建成的五星级酒店可能超过 20 家。这一现象与亚龙湾正好"南北呼应"，但北京的配套（包括机场与高速公路）要大大地优于三亚。

第三节　酒店的定位

酒店定位指的是酒店的产品特征。而酒店的产品特征决定于酒店的类型。商业性酒店一般可作如下分类：

一、机场酒店（Airport Hotel）

这一类酒店临近机场，特别受急于往返机场的旅客欢迎。由于房客入住时间短，机场酒店的房间及会客室一般较小，休闲设施也不会像度假酒店那么多（目前情况正在改变）。大部分机场酒店往往会提供往返机场的穿梭交通服务。国内有不少新开业的机场酒店，其豪华程度都能媲美市区内的高星级酒店。有的房间超大（大于

40平方米），这可能是因为还没有完全理解这类酒店的功能：逗留时间超短。400间房以上的酒店最好还是等到附近机场一年有5 000万客流时才做。像厦门机场附近的1 500间房大酒店，解决其入住率问题尚需时日。

二、会议酒店（Conference Hotel）

这一类酒店为团体组织的活动提供完善的设施。有的与市内会议中心相连或毗邻，有的自设会议场所，有的则位于郊外。会议酒店往往会在旅游旺季吸引游客，而在非旅游旺季（通常是会议旺季）专注于会议业务。其中需要注意的是如何设计多功能厅，而不能完全追求艺术性。比较成功的要数上海国际会议中心酒店，它拥有一个3 000平方米（差不多10米高）的多功能厅及大小会议厅，召开过APEC、世界500强等顶级国际会议。但同时该酒店在设计上对酒店的功能需求与客流、营运流线却未作科学性的考虑。例如，为3 000平方米的多功能厅所配备的宴会厨房分别设在两个楼层，还有配套电梯也未作特别考虑。当然，最失败的会议酒店就是规划了一个超大但不能分割的多功能厅（大于2 000平方米）。

随着我国国力的提升，会议酒店像雨后春笋一般，在上海、博鳌、西安等地先后落成，南京、杭州、苏州等地也在紧锣密鼓地筹办。但这类酒店的技术要求更高，如果在人流疏散、电梯设计、餐饮安排等方面经验不足，则可能会造成酒店资源的浪费和低效益。海南的博鳌亚洲论坛每年4月都让全世界人们的目光聚焦在南中国这片明媚的海边风光，美国前总统老布什自2001年首届起基本每次都会出席博鳌亚洲论坛，但当地最高档酒店的平均入住率也不超过30%。

三、全套房酒店（All-Suite Hotel）

按照传统，酒店套房通常至少有两个房间。全套房酒店一般针对居住时间较长的顾客，因此提供了客厅会客、阅读与休闲的地方。在欧洲的一般做法是将房间总面积压缩至32平方米左右，或一般不选择最优地段，因为两倍的房间面积并不一定能多收一倍的房租。

图 2-3　三亚某度假酒店（60 平方米）的标准房平面图

国内目前也流行做"公寓式酒店"或"酒店式公寓"，其概念接近于全套房酒店。开发商在考虑投资这类产品前必须精确掌握市场需求及形势。在上海及北京，月租 4 000 美元已是高价，因为有长期居住需要的外籍家庭会优先考虑位于虹桥或浦东金桥的低密度小别墅，这样才不会像住在公寓式酒店那样频繁更换新邻居。

如果按每月 4 000 美元计算（一般面积达到 160 平方米），每天的平均收入大概是 133 美元（约 900 元人民币）。按入住率调整的话（公寓一般比较满：100%；酒店有周末及进店离店，所以入住率假设为：70%），每个公寓房间每天 900 元的收入应该对等于酒店每天 1 285 元（900/70%）的平均房价。1 285 元这种房价预期指标，如把相等的面积不做公寓改做酒店，最后能达怎样的业绩呢？国内一般全套房公寓面积至少 60 平方米，平均面积为 80 平方米左右，即约等于两个五星级标准客房的面积。如果每个公寓房间面积等于两个五星级标准客房的面积，用机会成本 (Opportunity Costs) 理论作比较分析，两个等同五星级标准客房面积能产生的收入是 694[①] ×2=1 388 元。每天 1 388 元的机会成本对比每天每房间 900 元的公寓预期收入，损失的潜在收入为 488 元（或 1 388 元的 35%）。如果真的拿 160 平方米来做酒店的话，4 个等同五星级标准客房面积的预计收入为每天 2 776 元，一个月就已经超过 8.3 万元，而非区区 4 000 美元。

---

① 2008 年上海 IBHS 会员（主要为四、五星级）酒店 RevPAR 的加权平均值为 694 元。

有人说公寓式酒店需较少的餐饮设备，所以按每个房间面积分摊计算的话肯定比酒店少，可是以上的计算并没有把酒店餐饮收入算进去。2008年上海IBHS会员（主要为四、五星级）酒店的加权每房每天平均餐饮收入超过400元，这部分因为公寓酒店缺乏相关规划，因此是无法媲美的。

四、"B&B"旅馆（Bed & Breakfast）

这类旅馆主要在私人家居、村屋及农舍等地点提供非常独特的住宿服务。B&B的房价一般是包括住房（通常是住宅内的一个房间）及丰富的早餐。在很多国家，类似B&B的住宿服务物业统称为"Pensions公寓"或"Zimmer房间"。这类旅馆的浴室通常设在公用大堂，与房间分隔。Inns是指较大型的B&B旅馆，设有较多的标准酒店服务和设施（如餐厅等）。笔者曾两次游历苏格兰高地，对这类旅馆的感受是床为其次，早餐很好。国内包括乌镇、丽江等很多旅游胜地都有中式的B&B，但总觉得缺少了那份诱人可口的早餐。最近香港也在做这方面的前期需求调研，但笔者对香港能否提供这种带有当地特色或田园风味的服务持保留意见。

五、汽车酒店（Motel）

汽车酒店或称汽车旅馆，最早出现于1920年的美国，是从传统酒店演变出来的经营方式。汽车酒店专为驾车人士而设，通常由三幢数层高的建筑物组成，特色是可以让住客将汽车停泊在房间附近（房间入口通常是设在楼房外围）。服务水平参差不齐，一般为高度自助模式。从洗衣到买可乐全是投币操作，不一定设有餐厅或侍应服务。若汽车酒店的房间是独立建筑物，也可称为汽车房舍。这种形式的汽车旅馆正日渐减少。汽车旅馆一般属于普通或经济级别。因为要确保足够的停车位而地价太高，一般都不会设在市内，所以在市场上见到的Motel ABC或Motel XYZ严格来说都不是Motels。

六、度假酒店（Resort Hotel）

这类酒店以康乐为主要目的，通常位于湖边、海滨、滑雪度假区、高尔夫球场或沙漠等地。度假酒店不一定纯为度假旅客而设，许多商旅也喜欢在出差时入住。

大型度假酒店，顾名思义是指非常大型的度假设施，通常设有各式餐厅、泳池、活动及设施，甚至被视为旅游目的地。全包（All-inclusive）式度假酒店只会收取单一项价钱而提供所有服务和设施：住宿、膳食及娱乐设施。度假酒店通常属于豪华或优质级，但此类全包式的经营在国内仍未出现。国内的度假酒店一般设在广受欢迎的度假胜地，有些真的是远离尘嚣，像三亚的亚龙湾离三亚市就有 25 分钟的车程。我国纯度假酒店可能还没有成熟起来，目前成功的经营大多与大型会议功能一并考虑，以会议、度假形式经营的较为常见。

七、休假农庄（Dude Ranch）

这类休闲农庄是以美国西部色彩做噱头的度假物业，提供骑马、野餐等活动，与度假酒店一样提供有趣的度假体验。笔者以为这可以是我国内蒙古或草原地区考虑发展的方向。由于地区性与季节性太强，这可能需要等到人均 GDP 达到 3 万美元时，市场才会渐趋成熟。难以想象一家内蒙古或东北农庄休闲旅馆一年只有一半时间开门营业能够获利。

八、房舍（Lodge）

房舍式住宿产品往往位于郊外（甚至位于大型的国家公园内）的温馨度假房舍，由围绕一座主建筑物的零星树干、房舍组成，提供非常富有特色、非常高档而昂贵的住宿服务。这种产品需等我们都能周末驱车游览国家保护公园时，市场才会成熟。

九、公寓（Condominium）

公寓（Condominium，简称 condo）是独立经营的住宅式楼群。业主除了负责发展物业之外，还需要定期付款为所拥物业进行维修、保安、管理及美化环境等事项。独立经营或管理公寓的公司有权在业主不占有名下物业时将之出租。家庭旅游或需要使用厨房或是要求较大住宿空间的旅客尤爱租住公寓。无论短宿或长居，公寓是度假人士的上佳之选。这种公寓产品更类似于国内的产权式酒店，不过我国的产权式酒店都在市区，而国外的大多位于度假区。

十、分时度假公寓 (Time—share)

分时度假公寓类似于住宅式公寓,但住客需要承担维修、税务、保安及类似开支。两者不同之处在于住客并不拥有所住物业,只拥有一定时间的入住权。业主甚至可以以其所拥有的入住权与其他公寓物业的业主交换其入住权。时段的拥有者可以通过交易中心跟别的地方的拥有者交换,或直接卖给代理商。目前国内接受此类产品的人不多,发展空间有限。

对以上的各类别酒店都有透彻理解后,开发商再决定建什么类型的酒店也不迟。很多设计师、建筑师甚至不清楚各类别酒店的差别。这也很可能是很多机场酒店客房做成40平方米以上的原因,因为很多人误以为机场酒店跟城市酒店规划上并无区别。

第四节 酒店星级评定

除了酒店类别外,人们最熟悉和关心的可能就是酒店的星级评定制度了。开发商也最希望将五星品牌尽早挂到酒店大堂最醒目的地方,以便能够招揽更多生意,而不论酒店的房价能否达到五星级的收费水平。

改革开放前,我国酒店没有统一的行业管理标准,总体管理水平较低。1987年2月国家旅游局、北京第二外国语学院、国旅总社(CITS)、北京市旅游局和北京市长城、建国[①]等9家酒店的有关人员举行了涉外酒店评级座谈会,就涉外酒店的星级评定工作——有关分等级的标准、原则、评定方法等问题进行了讨论。同年7月17日至8月30日国家旅游局邀请了世界旅游组织专家进行考察调研。1988年11月国家旅游局在广州涉外酒店中进行星级评定试点,并于次年公布了我国第一批星级酒店名单

---

① 北京长安街上的建国酒店是中国第一家国外管理涉外酒店,当时由半岛酒店集团管理。

(共 22 家，均在广州)。但第一套成文的《涉外饭店星级评定与划分》文件直到 1993 年 1 月 1 日才出台(国家技术监督局发布，编号为 GB/T—14308—1993)[①]。随后又公布 1997 年 10 月修订版(编号为 GB/T—14308—1997)。2003 年 6 月修订并于当年 12 月 1 日执行的编号为 GB/T—14308—2003 的修订标准[②]。

按照当时适用的标准，截至 2007 年年底，中国星级酒店有 14 326 家，是 1978 年全国酒店总数的 100 倍，其中白金五星 3 家，五星 361 家，四星 1 631 家，三星 5 534 家，二星 6 158 家。星级酒店直接从业人员超过 160 万人。全国共有酒店及旅游住宿单位超过 30 万个，从业人员超过 500 万人。

酒店星级评定最新适用的版本是 2010 年 10 月 18 日发布并于 2011 年 1 月 1 日起执行的编号为 GB/T 14308—2010 的《旅游饭店星级的划分与评定》，该版本对之前重硬件、轻软件的方针作出了调整，强调核心产品即服务水平，以推动酒店服务的提高。相较于之前的"三性"原则(突出强调酒店管理的规范性、酒店氛围的整体性和酒店产品的舒适性)，最新版本更加凸显了注重软件的发展性的指导思想。概括而言，最新的 2010 饭店评星有 6 个主要方面的调整[③]：

(1) 星级评定的初评和终评合二为一；

(2) 评定性复核的时间由 5 年调整为 3 年；

(3) 复核不达标的饭店只提出限期整改、取消星级两种处理方式；

(4) 增加星评监督员；

(5) 饭店星级标志受《商标法》保护；

(6) 星评机构可根据实际情况开展第三方宾客满意度调查。

新标准有几个特点，例如：继续支持废除酒店星级终身制，星级标志使用有效期为 3 年，但如果期间饭店运营中发生重大安全事故，所属星级将被立即取消；等级划分逐渐与国际接轨，即将一、二、三星级饭店定位为有限服务饭店，四、五星级(含白金五星级)定位为完全服务饭店，评定星级时应对饭店产品(服务)进行全面评价；新标准弱化配套设施的比重，更加注重核心产品，即客房的安全、卫生、安静、设施条件为基本要素，舒适度则为提升要素(可作为增分项)，大堂面积不再有硬性要求，游泳池也不再成为高星级饭店必备项，但停车场是成为三星级以上饭店的必备项，而对于低星级饭店，取消或降低对餐饮、客房小冰箱、小商店、提

[①] 刘艳，庄红. 论星级评定标准与中国酒店业的发展. 攀枝花学院学报，2004，21(5).

[②] 旅游涉外酒店星级的划分与评定. 上海旅游局 http://www.lyw.sh.gov.cn.

[③] 饭店评星六调整. [2011-1-10]. 云南日报 yndaily.com.

供洗衣服务、套房等方面的要求。此外，为了顺应低碳经济发展趋势、突出绿色环保，新版标准倡导绿色设计、清洁生产、节能减排、绿色消费的理念，要求各星级饭店应有与本星级相适应的节能减排方案并付诸实施。

按照最新标准，至2011年年底，中国星级饭店总量为12 220家，包括五星级608家、四星级2 172家、三星级5 635家、二星级3 591家、一星级214家。全国级饭店2011年第四季度的营业收入总计为657.59亿元，其中餐饮收入为302.72亿元，占营业收入的46.04%；客房收入为268.49亿元，占营业收入的40.83%。预计到2015年全国将新增各类住宿设施约20万家，其中星级酒店约10 000家，五星级酒店将超过500家[①]。另据统计显示，我国在2011年共取消星级饭店806家，其中五星14家、四星54家、三星286家、二星416家、一星36家。

表2-3　2011年第四季度全国星级饭店经营情况统计表

（按星级分）

项目 星级	饭店数量	营业收入（亿元）	餐饮收入比重（%）	客房收入比重（%）
合计	12 220	657.59	46.04	40.83
一星级	214	0.99	38.65	55.51
二星级	3 591	41.78	46.33	43.67
三星级	5 635	189.21	47.97	39.68
四星级	2 172	229.10	45.41	38.14
五星级	608	196.52	44.87	44.39

表2-4　2011年第四季度全国星级饭店经营情况平均指标统计表

（按星级分）

项目 星级	数量（家）	平均房价（元/间夜）	平均出租率（%）	每间可供出租客房收入（元/间夜）	每间客房平摊营业收入（元/间）
合计	12 220	322.21	62.04	199.90	41 850.52
一星级	214	118.56	52.54	62.29	9 832.67
二星级	3 591	148.28	58.85	87.26	16 458.06
三星级	5 635	222.15	61.65	136.96	29 448.63
四星级	2 172	359.81	63.65	229.00	52 036.96
五星级	608	699.23	63.85	446.43	87 496.15

---

① 中国酒店业的发展现状和热点问题．[2008-7-11]．赵焕焱 blog zhaohuanyan.blog.sohu.com．

表 2-5　2011 年第四季度重点旅游城市星级饭店平均出租率前 10 名情况表

单位：%

一星级		二星级		三星级		四星级		五星级	
宜昌	98.55	银川	94.09	长沙	87.71	长沙	87.57	长沙	84.88
兰州	82.92	长沙	85.20	南宁	77.37	南京	80.17	温州	81.87
沈阳	82.54	沈阳	79.28	晦口	73.50	三亚	80.09	张家界	77.36
大连	79.01	三亚	78.27	厦门	73.50	成都	76.47	太原	75.78
宁波	74.18	张家界	72.14	三亚	71.68	广州	74.14	哈尔滨	74.87
成都	73.16	合肥	71.72	福州	71.64	海口	73.70	重庆	73.83
丽江	67.58	深圳	70.74	郑州	70.53	厦门	73.40	南京	73.73
东莞	64.43	广州	69.11	宜昌	70.25	福州	72.43	昆明	72.94
上海	60.83	南京	68.86	成都	69.71	贵阳	72.21	成都	71.88
昆明	50.97	石家庄	67.24	深圳	69.34	南宁	71.97	海口	71.35

资料来源：国家旅游局.2011 年第四季度全国星级饭店统计公报.

一、国家评级

某些国家采用自己的官方评级制度，如中国、澳大利亚、奥地利、比利时、英国、法国、希腊、印度尼西亚、意大利、墨西哥、荷兰、新西兰、西班牙、瑞士等。国家评级可确保一定水平的设施和服务，但却难以比较国与国之间的评级标准。例如，巴黎的一家四星级酒店可能与雅典的一家四星级酒店大相径庭。目前在美国及加拿大并无此评级制度。

国家评级制度通常只强调可见数据（如房间大小、餐厅数目等），而忽略难以测量的因素（如服务水平等），而很多高税率国家的酒店更刻意调低国家所评级数以便少缴税款。此外，国家评级通常可以有效反映出该国范围内的酒店质量。

二、AAA 钻石评级

酒店星级评级制度起源于西方各国主要汽车协会为鼓励汽车拥有者多开车而向其提供的对餐饮及住宿场所品质的建议与评价。最早的星级评定制度由法国著名轮胎制造商米其林（Michelin；港澳译为"米芝莲"）于 1926 年创刊的《米其林指南》(*The Michelin Guide*；因其以红色为封面，又称"红皮书"）创立，在这之前的消费指南为免费提供，但并未附上星级以示差别。与欧洲相似，北美的主要酒店星级评级系统也是由与汽车工业有关的机构发起,较为普遍的为 AAA 钻石评级及美孚（Mobil）旅游指南星级服务评定。

AAA（American Automobile Association, inc. 美国汽车协会）星评系统是一种美国及加拿大旅游业对酒店物业的评级方法,AAA 评级可在 Apollo/Galileo 及 AAA 的会刊查阅。至于 GDS,旅行社应参阅 H/INF/AAA（GDS 预订系统操作指令）。

◆ 酒店符合所有条文的要求,产品或服务洁净、安全及维修良好。

◆◆ 酒店拥有达一颗钻石的同时,在房间陈设及家具方面有明显改善。

◆◆◆ 酒店在服务及舒适度方面有明显升级,足以提供额外的款待、服务及设备。

◆◆◆◆ 酒店反映出优异的亲善服务,同时提供高档的设备和一系列的额外款待。

◆◆◆◆◆ 酒店设备及运作反映出无懈可击的标准及卓越水平,同时超越顾客对亲善态度和服务的期望,提供众多额外的款待。

AAA 的指引出奇地细致,例如,两颗钻石物业内的浴室地板可以使用化纤、镶嵌成的或是较旧的瓷砖,但四颗钻的物业采用较新的瓷砖或云石。自 AAA 的五颗钻石分级制度于 1977 年推出以来,共有五家酒店可以长期维持最高级别,其中包括位于亚利桑那州斯克茨代尔（Scottsdale）的万豪 Camelback Inn 宾馆。至 1998 年,共有 57 家酒店,包括 12 家丽嘉酒店（Ritz-Carlton）获授五钻评级。

三、美孚（Mobil）旅游指南星级服务评定

这是针对美国国内酒店的评级服务,评判员会匿名造访各酒店,并将住店客人的意见纳入考虑。一星提供舒适的晚间住宿;三星代表专业管理及设施齐备,其住宿服务绝对卓越而且设施完备;五星酒店是美国最佳的酒店之一,所有方面均使人难忘。美孚的星级评级制度简列如下:

★ 良好,凌驾一般酒店之上

★★ 非常好

★★★ 优异

★★★★ 出众,值得专程一试

★★★★★ 全国最佳之一

四、OHG-权威酒店指南

这一套三册的著作为业内人士专用，雇用独立评级人员将酒店分成豪华、一等和旅客级。OHG 共分十个级别，故易于混淆，例如豪华级排名低于超级豪华级而高于普通豪华级。最佳的做法是：把酒店评级表撕下并贴于封底作为参考页。

指南中对酒店星级服务的评定按评级员个人的视察及评估分为一星至五星级。"按照星级制度的惯例，一星级的酒店不予在指南中刊载。"五星级酒店拥有"能说多种语言的职员、高级职员与住客的比例、豪华房间及高雅的设施"等。有关星级的红色封面活页巨著是业内最准确可信的参考，细节详尽，鉴定精确。

五、其他

此外，尚有无数不乏独特见解的消费指南，如 Fodor、Frommer、Fielding 及 Birnbaum 等，也对酒店设施给出了各自的评价意见。

品牌传递的各种信息中，酒店品牌显示出其可被预期的素质和水平。例如，威斯汀集团的酒店不会被评定为 AAA 之下的任何级别。同一连锁酒店集团名下的酒店大多具有相近的评级，但有些酒店集团不尽然，雅高集团的索菲特（sofitel）为高档品牌，而 6 号汽车旅馆（motel 6）则为经济型旅馆。不同酒店品牌的级别，自然是天壤之别。

国际常用的星级评等为五星等级，最低为一星级，最高为五星级。星级越高，通常代表着旅馆规模越大、设备越奢华、服务越优良，当然价格也越昂贵。虽然一直有组织试图建立一套世界通用的星级评定标准，但因各国国情不同而存在技术上的困难，所以星级的评定标准目前仍是依各国情况而有所不同，由各国自行订立标准。有些国家甚至没有公认而一致的标准，这也造成国际间同一星级的酒店却在品质上有明显差异的现象。

由于五星级酒店越来越多，而且一些新建的豪华酒店在品质上已明显高于传统的五星级酒店，因此便有了六星级，甚至是七星级的出现。这种评定未必有公认的标准，很多时候只是广告宣传的策略或媒体夸大其词，有时也是具有一定事实基础的民间评价。以自己的商誉号称六星级、七星级的酒店通常具备一定的实力。目前世界上号称七星级的旅馆有三家①：

- 位于迪拜的阿拉伯塔（Burj Al Arab，俗称"帆船酒店"）
- 位于澳门的新葡京酒店
- 位于巴基斯坦首都伊斯兰堡、预计于 2010 年开业的半人马座酒店（The Centaurus）

笔者认为，是否选择五星级或六星级水平的规划，还是要从市场需求方面考虑。需求在营销学与经济学中的定义，简单来说，是指有购买力支持的欲望。每个消费者都有无穷的欲望，但不一定所有的欲望都会具备相应的购买力。**在建造任何星级酒店以前，应先考虑一下当地一般市场与目标市场（Target Market）的实际购买力。**

---

① 维基百科 http://www.zh.wikipedia.org/wiki.

第三章
前期经济及技术考量

导读

酒店有别于其他房地产项目，绝非仅仅花钱买地、找建筑公司施工，然后封顶验收那么简单。一般而言，在市场好的时候，一般的商品房项目可能一周内就能销售大半；在市场疲软的情况下，如有优惠，在半年内也基本上可以售光。但酒店跟商品房不同，酒店一般是按照30年的最低经营使用期限设计的，不是"盖完"、"卖完"就可以置之不理的。作为长期持有的经营性不动产，酒店项目的前期经济性及技术性考量至关重要。

第一节 关于酒店前期规划的经济性考量

一、什么是经济性考量

所谓经济性考量，一般是指对于那些在将来可能会对酒店项目前景产生影响，或者与酒店经营及财务状况紧密相关的一些经济因素的考量。一般而言，下列经济因素都对酒店项目的设立或者运营有着关键性的影响：

- 项目所在国家或地区的央行加息；
- 项目所在国家或地区的通胀率过高（超过25%，如2008年的越南）；
- 项目所在国家或地区掌握相关技术的劳工数量短缺；
- 项目所在国家或地区位于地震活跃或其他自然灾害频繁地区，保险费用增幅一直高于该国 CPI 的增长。

暂且撇开营业收支预测不谈，上述多项因素都将直接影响到项目预算中的前期财务成本以及开业后经常提到的固定成本。固定成本，不同于营业性成本，它与酒店的营业情况或业绩并没有直接的关系，例如项目的资金成本，即开发商获得银行贷款所应承担的利息成本，与酒店的实际营业收支之间并不存在直接的因果关系，并不会因为酒店开业后平均出租率是超低（如10%）还是超高（如90%）而发生变化。此外，固定成本一般还包括了"不动产保险"、"折旧"、当地税负水平等一些费用和支出，这些因素都是独立于任何实际营业收支的。

开发商在酒店项目建设前期，必须要充分考虑这些日后可能影响到酒店财务成本的经济因素，否则酒店一旦建成，任何纠正或修改成本都将远远超过当初建造时的成本，结果往往是业主损失惨重，后悔当初没有充分地进行经济性考量。

二、重要的经济性指标

了解到开发商在项目前期需要进行充分的经济性考量后，接下来看看开发商到底应该关注哪些重要的经济性指标，只有了解了这些经济性指标和相关的经济理念，在进行项目的具体设计、规划、预算、建造时才能做到更专业、更经济。这些经济性指标包括：

（一）每间房的项目分摊（平均）面积（Average Project Area per Room）

考察每间客房的项目分摊（平均）面积，是一种最简单、最基本的造价计算方式。有些开发商往往只喜欢强调其酒店的豪华和宽敞，不太顾及每间客房的项目分摊（平均）面积。在实践中，国内的很多建筑师也不会向开发商提供每间房的项目分摊（平均）面积，认为有总建筑面积就够了。但这样做的问题是，往往一座400间房的酒店却最终占用了10万平方米的建筑面积。

考察每间房的项目分摊（平均）面积的另外一个重要作用，就是便于开发商把自己的数据与行业内其他酒店的一般参考数据相比较。例如，香港的五星级酒店一般每间房的项目分摊面积约为100平方米，但在国内能控制在100平方米的项目则很少。而且在实践中，有些管理公司还可能起到误导业主的作用。例如，20世纪80年代末某著名国际酒店集团在香港港岛金钟地区投资（现今还是非常有名）的一家五星级酒店标准房间只有28平方米，但现在这家公司在国内一般都会建议开发商的房间建得"越大越好"，50平方米以上的房间对他们来说才是可以接受的。

虽然可以肯定的是50平方米房间的房价一定比28平方米的房价高，但是50平方米的房间却不一定能收到2倍于28平方米房间的房租。在之前的章节介绍公寓式酒店时笔者也曾提到过，一间80平方米的酒店式公寓是无法达到2间40平方米的同等次的五星级酒店客房的营业收入的。现在有种错误的趋势是客房净面积越做越大，但是我们要知道，在边际收入（房价）的增长方面是不能简单用房间附加面积作为唯一衡量标准的。

笔者认为，目前国内现有的五星级酒店项目中，规划效益做得较好的酒店，每间房的项目分摊面积应当控制在120至130平方米。相反，规划效益做得不好的酒店，除了客房面积过大以外，大堂、走道、休息区等区域也往往存在着面积严重浪费的情况，一些使用效益较低的功能组成部分也往往使项目的总面积不合理地膨胀。其中，最容易"失控"的项目类型当属度假酒店，不少度假酒店项目每间房的项目分摊面积甚至超过了200平方米。偏高的项目平均分摊面积不但增加了项目的总投资，也会增加对总员工数量的要求，而酒店经营过程中的人力成本往往不容忽视。国内近几年的工资增长速度非常突出，2010年的增长率为14.1%，而2011年则达到18.3%[①]，我国的工资水平已不再是几年前的"廉价"水平，加之近几年的RevPAR基本处于下降轨道，使酒店的经营压力越来越大，因此建议开发商更多地从面积效益角度考虑酒店的设计。

（二）客房部分面积占项目总面积的比例（Total Room Area as % of Total Project Areas）

在考察了客房面积在项目总面积中的绝对值之后，再来看一看客房面积在项目总面积中的相对值（比例），因为在控制客房面积的同时，对于客房外其他功能部分面积的控制也是至关重要的。不可否认，酒店的配套设施对提升酒店的档次及增加整体的舒适度是很重要的，然而过度地追求豪华、超大面积的配套设施却往往难以使业主实现预期的经济效益目标。在实践中，宽敞的大堂、10米以上的吊顶、1 000平方米以上的中餐厅、位于屋顶的旋转餐厅、10 000平方米以上的康乐及娱乐设施，不仅为不少业主所追捧，有时候还颇受开发商设计师的青睐。

但是，酒店的营运最终仍要以客房为主，餐饮等配套设施只是用作辅助。在国外酒店发展历史的初期，餐饮并不被看成是主要的利润来源。从一般的边际利润率［边际利润率＝（直接收入－直接成本）/直接收入］来看，客房的利润率通常可以达到80%，而餐饮（特别是饮料收入只占小比例的时候）的利润率只有35%。客房利润率较高而餐饮利润率较低的主要原因在于：客房的成本大部分已经在固定资产上投入了，而人力投入相对较少；一般的营业性用品较简单，也不会有大的损耗；而餐饮则不同。首先，餐饮要有存货，会有较高比例的损耗，例如10条石斑鱼如果今天只卖出了5条，明天可能就会有2条死掉；其次，做餐饮还需要请厨艺好的师傅，烹调准备的功夫也相当烦琐，做一个鱼翅汤，光是准备的时间就超过2天。因此，餐饮的利润率一般不可能超过客房的利润率。

尽管现实中依然有不少五星级酒店力求把餐饮利润做大，有的业主甚至希望能够把餐饮收入做得超过客房收入，但成功的例子极少，成功率也很低。在本书第二章第一节和第三节中，也曾提到2008年上海IBHS的会员酒店（均为四、五星级

[①] 中国城镇职工平均工资去年实现两位数增长．[2012-5-29]．华尔街日报中文版 cn.wsj.com．

酒店）每天每间房的平均餐饮收入只有 400 元，排名前 10 位的酒店（全是超五星级）加权数字也只不过是 738 元（2007 年为 815 元），相比于排名前 10 位酒店的加权 RevPAR（平均每间可供出租客房收入）为 1 062 元（2007 年为 1341 元）来讲，餐饮还只是占小半份额。通常情况下，餐饮收入同客房收入的比例也就是 4:6 左右，除非具有特别经验（例如东莞地区的休闲娱乐配套），否则投资者不宜轻易相信客房以外能够赚取更多的营业额。

笔者曾在上海奉贤遇到这样一个酒店项目，该酒店的总建筑面积是 7 万平方米，共有 280 间客房，除此之外，很大一部分物业是做娱乐用途，如 KTV、桑拿等，而客房楼层全部的面积加起来还不到 2 万平方米。可以这样假设一下，如果客房部分预计能达到每年 3 500 万元的营业额（按 RevPAR=350 元计算），那么非客房部分（面积 5 万平方米）按面积比例推断能做到 8 750 万元吗？答案是：相当困难！因为客房以外的部分按每年 8 750 万元的收入进行预测，每天就要达到 24 万元的营业额，而这几乎是不可能完成的任务。又如三亚是 2011 年五星级酒店排位最高的重点旅游城市，可是以 2010 年的数据看，每年每房的餐饮收入只有广深两市或上海同等水平酒店的 60% 不到，因此高房费不等于餐饮也能有相似的业绩表现（图 3-1）。

表 3-1　2011 年第四季度重点旅游城市星级饭店平均房价前 10 名情况表

单位：元/间夜

一星级		二星级		三星级		四星级		五星级	
北京	245.17	广州	240.71	北京	373.15	上海	523.43	三亚	1 339.20
东莞	230.90	北京	221.54	上海	329.97	广州	519.31	上海	1 021.12
宜昌	176.47	上海	219.18	广州	312.07	太原	518.84	广州	1 006.88
宁波	157.76	石家庄	197.86	太原	311.74	北京	493.39	哈尔滨	995.96
兰州	142.84	乌鲁木齐	194.30	深圳	291.94	温州	435.14	济南	956.72
沈阳	138.42	拉萨	193.46	杭州	277.83	西宁	428.51	太原	916.73
拉萨	123.52	深圳	192.01	沈阳	277.19	杭州	425.92	成都	817.08
成都	118.95	东莞	187.50	郑州	271.71	青岛	424.77	贵阳	814.96
昆明	112.76	贵阳	180.35	天津	270.85	厦门	424.58	北京	812.72
哈尔滨	112.43	兰州	178.55	兰州	262.46	天津	408.12	郑州	802.34

笔者个人认为，高星级酒店应该将（净）客房面积占总项目面积的比例尽量向 40% 的水平靠近。但在上面的例子当中，280 间客房的总面积占项目总面积的比例只有 28.6%（客房 2 万平方米除总面积 7 万平方米），如果用客房净面积计算的话，

数值可能连20%都没有，显然相差太远。因此，建议开发商在关注酒店配备有多宽敞、装潢有多豪华时，还需要思考这些设施是否能赢利，以及这些设施与酒店客房相比，谁能为酒店带来更大的利润。

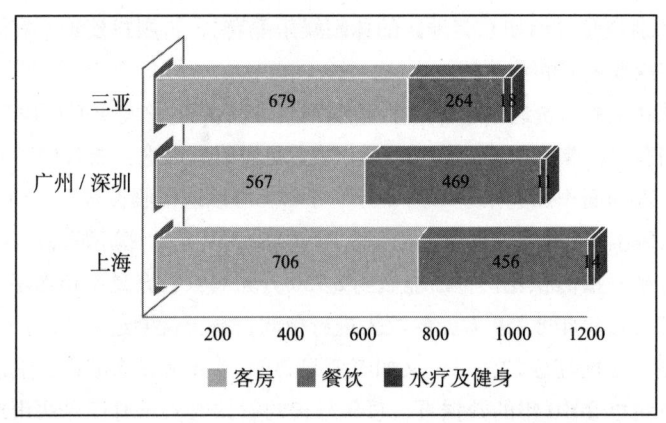

单位：每天每可出租房间（元）

图3-1　2010年三亚、广深、上海五星级酒店收入构成比较

资讯来源：中国旅游饭店业协会—Horwath. 2011中国饭店业务统计—2010财政年度.

（三）餐饮面积占项目总面积的比例（Total FnB Area as % of Total Project Areas）

如上所述，由于餐饮收入与客房收入对于同一家酒店在创收上的贡献比例有差别，因此开发商应尽量把多一些面积分配给能赚取60%营业收入的部分（一般为客房），而少分配些面积给只能赚取40%营业收入的地方（如餐饮）。

近10年来，非客房部分收入的主要增长点在会议、宴会上。据说有的饭店30%以上的收入都来自会议/宴会设施，但这毕竟是少数。在2008年，全国能做到1亿元以上总餐饮收入的酒店也不超过15家（上海占大约7家），而那些位于三亚海边、九寨沟等风景区旁边的大型五星级酒店，一年的总餐饮收入很多连5 000万元都不到。

控制餐饮面积主要有两方面的理由：第一，根本没有很实在的理由需要把餐饮面积做到总面积的30%以上；第二，餐饮设施每平方米的造价也比一般的客房要贵。第三，餐饮设施的折旧速度相对客房来说要快得多。既然餐饮设施的预计经营收入相对偏低，而造价及折旧又高，因此有效地控制餐饮面积（在符合最新星级评定规范下），才能大幅度地降低项目总投资额。

（四）创利面积占项目总面积的比例（Profitable Area Ratio as % of Total Project Areas）

除了客房与餐饮所占项目总面积的比例外，开发商还可以让项目建筑师提供剔除了所有非营业性部分（非创利部分）后的净面积，用以计算出创利部分面积占项目总面积的比例，其中需要剔除的部分包括走道、厨房、后台（机电房、设备间、库房、更衣室）等非直接对客营业（非创利）的区域。创利面积比例的高低很多时候取决于建筑师的水平及相关经验。例如，香格里拉早期酒店的平面都是方形（或矩形）的，因为这种编排将使客房楼层的走道面积最小化，连带着走道吊顶部分里的管道总长度也能相应减少。此外，大堂面积、厨房与辅助配套设施的面积都可能会影响到非创利区域的总面积，从而最终降低创利面积比例。

在目前大部分的五星级酒店当中，创利面积占项目总面积的比例一般都在40%以下，做得差的35%以下也有。但试想一下，如果一位投资商拿钱出来建一个8万平方米的酒店，而创利性面积只有不到1/3（2.7万平方米），其生意能比一家有3万平方米的净创利性面积（比例=50%）而总建筑面积只有6万平方米的同级别酒店好吗？关键在于净创利性面积而非总建筑面积，这个道理显而易见。因此，要提高规划效益，自然要尽量减少辅助设施所占用的面积，而最优化（不一定是最大化）创利面积比例，这需要凭借建筑师的经验和水平来完成。

再举个例子来说明。

如果一家酒店拥有350间客房，按照每间客房120平方米的分摊面积来计算，它的总建筑面积应该是4.2万平方米，这已经包含了一般不计算在容积率内的地下部分面积。为什么用120平方米？因为这已经是国内效益比较高的设计水平了。假如换了另外一家缺乏有关经验的设计院，同样等级的350间客房的五星级酒店，每间房的分摊面积若多10%，项目总面积马上多了4 200平方米。我们来算笔账，看看这多出的4 200平方米需要增加多少额外资金投入。

- 按照一般五星级酒店项目每平方米的平均造价为1.2万元来计算[①]，4 200平方米在正常情况下的预计总造价为5 040万元；
- 就算这"多余"的4 200平方米全部在地下部分，估计毛坯造价最少也要

[①] 见第四章：Levett & Bailey 测量事务所的报告。

每平方米4 200元（上海的地质较差，造价可能高于其他城市），因此最低可能的成本是1 764万元；

● 4 200平方米的土地的拍卖成本按照每平方米1万元（国内一、二线城市平均水平）计算，为4 200万元。有人会说，不是有些部分是不算容积率的地下面积吗？就算剔除了一般地下面积的比例（最多为总面积的1/3），这部分多余建设的4 200平方米的土地拍卖成本也超过了2 800万元[①]。

由此可见，多余的项目建设成本再加上潜在浪费的土地成本，光在这个350间客房的酒店上潜在浪费的成本已高达7 840万元，把它具体化，可以量化成一线城市一家五星级酒店两个完整年度的营业毛利（GOP）[②]。

除了硬件成本外，还要计算因多建了4 200平方米所产生的附加日后经营成本。例如，多了1 000平方米的走道，每天就要多打扫1 000平方米的地方；多了一个1 000平方米的餐厅，每天就要为这1 000平方米多配备最少15个服务员（还未包含厨房的人员），不仅对于人力的强度要求高了，清洁剂、消耗品、水电费等都会相应增加。

从以上的例子中可以看出，有效的建筑规划能带来成本的节约及效益的提高。好的建筑设计方案（国外设计院）一般都在1 000万元左右，拿1 000万元去换接近8 000万元的成本节约，开发商应该好好考虑一下这个问题。

（五）每平方米的平均项目造价（Average Project Cost per Sqm）

这个指标是最简单，也是最容易理解的，只需要把总投资除以项目总面积得出的数字就是每平方米的平均项目造价。但这一指标在一定程度上并没有绝对的参考价值，原因在于有时候总面积越大（或过大），得出来的每平方米之平均项目造价就越少。看起来好像是很经济、具有效益的，但实际上只是因为项目的地盘大，分摊到每平方米上的造价就不大了。与该系数相配套的，投资人还必须了解下述的每间客房所分摊的平均项目造价，才能确切知晓一个酒店项目是否真正合理，具有经济效益。

[①] 楼板平均价一般已经把地下可建面积考虑了，因此有可能根本用不着1/3地下部分的扣减。

[②] 一般国内350间房左右的五星级酒店尽管拥有国际管理公司指导，一年要做超过1亿元的营业额也是很难的。当然上海、北京的情况好些，别的像广州、深圳、杭州、南京、天津、重庆、成都、大连、沈阳等一线城市就不怎么容易。

笔者曾听闻有开发商2008—2010年的项目造价一般不超过8000元／平方米，与其合作的管理公司对有关施工质量非常不满。此外，一家在北京开业的五星级酒店，其建造期居然只有14个月，仓促实现营业后，管理方投入很大精力才将一系列的施工缺陷修整好。上述不合理的建设既影响了项目的质量，也影响了业主和管理方之间的合作，还对管理方第一个营运年度的业绩造成了影响。

（六）每间客房的平均项目造价（Average Project Cost per Room）

判断一个酒店项目是否合理，是否具有经济效益，其实最简单的方法就是算出其每间客房的造价成本。不管土地面积有多大，餐饮规模如何，把总项目投资除以总房数，得出的就是每间客房［包括餐饮与后台（支持）所分摊面积在内］的平均建造成本。

一般情况下，如果不包含地价，且按每平方米造价1.2万元，以及每间客房的项目分摊面积平均为120平方米来计算，每间客房的平均项目造价约为144万元。假设每间客房平均面积都增加了10%，每平方米造价不变，增加的10%面积就等于每房间需要多增加14.4万元的投资。

以笔者在天津遇到的度假酒店项目为例，在该项目中，建筑师的最后方案是320间客房，总面积8万多平方米（发展商自行估计需投入10亿），总餐饮面积3万多平方米。如果上述320间客房按照每平方米1.2万元的平均建造成本计算，那么：

- 总项目建造成本（不包地价）为8×1.2万元=9.6亿元
- 每间客房的平均项目造价为300万元

那么，每间客房300万元的造价是什么概念呢？用千分之一定（房）价法[①]计算的话，这个8万平方米的酒店每天每间客房要保证3 000元的收入，才能满足业主通常要求的回报率。相应的，320间客房一天的总营业额就要达到96万元，一年的营业额就是3.5亿元。这能做得到吗？

如果每间房的平均分摊建筑面积只有120平方米，总造价将降到：

- 320×120×1.2万元=4.6亿元（整个酒店），或等于每间房144万元

每间房造价降了一半多，用同样的千分之一定价法，每天每间房只需要达到1 440元的营业额就能产生同比例的回报，达到业主通常要求的回报率，而一年所要

---

① JOHN O'NEILL. ADR rule of thumb: validity and suggestions for its application. Cornell Hotel and Restaurant Administration Quarterly, August 2003.

求达到的营业额则降到1.69亿元。

以上的计算说明,纵然有多劳多得,但酒店设计上却很少有多建多得的。一个成功的酒店项目,除了市场要好、地点要好以外,好的具有经济效益的建筑规划也是至关重要的。

(七)每间客房的年平均创收(Annual Revenue per Room)

在市场上,我们如何来判断不同五星级酒店的效益呢?如何来衡量和评价呢?是不是创收多的酒店就代表其效益好呢?

比较简单的方法是将该酒店的年度总收入除以总房间数,得出所谓的"每间客房的年平均创收额",并加以比较。例如,2008年上海IBHS会员酒店每间客房的年平均收入额是41.2万元(每天1 157元),全市每间客房年平均创收额最高的是位于浦东的某家豪华五星级酒店,其同期的客房年收入是110万元(约每天3 000元)。

在知道每间客房的年平均创收后,再结合项目的总投资,我们就可以用千分之一定价法,粗略计算一下是否可以达到通常回报率。按照每天1 157元收入计算的话,1 000倍就是约120万元。如果该项目每间房的投资不超过120万元,那可能你的酒店就是赢利的。但我们还要知道,千分之一定价法一般只针对客房的房价,因此,在扣除其他部门的收入(约每房每天462元)后,客房的净收入每天只有695元,1 000倍就是约70万元,发展商能把建造成本预算压缩到每间房70万元以内吗?恐怕很难。

(八)每间客房的年平均创造营业毛利(Annual GOP per Room)

无论上述的营业额是2亿元、3亿元还是只有1亿元,这些数字只是开发商预测的总销售收入,而并非其利润部分。年收入高的酒店其利润却未必高。上文已提到酒店客房部分的边际毛利率,比餐饮高很多。如果两家酒店属同等星级水平,且拥有同样的客房数量和同样的年总收入(如1亿元),假如一家酒店(酒店A)的客房与餐饮(及其他功能部分)的收入比是6∶4,而另外一家(酒店B)是反过来4∶6(餐饮较多),在扣除其他未能直接分配成本后得出的营业毛利(GOP),酒店A由于其有大部分收入来源于客房,则它的GOP一定会比酒店B高。

另一方面,由于要求每家可类比酒店的房间数目完全一样是不实际的,不可能市场上都只建320间客房的酒店,因此,转换成每间房的创收就很容易与其他同级别的酒店进行比较了。用上面两家都是年收入1亿元的酒店作比较,如果大家都是

320 间客房，酒店 A 的 GOP 总额较高：4 000 万元，而酒店 B（因以餐饮为主）的 GOP 只有 3 000 万元。

同时除以 320 间房的话：

- 酒店 A 的每间客房每年平均创造的营业毛利 =12.5 万元
- 酒店 B 的每间客房每年平均创造的营业毛利 =9.38 万元

这样很容易就比较出孰优孰劣，哪家酒店的经营效益高了。

（九）每间客房的年平均创造回报（Annual Return per Room）

除了知道每间客房每年平均能创造多少营业毛利外，投资人还可能想知道每间客房每年所能带来的实际回报数额，即每间客房的年平均创造回报。营业毛利（GOP）不是业主所实际收到手里的利润，营业毛利要先扣掉以下被一般称为"固定费用"的项目后，才是业主能实际得到的净利润：

- 折旧及摊销（Depreciation & Amortization）；
- 利息；
- 物业保险、地税；
- 税金。

仍然用酒店 A 做例子，假设以上 4 项固定费用总计为 3 000 万元①，从 4 000 万元扣掉固定费用后，营业利润为 1 000 万元。读者在这里肯定要惊讶，怎么利润只有 1 000 万元？前面不是算出来，主体总投资 320 间客房（不包地价）需要投入 4.6 亿元吗？如年利润只有 1 000 万元的话，年回报率不是只有 2.2% 吗？难道比买国债还差？

实际上，如此低的回报率并不值得惊讶。如果我们拿 2008 年上海业绩最好的酒店（位于浦东的高星级酒店）来计算，其 RevPAR（包括餐饮）约为 3 000 元（年收入约为 110 万元）；假设 GOP 率是 50%，每天 GOP 为 1 500 元（每年即为 54.8 万元）。听说那家酒店 10 年前建造时当时每平方米的造价是每间客房 70 万美元或等于 577.5 万元人民币（按照 1 美元换人民币 8.25 元计算）。再假设 GOP 的 1/3 是营业利润（净），即 18.3 万元，回报率也仅为 3.2%，并不比酒店 A 好多少。

那有人问，为什么还有人要投资酒店，答案可能是折旧及税盾（Taxi Shield②）

---

① 这个数额并不高。用每平方米 1.2 万元的平均造价，不算地价，350 间房的土建加装潢成本就是 4.2 亿元。假设有 2.5 亿元（约 6 成）贷款，年利息是 7% 的话，每年的还息款就要 1 760 万元。

② Ross, Westerfield, Jaffe. Corporate Finance. 9 th edition, McGraw Hill

的原因吧。假设酒店按照20年以直线法折旧,每年的"隐藏现金流"为原投资额的5%;20年过去后,酒店的账上价值为零,可能开发商银行里无端多了一笔本金[①]。酒店的税盾功能就是以折旧缩小应交的税款。5%本金"隐藏现金流"加上(假设)税盾规避约5.7万的税(相当于约1%本金),总的"隐藏回报"为6%本金。

(十) 每平方米的年平均创造回报 (Annual Return per Sqm)

谈到用量化指标来进行衡量,用"一房比一房"的方式进行比较还不是最彻底的方法。如果我们将总利润回报除以总建筑面积,得出每平方米的年平均创造回报,看起来则更为直观和具体。还是以酒店A来讲解,若用1 000万元的酒店年利润除以4.2万平方米(按照每间房分摊面积为120平方米计算),每平方米每年产生的实际利润或者说是业主的回报为238元。

我们可以再算一笔账,看238元是什么样的回报水平。

上文提及,国内一般一、二线城市的地价约为每平方米1万元(现在已经很难找),一般五星级酒店的建造成本为每平方米1.2万元。因此每平方米的总造价(地价加土建装潢)为2.2万元(2008年价格)。

- 用每平方米每年创收238元计算,回报率为1.1%。

当然以上的算式是有些"遗漏"的,因为折旧及摊销只是在账上处理,并不会真的减少业主的所得,因此在计算回报时需要把折旧及摊销所扣减的部分重新加上。假设我们所使用的建筑硬件的直线平均折旧年期是20年,地价摊销年期是35年(假设土地使用权40年,筹建用了5年),要加回的两组数据分别为:

- 建筑硬件部分:12 000/20=600元
- 地价部分:10 000/35=286元

它们之和是886元,再加上原先的每平方米利润238元,业主到手的总回报为1 124元,回报率马上变成5.1%。

就算一毛钱利润都没有,每平方米光是源于硬件折旧与地价摊销就有886元,约等于4%的回报率;或者可以说成每年提取折旧与摊销,25年后酒店账上的不动产价值就几乎等于零,但实际上投资成本全部返回了,还赚了一座"真实"的酒店。如果这25年来都好好保养的话,在折旧与摊销全部提取后,不难用数倍的价格将酒店卖掉套现。2003年上海静安希尔顿的业主就把该酒店公司50%的股份卖掉,成交价格是原来1987年投资时造价9 000万美元(当时的汇率是1美元对3.8元人

---

① 前提是酒店的现金流足够扣减每年的折旧预提。

民币）的8倍多①。这就很容易解答了很多开发商的疑问："为什么酒店很多时候都不怎么赚钱，还是有人硬着头皮非要做呢？"这是因为作为持有型物业，酒店与其他出售型的不动产不一样，酒店可以保值增值，配上好的管理每年能提供较为固定的现金收入，但后者就只能抓住售楼时的一次性利润，以后的事情就同开发商无关了。

纵观上述10项经济考量指标，其实回报率的高与低，并不是本书所关注的重点，之所以要花众多篇幅介绍这些经济性分析指标，其目的在于提醒开发商在项目前期进行项目可行性及预测分析时，应当尽可能地把众多需要考虑的问题量化，好好地比较一下，再进行充分的论证，最终可能会发现或许还存在着至少10%的总建筑面积的修改余地，可以有效节约成本，提高利润率；又或许经过论证，发现投入太大而回报时间过长，从一开始就不应该兴建该酒店。

第二节　酒店前期设计的重要性及有关考量

一家酒店之所以效益好，很重要的原因是其有好的管理，然而，通常情况下好的管理首先必须从好的设计开始。所谓"好"的设计，简单通俗地说，就是要求酒店的功能设计既必须方便客人的使用，又要方便酒店的管理。从反面的角度看，酒店的设计不能含有过多个性化的东西，一个酒店的主要目标必须是营利性的，而不能单单追求有关当地政府的"认可"或者在建筑风格上太讲究"独特性"或"美感"。

假定市场需求已被事先充分了解及确认，并且酒店的自身定位已经考虑妥当，那么酒店想要赢利，首先就要从"设计功能效率"开始着手。

实践中，很多开发商都没有把酒店的功能布局看成是非常重要的一门专业。一般而言，管理公司都会要求开发商聘请具有专业酒店设计经验的建筑设计师来完成酒店的设计。就此，笔者曾经与很多国内开发商有过交流，他们对聘用国际设计师

---

① 神秘买家入主上海希尔顿事件调查．[2003-06-29]. http://www.history.cnfol.com.

主要存在着如下的看法及疑虑：
- 对比国内的设计院所，国外的设计院的收费高昂；
- 认为国外的设计院不懂中国客户的习惯及要求；
- 担心国外的设计院不了解中国规范、法规，受制于国内的有关法律法规不能盖章出施工图；
- 担心国外的设计院无法与盖章出施工图的国内设计院相配合；
- 建筑设计方面可能不需要请国外的设计院，让他们做内装设计可能会更体现他们的专长。

基于以上原因或疑虑，开发商往往倾向于直接聘请一些曾经作为国外设计院合作伙伴（主要负责盖章、出施工图）、共同参与过知名建筑物（包括酒店在内）设计的大型国内设计院所。这种情况通常容易发生在地、县级市的开发商身上，因为二、三线城市的开发商一般对谁是真正的设计师并不是很在乎，只要能从原来的知名项目中借鉴一些概念，就觉得足以应付他们所处地区的要求及市场期盼。按照这个标准衡量，一些位于上海、北京或深圳的大型设计院所应该就足以应付了。

根据笔者多年从事酒店前期工作的经验，笔者认为，**一项好的设计必须充分体现以下六个方面的内容：人性化、科学性、实用性、超前性、经济性和艺术性**①。

一、人性化

所谓人性化，就是坚持"以人为本"，提倡亲情化、个性化、家居化，突出温馨、柔和、活泼、典雅的特点，满足人们丰富的情感生活需要和高层次的精神享受，适度张扬个性，通过多种形式创造出使客人赏心悦目、独具艺术魅力和技术强度的设计作品。通过细小环节向客人传递感情，努力实现酒店与客人的情感沟通，体现酒店对客人的关怀，增加客人的亲近感，无形中带动酒店的人气和知名度上升。纵观现在的同质化设计，不少是从一个成功的度假区拷贝到一个新的度假区，有时候设计师甚至忽视了当地文化元素的必要性。笔者曾到过傣族聚居的西双版纳，却看到某个在建项目的建筑外形竟与亚龙湾的某家成功酒店极为相似。

---

① 饭店设计要经济性和人性化．[2008－07－10]．http://www.hoteljob.cn．

二、科学性

酒店的设计必须建立在科学性的基础上,就酒店设计本身来说其分工是极其精细的,在发达国家需要有规划、市政、金融、市场、设备、消防、灯光、音响、室内建筑、装饰、艺术等至少十几个门类的专家和专业技术人员参与到一项设计当中,甚至前期还有管理顾问、餐饮专家、采购专家和保险公司的介入。此外,建一家酒店所涉及的用品、设备和材料多达数万种,每一种都要有精通的行家来选择和处理。然而,在实践中,我国新建酒店的设计多数仅由一个设计单位总包负责设计(包括建筑、空调、排水、强弱电、视听系统等)。

笔者曾经于2008年现场考察过一个位于三亚湾的拥有800间客房的酒店项目,按照原来的设计,该项目的员工餐厅与员工更衣室不在同一边,它们之间的距离差不多有250米,横跨度很大。按照这样的设计,员工就餐与换衣服之间就需要穿行于整个地下部分,非常明显,项目的建筑设计师根本就不清楚酒店员工的服务流程,开发商的项目团队也缺乏相关的知识。如果一个酒店设计方案先天的科学性已经存在这种缺陷,以后难免不经常修修补补。

三、实用性

酒店的市场定位不同,所服务的客人群体就会有所不同,相应的对于酒店的功能设计要求也就不尽相同,例如度假酒店跟会议酒店肯定是不一样的。设计的实用性就是要求设计的功能必须充分考虑到不同客人的不同需求特点,适合于不同的客人使用,同时也要方便酒店的经营管理。因为如果不适合于客人使用,酒店便无法吸引更多的回头客;如果不方便于酒店自身管理,那么就会增加经营成本,也无法获得好的经济效益。

举例来说,十几年前,一般酒店的建筑设计都很流行用玻璃幕墙,可使用后却带来了不少操作上的问题,如幕墙的清洗困难、能源附加成本的增加等。理性地考虑一下,是否每家五星酒店都应该用玻璃幕墙呢?笔者以为不然,例如,以前笔者参与的重庆一家酒店项目就没有采纳玻璃幕墙建议，现在该酒店仍然是该市内总体业绩水平最好的酒店。

目前，也有很多酒店搞"SPA（水疗）"，而且趋势好像是越大越好。可是很多时候，连设计师自身都没有弄清楚水疗到底是什么东西，就把图画出来了。SPA里面应该附带什么配置，女宾部与男宾部在空间上、配置上的差异（如冲洗、更衣室、按摩、香薰治疗等各功能的不同要求）如何，相信并不是每个设计院都具有相关经验的。有的SPA设计，由于开发商以及负责项目设计的设计院所都没有弄明白，便把一般的浴室带按摩的地方冠上"SPA"的名称。要知道，光顾SPA的客人有特别的心理预期，当他们知道了你的SPA给不了他们所想要的服务时，结果只能是只光顾一次而没有回头率。

四、超前性

所谓超前性，就是要求在设计时，必须充分考虑到顾客及社会在未来的需求。目前，对于设计的要求很高，既要求绿色、环保，又要求时尚，还要尽可能地包含先进科技（如通信、视听设备等）。同样，在酒店的建筑设计当中，这种超前性可能集中地体现在应当尽量使用高科技成果，降低营运成本，提高效益，减少员工的劳动强度，同时为顾客提供更加便利、可靠与优质的人性化服务。

在现代酒店的前台设计中，电脑系统的运用已经十分普遍，管理者可以通过酒店的前台、后台系统以及特殊的接口系统，使酒店具有预订客房、住客登记、最优排放、客账结算、晚间审计、电话总机转接、自动报时、应收应付账款、工资结算、仓库管理、销售处理等各种功能，及时（Real-time）、迅速，并且准确地掌握有关管理信息，更有效地提高服务质量。

同时，高科技还体现在绿色和环保方面。这要求设计时要从多方面考虑原材料是否为绿色环保型，以减少能源消耗、减少污染。酒店在为客人提供舒适的食宿条件的同时，不能以牺牲环境为代价，这是社会对酒店的要求，也是为了提高效益，并对投资商负责。

不仅如此，还要引领新潮，体现出超前性。这就需要有超前的眼光，充分考虑酒店今后的发展趋势，根据预测作出超前的设计，避免今后的重复投入。例如，随着这几年通信及移动娱乐技术的迅速提升，在酒店设计时，就应当考虑对客房内的影音设备有更高的要求。

五、经济性

经济性很好理解，酒店永远是以营利为目的的，自负盈亏，开源节流，力求以最少的投入产生最大的经济回报，这些都是设计师应当知晓的经济理念。在酒店的设计上也要求充分地体现这一理念，控制非营利面积在总体建筑面积中的比重，重装饰、轻装修，既要考虑合理性，又要体现经济性，争取以较少投入达到最佳效果。例如，公用面积（大堂、走道、健身房、休息区等）与后台区域（Back of the House）等部分都属于非营利面积，有经验的建筑师就有能力做到，在对酒店营运及整体的形象影响最小的前提下，将其尽量压缩。

举例来讲，不少人在研究新建的五星级酒店时，头脑中第一个反应出的概念是客房需要多大、多豪华。别人建了55平方米，他就要建70平方米。笔者在东莞就见过70平方米的客房，其实70平方米的房间已经可以做两个并不太差的各35平方米（差不多是400英尺）的房间了。但如前文所述，一个70平方米房间带来的收益并不一定能抵两个35平方米房间的收益。

另一个能体现经济性的地方就是酒店餐饮部分的设计。一家五星级酒店一般要求至少有5个提供餐饮的场所，设计师不仅应该好好地控制这些餐饮场所的面积，还要考虑到酒店所在市场的切实需求，设计餐饮场所要符合自身的餐饮技术及资源，切勿过高地估计市场。例如在东北地区，很多酒店规划都会包含日餐厅或韩餐厅，但从技术与运营成本角度来比较，日餐会比韩餐需要更高的管理技术与营运成本。在国内大部分城市，意餐比法餐更容易被市场接受。

六、艺术性

所谓艺术性，就是酒店设计要令广大住店客人从视觉上、心理上产生深刻的、赏心悦目的感觉。好的酒店设计不仅要满足使用者视觉上的要求，还需要满足其在听、触、嗅、味及氛围上的感觉，这些都体现出以人为本的设计理念，让客人能感觉到舒心、温馨，以及心灵上的满足。如果某些建筑或布置能做到设计独特、创意新颖、造型别具一格，还可以成为酒店的标志，无形中强化了酒店在客人心目中的形象，增加了酒店的品牌价值，可能给酒店带来不可估量的经济效益。

不过艺术性是非常主观的衡量标准。例如，到底弧形的外立面好，还是方方正正的好？很多情况下，开发商并不会首先咨询有关专家的意见，而是经常把很多个人喜好投射到酒店的设计要求上。不仅如此，很多时候建筑的外形设计还会加入当地政府的意见及其他考虑因素（如风水等），以致影响到设计师的本来意图。

图 3-2　深圳万科国际会议中心酒店

来源：vankehotels.com。

还有，我们需要认识到，酒店要建设得美观好看是有成本的，开发商必须考虑到不同设计在投入及产出间的比率。举例来说，在德国柏林的丽笙（Radisson SAS）酒店大堂中设有一个世界上独一无二的巨型水族塔（高 25 米，容量 100 万公升）。水族塔建成后，马上变成柏林市的焦点，多次受到电影界的垂青成为外景拍摄地。但是，这种设计是否同样适用于中国呢？相比于柏林五星级酒店一般都在 200 欧元以上的房价（而在我国整体还不到 100 美元）以及所需之技术和工艺而言，这种大水族塔不一定是国内酒店艺术设计未来 5 至 10 年的发展方向。

以上几点，都是开发商在制作酒店设计蓝图时应当遵循的原则。除此之外，作为项目的所有权人，开发商还应当意识到：

第一，项目班子固然重要，但具有经验的专业设计与顾问团队才是中坚执行者，他们既可以帮助业主创造附加价值，也可能会令一座酒店留下永远的遗憾。

第二，与国际酒店相比，中国的酒店设计较为中性，大部分处于模仿或借鉴国外实例，并加以引进的阶段，敢于树立个性文化的酒店较少。中国投资者向来较为保守，如无过往实例，绝不敢越雷池半步，这便造成了国内酒店建筑设计的瓶颈。

第三章　前期经济及技术考量

因此，在客观大环境暂时并不十分理想的情况下（中国用于技术研发的投入不到GDP的2%），好的设计可能还是需要依赖国外的经验。

第三，越好的设计师及团队其设计越容易只代表设计师及团队本身的喜好，而并不一定是一个项目最合适的设计。有善于处理超高层酒店的设计师，有专门做会议酒店的设计师，也有最能够打造度假酒店所需氛围的设计师，但很可惜的是没有一个是全才。开发商应该多认识、多了解一些专业的顾问或管理公司，参考（一个以上）专业顾问或管理公司的针对性意见制定设计要求，以觅得最合适的设计单位。

客观地说，目前在国内若建造"单体"的酒店项目，在经济回报上已经不是非常理性的选择了，理由是酒店业现在的竞争强度与30年前相比已经不能同日而语，此外建造"单体"的酒店项目无论在资本上，还是在技术上都需要超高的投入，而回收期往往过长。相比之下，"综合体"模式越来越显示出其独有的优势。

所谓"城市综合体"，在当下的中国房地产界有一个约定俗成的定义，即从产品形式讲，一般有五种业态，即酒店、写字楼、商业楼、公寓和住宅，称为4+1模式。在国外城市综合体的英文名为"HOPSCA"，是英文单词"Hotel"（酒店）、"Office"（写字楼）、"Park"（公园）、"Shopping mall"（购物中心）、"Convention"（会议中心、会展中心）、"Apartment"（公寓）首个字母的缩写[①]。

城市综合体的概念源于美国，最早的成功案例是经久不衰的美国纽约洛克菲勒中心，而亚洲的经典城市综合体项目就是号称规划建造了18年的东京六本木。从香港的经验来看，综合地产发展模式在20世纪80年代末就已经出现了，比起纽约与东京显得有点晚，但成功的案例却不少。早期较为人知的有沙田的"新城市广场"、湾仔的"香港会展中心"、港岛金钟的"太古广场（Pacific Place）"，最近的有"IFC（国际金融中心）"、九龙旺角的"朗豪坊（Langham Place）"、香港机场附近东涌的"东荟城（Citygate）"等。

在中国内地人们最熟悉的城市综合体可能当数北京国贸中心了，它是中国规模最大的综合性高档商业中心之一，集办公、五星级酒店、会议、展览、购物和娱乐等多功能于一体，项目初建至今差不多已经20年了，国贸三期于2008年才建成。纵观国贸中心的发展历程，可发现其时间价值和资产价值无与伦比。2007年拥有国贸中心的业主公司总市值最高曾超过250亿元人民币（中国国贸上证编号：600007；最高价格每股26.81元人民币计算），这应该是国内单个项目市值最高的纪录。2008

---

① 城市综合体价值最大化与附加值．全国工商联房地产商会商业不动产专业委员会 http://www.ccrec.org.cn．

酒店管理合同：从谈判到履行

年全年扣除非经营损益后的净利润估计为 3.5 亿元人民币以上，当然对比行业龙头的万科（万科 A 深证编号：000002）的预计总利润 50 亿元人民币仍有较大的差距，但以净资产收益率（免除市场主观因素的溢价）比较，国贸与万科的比例大概都为 7%（按 2008 年第三季度报告）。其他的具有国资背景的大型房地产企业如招商地产及发展很快的世茂股份（上证编号：600823），在同时段内净资产收益率分别是 4.7% 及 2.0%。再看看专注于酒店业的上市公司如（广州）东方宾馆、（深圳）新都酒店、（南京）金陵饭店（全是以单体酒店为主），它们的净资产收益率分别仅为 −1.8%、1.1% 及 5.3%①。看似好像笔者在写股评，但是实际上笔者只是想以一个直观的方法解释到底什么样的项目会赚钱，数字说明一切。

从项目的资金需求角度考虑，由于土地价格昂贵，在一线城市大肆圈地已经变得不太可能，尽管最近的经济急速降温也造成很多新拍卖的地块价格下调，但是要知道如今在建的或正在筹建的不少项目仍是在地价偏高的时候所买入的。因此，为降低单一项目的投资风险，开发商已经意识到不同地产项目间相互烘托、相互补充的协同作用。也正是基于此，综合体项目将更具吸引力及市场生命力。

综合体项目的产生往往也正是为了满足二、三线城市或一线城市的卫星城市更快达到城市化，诸如广州新塘区的碧桂园凤凰城、长沙的中信新城等。近两年，城市综合体已经成了政府推动城市化进程的标志性商业模型，几乎每个城市都要打造集当地最高的建筑，体量最大、最高级的商场，最好（三星以上）的酒店于一体的复合建筑群，从而不仅可以极大地提升城市的形象，满足政绩工程的需求，还可以拉动区域经济和文化的发展。

酒店项目的开发在某一综合体开发项目中到底扮演何种角色呢？根据笔者的经验，主要在以下 4 种情况中，酒店会出现在一个综合体的项目内：

- 酒店作为项目的主角，是一个综合体项目的品牌，投资商不太计较投入，而是更重视酒店所产生的全方位的品牌效应。例如上海金茂大厦（凯悦酒店）、上海国际金融中心（柏悦酒店）。

- 酒店作为一个提升、拉动并增加其他功能部分价值的组成部分，因此，它也可能有充足的预算。例子很多，如北京东方广场（君悦酒店）、北京银泰中心（柏悦酒店）、深圳万象城、上海北外滩上的大部分综合性项目。

- 酒店作为一个政府售地的前提（或附带）条件，倘若位置不太理想，开发商将非常谨慎地投入，并把重点与回报预期放在其他功能上。例如广东恒大集团的

---

① [2009−02−03]. http://www.finance.qq.com.

多个位于城市边缘的综合开发项目，以及不少处于经济开发区内的大宗开发项目。

- 开发商可能并不想持有酒店，但项目又需要有酒店存在。在此种情况下，酒店项目在开发过程中被转让的机会就很大。例如最近北京宣武区福地广场中一座建筑面积为4.7万平方米的酒店项目大楼于2006年11月转让给浙江的开元集团。

以上只是在综合体项目中开发酒店的一些典型情况，开发商在思考酒店设计的时候，需要时刻提醒自己所拥有的酒店在综合体项目中所扮演的角色，因为不同的角色会衍生不同的设计问题和不同的造价预算。

第四章
管理公司、业主代表及其他

导读

　　伴随酒店业的蓬勃发展，现在不少酒店项目业主已开始越来越重视酒店管理公司的选择和自身队伍的建设。在酒店管理公司的选择方面，业主越来越重视酒店管理公司的业绩表现；而在业主自身队伍的建设方面，业主则越来越重视业主代表的素质和水平。究其根本原因，不外乎为了从激烈和残酷的竞争环境中脱颖而出，并能够在实际运作中切实地得到应有的回报。而在这两者中间，业主关注最多的或许还是如何选择酒店管理公司，这也是本章论述的重点。

第四章　管理公司、业主代表及其他

第一节　酒店管理公司的选择

投资酒店的最大好处在于：酒店作为不动产能够在知名品牌的协助下实现大幅溢价，同时在经营过程中还能为业主带来较为稳定的现金流入。但问题是，进行酒店投资绝不可以像开发和销售商品房那样运作。首先，业主进行酒店投资，必须进行前期调研分析、定位；其次，业主还要寻找具有国际经验的设计顾问团队厘定科学有效的实施蓝图；最后，还要解决酒店投资所需要的资金问题，包括通过贷款或股权融资的方式为酒店开发积累足够的资金等。

根据 2008 年 3 月利比测量事务所（Levett & Bailey）的报告，国内较为高档的五星级酒店每平方米造价大概在 1.2 万元人民币（不含地价）。以此为依据，如果要造一所拥有 350 间客房的五星级酒店，仅在硬件投资方面就有可能超过 4.2 亿元人民币（按每间客房 100 平方米的最低分摊面积要求进行计算），而这个数字还没有包含软件方面的投入。另外，即使满足了上述硬件和软件投入的条件，从酒店开业到逐步走上轨道，也需要花费较长的时间磨合，毕竟五星级酒店的运作要比一个住宅社区的运作复杂得多。这也说明酒店管理公司的选择是相当重要的。

表 4-1　利比测量事务所 2012 年第一季度建造成本统计

建筑物种类	五星（RMB）	五星（中位数）
香港（HKD）	26 100～31 800	28 950
澳门（MOP）	21 300～26 200	23 750
北京	12 100～15 900	14 000
成都	10 300～13 500	11 900
广州	11 700～15 000	13 350
上海	12 000～15 600	13 800
深圳	11 500～14 800	13 150
天津	11 400～15 000	13 200

续表

建筑物种类	五星（RMB）	五星（中位数）
武汉	10 300～13 500	11 900
无锡	11 900～15 500	13 700
西安	9 800～12 800	11 300
珠海	10 200～13 500	11 850

数据来源：RLB Hong Kong and China Report March 2012. Rider Levett Bucknall.

一、国内酒店管理公司与国外酒店管理公司的对比

有人问：国外酒店管理公司和国内酒店管理公司，到底哪一个更适合管理国内酒店项目呢？笔者认为，这个问题是没有绝对答案的。国外酒店管理公司管理严谨，管理人员大部分具有海外工作、生活或者留学经历，外语强，操作上较为国际化；而国内酒店管理公司则相对较为熟悉当地市场需求和市场操作模式，不存在"水土不服"的现象，例如在餐饮方面，国内酒店管理公司就具有较大优势。

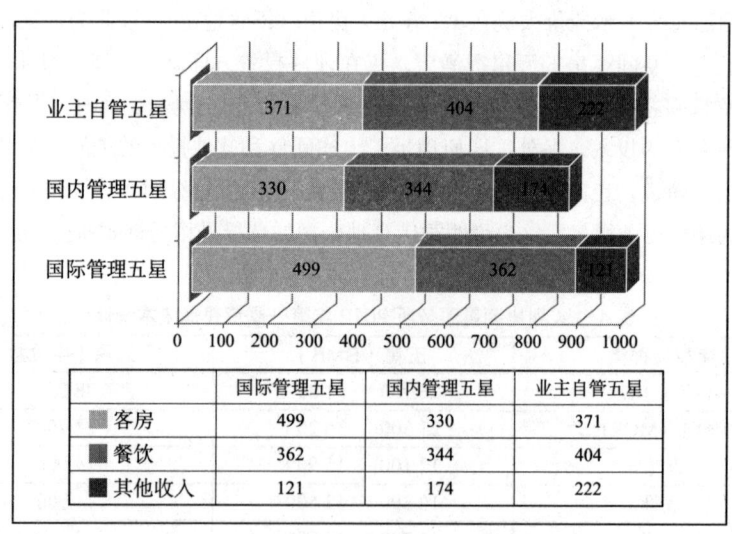

图 4-1　各类型五星酒店管理模式收入比较

数据来源：中国旅游饭店业协会—Horwath. 2011 中国饭店业务统计—2010 财政年度，2008 中国饭店业务统计—2007 财政年度．

那么，业主究竟应该如何在国外酒店管理公司和国内酒店管理公司之间进行选择呢？中国饭店协会与浩华管理顾问公司合作编写的《中国饭店业务统计2008》[①]一书对此或许有些帮助。它将国内的五星级酒店细分成了"国际管理五星"、"国内管理五星"和"业主自管五星"三类，并对各类酒店在2007年的部分赢利进行了比较。相关内容抄录如表4-2所示：

表 4-2　各类型五星酒店管理模式赢利比较

2010年及2007年数据

	国际管理五星		国内管理五星		业主自管五星	
	2010	2007	2010	2007	2010	2007
平均房价（ADR）	899	1 014	552	618	627	582
RevPAR	527	643	338	398	376	374
基本+奖励管理费	12 823	14 298	7 415	7 850	7 902	5 961
IBFC*	119 100	154 668	81 238	103 491	91 944	86 808
IBFC占总收入比例（%）	36.11	40.2	30.5	35.4	29.3	28.0

* IBFC=Income before Fixed Charges，即扣除固定费用（利息、折旧、利得税等）前利润

** 以上数据除为ADR与RevPAR外均为每年数字

从2010年的数据可以看出，国际管理五星级酒店的各项管理费用的数额较大，是国内管理五星级酒店各项管理费用的约1.73倍；但从业主获得的经营酒店的收益（表现为IBFC）来看，相对于国内管理五星级酒店而言，国际管理五星级酒店则拥有25%～36%的优势，每间客房的IBFC多出了约3.8万元人民币。如果以一个拥有350间客房规模的酒店为例，依照上述数据，国际酒店管理公司每年给业主带来的平均收益将比国内酒店管理公司多出1330万元。那么，业主是否就可以据此选择国际酒店管理公司呢？答案并不尽然，主要需要考察为何国际酒店管理公司能够创造较高的IBFC。

解释外国酒店管理公司为何能够创造较高的IBFC并不难。首先，外国酒店管理公司通常都拥有数十年的酒店品牌，本身就很有吸引力，再加上比较成熟的网络和支持系统，所能带来的附加值也相对较高，因而很容易成为国内外潜在客户的首选。其次，针对国外的潜在客户而言，外国酒店管理公司管理的酒店也具有很多的

---

① 《中国饭店业务统计2008》浩华管理顾问公司—酒店及旅游业顾问。

吸引力，而这种吸引力并不仅仅源于其品牌效应，潜在客户的惰性思维习惯也是一个因素。因为随着年龄变大，人们对新事物的接纳程度会降低，而这会驱使人们对新生事物具有较高的排斥性。具体到国外潜在客户而言，他们来华经商或旅行也会首选其已经认知的酒店品牌，而不会花大量时间去研究一家他们从来没有遇到过或没有经朋友介绍过的酒店品牌，这也是为何外国酒店管理公司管理的酒店拥有相对较多的外国客户的原因之一。

难道，与外国酒店管理公司相比，国内酒店管理公司真的不值一提吗？答案当然是否定的。应该看到，虽然有很多新开业的高端酒店在使用外国酒店管理公司的品牌，但中国也出现了很多认知度很高的本土酒店品牌，如锦江、金陵等，它们的管理经验也很成熟。另外，国内酒店管理公司在努力自我发展的同时，也在不断学习外国酒店管理公司的成功管理经验，其中比较行之有效的方法就是将自己拥有的酒店交给外国酒店管理公司管理。例如，上海锦江集团的上海扬子江万丽大酒店、上海锦江汤臣洲际大酒店、上海索菲特海仑宾馆、上海东锦江索菲特大酒店等目前就是由不同的外国酒店管理公司管理着。此外，锦江集团在2010年跨国性地收购了美国的州际集团[①]，其目标为通过国外公司的技术及经验为国内酒店提供"3rd party（第三方）"管理。北京首旅集团的北京长城饭店、北京长富宫饭店、北京京伦饭店和北京新世纪饭店等也是交给不同的外国酒店管理公司进行管理的。通过这种合作方式，国内的酒店管理公司也已经逐步树立起了良好的酒店管理体系和企业管理流程，建立起了良好的支持系统和人力资源系统，积累了更多的成熟管理经验和技术服务经验，加上它们对中国市场的熟悉程度以及价格上的竞争优势，国内酒店管理公司也已成长为国内酒店业不可忽视的重要力量。当然，采取这种方式提升管理水平和确立市场地位的国内酒店管理公司不在少数，如天津泰达国际酒店集团、中粮集团、海航集团等。

在国内酒店管理公司逐渐崛起的同时，也有人指出国外酒店管理公司的管理质量正在面临慢慢下降的问题。国外酒店管理公司管理质量的下降有很多原因，主要包括：

（一）过快扩张导致系统支持不够，特别是在人力资源支持方面

例如，不少国际酒店管理集团在中国通常都会同时发展着数个或者数十个新酒店项目，而项目的运作是需要专业人士及熟悉中国情况的人士参与的，因此其面临

---

① 锦江国际海外战略投资三大战术．[2011-10-26]．finance.sina.com.cn

的人力资源支持压力之大可想而知。

（二）快速扩张导致同一城市里出现了同一国际酒店管理集团的多个品牌，从而形成内部的相互竞争

　　为了在某个城市占据最大的市场份额，外国酒店管理公司最常用的做法就是同时在该城市开拓其拥有的数个酒店品牌。笔者也曾遇到过此种情形，在同一个城市里，一个外国酒店管理公司通过不同的酒店品牌管理着数家五星级酒店。这样做的好处在于，能够最大限度地扩大市场份额，如果陆续有新开业的酒店加盟，酒店集团或许可以分享因较大市场份额所带来的较高经济效益；但另一方面，这些酒店尽管使用不同品牌，但可能同为同星级酒店，如果不同品牌酒店的目标客户群错位或不清晰，且不能进行有效区分，那么也可能使这些酒店因为同时争夺同一市场发生内部竞争而导致效益不佳。

（三）相对于一线城市而言，在二线或三线城市，外国酒店管理公司的比较优势相对不会太明显

　　前文提到，国际酒店管理集团相对于国内酒店管理公司的优势，主要在于品牌效应和强大的系统网络对订房的支持，这在一线城市已经得到证实。然而，在二线或三线城市，这些品牌效应与系统网络优势就变得相对薄弱了。这可以从以下三个层面进行解释：

　　首先，改革开放以来，中国酒店的发展虽然主要集中在沿海城市，但在一些内陆城市，部分国内企业却根据当地需求，悄悄打造出了符合当地消费习惯的综合商业模式，其中包括一些酒店管理集团的诞生，如南京金陵酒店、杭州萧山的开元集团、重庆大世界酒店等。因此，当国际酒店管理集团进军这些市场时，就会首先面临当地这些酒店集团的挑战，短时间内取得对这些当地酒店集团的领先优势并不容易。

　　其次，二线或三线城市的酒店平均房价一般不会太高，而且当地酒店的收入一般主要是来自于餐饮和娱乐，如东莞，而这恰恰是国际酒店管理集团的相对劣势。当然国际酒店管理集团也意识到了该问题的严重性，开始思索改进的方式方法。

　　最后，一般而言，外国潜在客户造访二线或三线城市的概率一般较低。基于这种潜在需求的降低，国际酒店管理集团订房系统所发挥的作用就可能有限，而可能无法取得像在一线城市同样的效果。

（四）新进入中国市场的国际酒店管理集团，仍然可能面临"水土不服"的问题

近年来又有很多国际酒店管理集团开始进入中国市场，它们在国际上一般都享有很高的声誉，也很希望通过在中国的酒店项目提升其酒店品牌在中国的形象和认知度；中国业主也希望将自己的高端物业交给国际知名酒店管理公司管理，从而达到资产增值和获取稳定现金流的目标。然而，这些新进入中国市场的国际酒店品牌，可能会常常面临"水土不服"的问题。例如，一家位于长三角的业主两年前与一家国际顶级品牌签订了酒店管理合同，业主也对该合作非常乐观。然而，合同签署一年后，业主发现该酒店管理公司总部委派的老总根本没有来过中国，而该集团在中国的销售网络也要从头开始建立。另外，由于语言和人脉等方面的问题，本土酒店中层干部的招聘工作也很困难，业绩提升自然也就举步维艰。第一个五年过去了，合同以终止收场，再看看其间的业绩，平均每年的出租率不到35%，业主几乎每月都要注入营运资金。笔者最近见过上海一家开了不到3年挂着某国外品牌的豪华酒店，开业三年最好的一年平均出租率不到40%，业主已考虑换牌。

（五）除了新进入中国市场的国际酒店品牌外，中国市场上也存在很多特许经营的国际酒店品牌

对新的酒店业主来说，它们可能不清楚这些特许经营的酒店品牌在国外主要是针对三星级酒店而非高星级酒店提供特许经营权。由于许可条件弹性相对较大并且进入中国后定位改为五星级，它们受到不少开发商的追捧，因而发展迅速，但同时摘牌率也很高。例如，某国际酒店品牌在上海挂牌后6个月就被业主炒了鱿鱼，原因很简单：该酒店管理公司答应的多而做到的少，无法达到业主所要求的业绩。

（六）中国市场上也存在很多地区性的酒店品牌，如台湾或者香港的酒店品牌

例如，最近一家台湾酒店管理公司刚被业主解约，它本来被委托管理上海一家拥有600多间客房的超五星级酒店，但自2007年年初部分开业以来，生意一直不好，结果是刚刚管理了一年多，就被业主要求解约，并将在2009年第二、三季度换上一个欧洲品牌，希望此后会有转机。一般而言，地区性的酒店管理集团在系统资源方面是无法与大型国际酒店管理集团相比的，它们要想从激烈的竞争中脱颖而出，则更需要在人员技术与服务水平上下工夫。

那么，国内酒店业主是否可以据此认为应当选择国内的酒店管理公司呢？答案当然是否定的。从上述分析也可以看出，**国内酒店管理集团和外国酒店管理集团是**

互有优势和劣势的，需要业主根据其酒店的定位，综合这两种不同酒店管理公司的特点和赢利能力进行判断选择。再者，面对档次定位越高的管理品牌及系统标准，开发商/业主越需要明了本身团队是否已经具备相应的应对与协调能力。

二、酒店管理公司的效益量化分析

不同的专业机构都有针对不同酒店管理公司赢利能力的专业分析，本节亦主要是通过参考这些专业机构的数据，对不同类别酒店管理公司的赢利能力进行量化分析，以考察不同酒店管理公司的优劣。首先，请参考专业酒店顾问机构浩华所提供的如下数据：

表4-3 2010年各类五星级酒店重点数据比较

部门收入		国际管理五星	国内管理五星	业主自管五星
	客房	499	330	371
	餐饮	362	344	404
	其他收入	121	174	222
	合计	904	729	860
部门支出（可分配成本）				
	合计	331	317	388
未分配经营成本				
	行政及一般开支	78	81	107
	市场推广及营销	45	18	27
	能源	71	56	70
	物业营运保养	29	29	39
	合计	222	184	243
营业毛利（GOP）		360	236	259
	基本管理费+奖励管理费	35	20	22
	GOP与总收入比例（%）	39.9	32.4	30.1
	产生每百元营收之管理费	3.9	2.8	2.5
	IBFC（固定项目前利润）	326	223	252
	IBFC与总收入比例（%）	36.1	30.5	29.3
	产生每百元IBFC之管理费	10.8	9.1	8.6

* 以上数字以每天可出租房间计算

数据来源：中国旅游饭店业协会— Horwath. 2011 中国饭店业务统计— 2010 财政年度．

根据上述表格提供的数据,不同酒店管理公司所能产生的经济效益可以从以下方面分析:

(1)在营业收入方面,2010年国内酒店管理公司所带来的收入增值并不明显,餐饮收入方面甚至比不上业主对酒店进行自我经营管理所能带来的营业收入。国际酒店管理公司凭借较高品牌的认知度及广阔的分销系统在客房营业收入方面具有相对优势,但相对比2007年已不明显[①]。此外需要考虑的是,国际酒店管理公司虽然总体综合营业收入可以产生近40%的营业毛利,但其在餐饮营业收入方面并不存在优势。

(2)在可分配成本[②]方面,三组的数字差距不大,其中把可分配成本控制得最好的是国内酒店管理公司,而国际酒店管理公司的可分配成本较高,这可能是由于人员成本相对较高或者没有当地优势采购渠道等原因造成的。一般人会认为业主自营可以压低成本,以上表格显示的与此见解不太吻合,餐饮为主的业务模式推高了人员成本,且近26%的较低平均出租房价也会使可分配成本占总收入的比例膨胀。

(3)未分配成本方面,国内一般称为"管理费用",是指不能直接分摊到各种销售或服务产品之上的成本,一般包括总经理、财务总监、销售总监、总工程师等非营利部门人员的薪金福利及有关的行政费用(如招待费用、预订费、信用卡手续费等)等。另外,市场推广及营销费用也属于未分配成本,因为它是酒店开拓收入来源的重要功能,如果没有销售推广,酒店即使有最好的服务与最豪华的客房也是无法取得赢利的。虽然国际酒店管理公司平均每房的市场推广及营销成本比国内酒店管理公司或者业主自管酒店高了一倍有余,但其所带来的客房收入也是最高的。而在行政及一般开支上,业主自管酒店的成本则比国际酒店管理公司高了约37%,究其原因可能是业主在自行管理的情况下,对行政成本并没有强烈的压缩要求,而且有时候业主也可能会把一些本来需要资本化的开支计入该部分,压缩营业毛利,达到避税目的。

(4)在管理费(基本费+奖励费)方面,国际酒店管理公司收取的管理费差不多是国内同行的一倍。如果换算成"产生每百元营收的管理费",国际酒店管理公司则只比国内同行高了39%(2007年为43%),但从酒店管理费效益的角度考虑,

---

① 当时国外的酒店管理公司差不多要比国内酒店管理公司或者业主自管酒店多出一倍。
② 可分配成本:一般是指可直接分摊到各种销售或服务产品及各个营利部门的可计算成本,如餐饮中食品和酒水的原始成本、餐厅所有员工的工资福利成本,以及客房备用品消耗与部门清洁用品的成本。

国际酒店管理公司"产生每百元 IBFC 的管理费",则比国内酒店管理公司只高出了 19%（2007 年为 37%）。

（5）赢利能力方面，需要从财务底线的角度考虑，即到底何种委托管理模式能使业主的获利最大化？从营业毛利（GOP）率的角度来分析，可以看出在酒店由国际酒店管理公司管理的情况下，营业毛利率只比由国内同行进行管理高了几个百分点，绝对优势并不明显。但如果用 IBFC 的绝对数字来分析，在酒店由国际酒店管理公司管理的情况下，则比由国内同行管理高出较多：假定每房的投资要求相同，国际酒店管理公司比国内酒店管理公司高 46%。因此，如果把自己的五星级酒店委托给更专业的外国酒店管理公司管理，其可预见的结果是每天每房 IBFC 将比自己管理多出 103 元人民币(2007 年为 334 元)。以一家拥有 350 间客房的五星酒店计算，每年可以多赚：

$$350 \text{ 房} \times 365 \text{ 天} \times 103 \text{ 元} = 1\,316 \text{ 万元}①$$

如果业主倾向于自营而不一定依靠国内酒店管理公司，则可以预见每天每房 IBFC 将比聘请国内管理多出 29（即 252-223）元人民币②。以一家拥有 350 间客房的五星酒店计算，每年可以多赚：

$$350 \text{ 房} \times 365 \text{ 天} \times 29 \text{ 元} = 371 \text{ 万元}$$

通过上述量化分析，读者或许对于不同类别酒店管理公司的赢利能力有了初步的了解，这有助于业主决定如何选择酒店管理公司。当然，读者也可以参阅《中国饭店业务统计 2010 年度》等报告，进行更加充分地了解。下文将从酒店管理公司规模的角度，进一步考察不同酒店管理公司的管理能力和赢利能力。

三、酒店管理公司的规模与赢利

酒店管理公司的规模也是业主在选择酒店管理公司时的一个重要参考因素，但问题是中国市场上的酒店管理公司数量众多，品牌繁杂，而且大多都具有较大的市场占有量。例如，截至 2007 年年底，中国就已经有了 41 家国际酒店管理公司和共 67 个酒店品牌在国内市场上活跃。那么，业主到底该如何选择呢？是要选择规模最大的酒店管理公司吗？业主在选择时应当注意什么问题呢？

---

① 2007 年 IBFC 差距为 4267 万。
② 出版本书第一版时候，国内管理的业主自营的每天每可出租房间多出 119（即 472-353）元人民币。

通过对下面三个表格分别进行分析,或许能够得到一些启示,或者可从中看出酒店管理公司未曾向业主披露的一些东西。

表 4-4 美国《HOTELS》杂志 2011 年 9 月公布的拥有客房最多的集团排名
(Companies that Manage the Most Hotels)

排名 2010	Brand	品牌	总房间数(万)	总酒店数	平均规模(房)
1	IHG	洲际	64.72	4 437	146
2	Marriott	万豪	61.81	3 545	174
3	Wyndham	温德姆	61.27	7 207	85
4	Hilton	希尔顿	60.48	3 671	165
5	Accor	雅高	50.73	4 229	120
6	Choice	精品国际	49.51	6 142	81
7	Starwood	喜达屋	30.87	1 041	297
8	Best Western	最佳西方	30.87	4 038	76
9	Carlson	卡尔森	16.21	1 064	152
10	Hyatt	凯悦	12.75	453	281
以总房间数排名					

资料来源:HOTELS September 2011. Special Report: Hotels'325.

表 4-4 按照酒店管理集团旗下的房间总数,对世界前十大酒店管理集团做了排名,其中前三名分别是洲际、万豪与温德姆。这三者之间的房间总数相差不大,基本上在 3.5 万间客房。如果从所管理的酒店的总数来看,这三者之间则产生了较大的差距,第三名温德姆集团(因平均规模只有 85 房)竟然比第二名万豪集团多了一倍左右的酒店数量。这些简单的数据也说明评价标准不同,酒店管理公司的规模排名也会因此而不同。

以按酒店管理公司旗下酒店的数量进行排名为例,需要首先注意两个问题。其一,酒店管理公司旗下单体酒店的规模问题。以上述图表为例,在单体酒店的规模上,喜达屋无疑是领先的,虽然它旗下的酒店总数不到 1 050 家,但其单家酒店平均规模却接近每家酒店 300 间客房,而这与一些酒店集团的平均客房数低于 100 间的营运理念是有根本区别的,这也体现了不同酒店管理公司之间的运营策略的差别。其二,酒店管理公司旗下酒店的数量并不等同所管理的酒店的数量,管理公司旗下酒店有受委托管理的酒店及特许经营酒店之分,而特许经营酒店与由管理公司管理的酒店是有很大区别的。以洲际为例,虽然它旗下的酒店超过了 4 400 多家,但所管理的酒店实际上只有 639 家，占总规模的 14.4%，剩下的 3 800 多家酒店基本上都是特许/租赁经营的酒店，当然这并不是为了说明洲际的管理能力不佳。下述图表对管理公司旗下酒店进行了很好的分类，同时很明确地区分了单体酒店规模与其他数据之间的关系。

另外，针对酒店管理公司所管理的酒店占全部旗下酒店总数的比例，《Hotels》也曾专门列表（表 4-5）进行进一步解释，该表可以作为上一图表的补充。

表 4-5 美国《HOTELS》杂志 2011 年 9 月公布的
拥有最高管理分店比例的酒店集团排名（前 6 位）

排名 2010	Brand	品牌	总酒店数	平均规模（房）	管理店数	占总集团规模比例
1	Hyatt	凯悦	453	281	297	65.6%
2	Starwood	喜达屋	1 041	297	463	44.5%
3	Marriott	万豪	3 545	174	1 005	28.3%
4	Hilton	希尔顿	3 671	165	569	15.5%
5	IHG	洲际	4 437	146	639	14.4%
6	Accor	雅高	4 229	120	576	13.6%

资料来源：HOTELS September 2011. Special Report: Hotels' 325.

上述各表格从不同角度对 6 大国际酒店管理集团进行了排名，所采取的评审标准具有很高的国际性，我们由此可以从不同侧面了解各大国际酒店集团的特点。除此之外，为了保持在中国境内的持续快速增长速度以及扩大亚洲区域内的客源份额，国际酒店集团订房系统的语言平台也是一个值得考虑的重要问题。一般而言，提供西方语言服务的订房平台对中国国内以及远东汉语体系下的多数潜在客户不会具有很大的吸引力，除非它能提供汉语服务。在上述 10 大酒店管理集团中，目前大多数已经拥有了汉语订房系统，并且运作得很好。

综上所述，要评估一家酒店集团是否具备足够的综合能力与经验来管理国内酒店，应当至少考虑如下问题：

（1）业主自身物业的特点，即该物业是属于 100 间房以下的一般规模，还是有 300 间房的规模或者更大。在理清自身物业特点的基础上，还需再研究一下可能的客户目标，然后再根据相关酒店管理集团的特点，参考其酒店管理规模和赢利效果，进行洽谈，避免将较大型的酒店项目交予较为侧重 100 间上下规模的集团（尽管他们可以提供多品牌选择）。

（2）在考虑酒店管理集团的特点时，不仅需要考察该集团的整体规模，还需考虑其所管理的酒店与通过其他商业模式纳入其旗下的酒店之间的关系。一般而言，所管理的酒店占全部酒店数量的比例越高，就说明它们对酒店委托管理可能更在行，更专注。

（3）要判断酒店管理集团的综合管理能力，就不能只关注个别酒店品牌，还需要综合平衡各个酒店品牌之间的定位以及目标客户群体的定位等因素。虽然同一酒店管理集团内部不同酒店品牌的赢利能力不同，但如果只关注酒店品牌，那就可能导致缺乏对该集团整体综合能力的考察，包括如上面提及的语言订房系统等，从而导致业主无法作出全面判断。

（4）此外，更能有效了解有关品牌实力的方法，就是利用一两周时间实地考察其区域内酒店的状况。需要时，专业酒店顾问可以迅速地提供一些及时有用的市场数据供开发商参考与比较。

当然，上述建议并不是业主选择最优酒店管理公司应遵循的金科玉律，**每个业主都需要根据自己的实际情况，选择适合自己的酒店管理公司**。例如，如果某国际酒店管理集团在同一城市内已经管理了数家酒店，而且每家酒店经营得都不错，那么业主是否需要委托这家酒店管理集团来管理自己的酒店呢？要回答这个问题，不仅需要考虑业主对自身物业的定位、对赢利目标的期待，还需要考虑该管理集团在该城市的发展目标等问题，需要逐一分析，综合考量。

第二节　业主代表

本章花了比较多的篇幅来阐述选择酒店管理公司时所应当注意的问题，但不论是选择外国酒店管理公司还是选择国内酒店管理公司，不论是选择大规模的酒店管理公司还是一般规模的酒店管理公司，最重要的还是业主代表必须有力量和能力去理解、消化和掌握酒店业涉及的各方面方针和政策，以及监督酒店管理公司的表现等。

例如，2006年年末，笔者曾在西安接触过一个五星级酒店项目，当地政府对该项目有很高期盼，还要把它作为国际会议的主办会场。起初，业主并没有太看重酒店管理公司的作用，直到酒店管理公司对会议设施的配置、配套厨房的位置、电梯的数量及位置、前后台连接动线等事项给出了大量的修改建议，才引起业主足够的重视。这说明业主并没有酒店管理方面的专业管理人才，否则也不需要再对酒店如此多的地方进行调整，可以省却很多时间和财力。

一、业主代表的基本素质要求

（一）首要条件

最好是接受过高校酒店管理专业教育，并具备至少15年的业内经验。酒店业内人士常说："酒店这个行业是泡出来的"，并没有速成的捷径，并非接受任何所谓"高级课程"教育就能把酒店管理这门专业学好。一般业主代表都应有当过酒店副总经理或驻店经理的经历。

（二）要懂工程技术

现在行业要求也逐步提高，我们经常看到招聘广告上写"代表业主与酒店管理公司、设计师、施工单位沟通工作"。这种要求是很高的，因为大部分具有长期酒店操作经验的业主代表人选（即便做过酒店副总经理）也未必知道一平方米需要多少"冷吨"（空调的制冷能力）或一个酒店需要多大的员工更衣室。目前最常出现的问题是：业主聘请了只有国内五星级酒店高管经历的人员担任业主代表，国内经验与外资管理集团的通用做法常有较大的分歧，这使得沟通没有效率，甚至产生实质性障碍。

（三）要懂财会

业主代表最重要的任务之一是监督，这要求业主代表对酒店经营财务操作有清醒的认识。能看懂财务报表是基本要求，从报表里找出问题并对总经理提出针对性的建议就更为重要。酒店生意好了，但如果应收款账期变长（更容易变为坏账）就不一定是件好事。当然，业主代表可以由业主方委派的财务副总监协助，但自身谙熟财务的，当然就更游刃有余了。

（四）要懂法律

具有一定的合同管理和经济管理方面的法律知识是当好业主代表的必要条件。

业主代表有时要负责起草和商签小型工程或服务承包合同,并代表业主履行有关合同,因此要求其熟悉《合同法》和《劳动法》及工程建设等方面的法规。

(五) 基本道德与健康要求

具有职业操守是任何职业的必然要求。业主代表通常拥有业主公司的信任及有关授权,他的一系列作为/不作为除了业主本身外很少受到制衡,因此良好的道德水平将确保业主代表有效地执行其本身职能。健康的体魄和充沛的精力是当好业主代表的基本保障,这是由业主代表工作现场性强、前期工作条件艰苦、任务繁重(可说是"十项全能")的工作特点所决定的。虽然年龄越大,工作经验就越丰富,但往往精力不足,难以深入现场或店内进行必要的监察工作。当然,年纪太轻,虽然精力充沛,但往往缺乏足够的工作经验,也是难以胜任业主代表工作的。

二、业主代表须面对及解决之酒店经营管理问题

就目前状况来看,不仅在西安,在国内其他地方也一样,业主及其管理人员普遍比较缺乏酒店管理方面的专业知识,致使在选择酒店管理公司以及与酒店管理公司进行谈判时,不能很好地发挥自身应有的作用。下述有关学者对高星级酒店业现存问题所作的评价[①],则反映出业主代表必须面对及解决的酒店经营管理问题。

(一) 重硬件,轻软件

曾有世界旅游组织的高级官员在评价国内高星级酒店时说,大部分高星级酒店的硬件设施已经达到或超过国际同类高星级酒店的水平,但是高星级酒店的服务水平却落后于同行业的国际水平。这一问题在我国的高星级酒店中一直比较突出,不少高星级酒店的设备设施虽然高档豪华,但服务水平却差强人意。毕竟,硬件设施满足的主要还是宾客在物质上的需要,而只有服务好才能给予宾客更高层次的精神享受和满足。但随着新版(2010)星评标准的执行,"重硬件、轻软件"的思维将会有所改变。

(二) 高星级酒店从业人员素质有待提高

先进的服务设施和从业人员的良好素质是提供优质服务的根本条件。从业人员

---

① 中国高星级酒店服务质量研究. [2008-11-18]. http://lwlw.banzhu.net.

的基本素质包括外在和内在两个方面。外在素质指从业人员的仪容仪表和行为举止的职业化。外在素质水平对于创造高星级酒店的高雅文明氛围有极大帮助,而内在素质则指从业人员的人文素质和职业素质,它能将这种高雅的文明气氛直接带入客户的内心。酒店服务作为一种无形的商品销售行为,服务人员的内在素质是其核心价值所在。从业人员内在素质的高低将直接关系到酒店各种制度、服务标准和操作规程能否发挥作用,达到既定效益,因此也是高星级酒店能否维持并提高服务质量的关键。内在素质需要从员工的文化水平、文明程度、道德修养以及专业知识、服务意识、服务技巧等方面进行培养。

(三) 从业人员流动率较高

只有拥有相对稳定的员工队伍,高星级酒店才能确保服务质量的稳定。我国高星级酒店存在员工流动率过高的问题,致使服务质量受到影响,这已引起业界和研究者的重视。北京、上海、广东等地区的高星级酒店员工平均流动率在30%左右,有些高星级酒店甚至高达45%,而这将直接影响高星级酒店的服务质量和员工士气。笔者认为,企业文化的缺乏是高星级酒店员工队伍的稳定性很难系的主要原因。

(四) 高星级酒店部门协调性有待提高

高星级酒店的服务产品具有较高综合性,必须由不同部门、不同员工共同协调提供。各部门以及员工之间的密切配合和高度协调,对服务质量有直接的影响。酒店内部协调性差而导致宾客不满非常普遍。员工不了解其他部门的工作程序和规范是影响高星级酒店内部协调性的原因,轮岗和交叉培训是解决这一问题的有效措施之一。

(五) 恶性价格竞争的影响

近年来由于我国旅游业的快速发展,高星级酒店数量一直呈高速增长的态势,高星级酒店的供给能力有了显著提高,部分地区甚至超出市场需求。在供过于求的市场压力之下,一些竞争者试图利用价格战来争夺客源。然而由于酒店服务产品的不可储存性,降价所起的作用其实有限,宾客不可能仅仅因为高星级酒店产品降价而大量购买。因此,大幅度降价只会导致营业收入的锐减,低价不可能作为一种长期的营销手段,质价相符才是市场经济永恒的规则。

由此可见,业主一方不仅需要拥有关于高星级酒店硬件方面的专业知识和经验,还需要具备高星级酒店软件方面的专业知识和经验,包括酒店的建设、经营等方面的知识和经验，方可在与酒店管理公司交涉的过程中以及酒店经营和管理的过程中，做到游刃有余。当然，实践中也有部分业主通过参与与酒店管理公司谈判来熟悉酒店管理流程和特点的情形，但这毕竟是不得已而采取的方式，不应成为行业发展的常态。

三、业主代表的一般责任

一般而言，业主代表应当履行如下责任：

（1）代表业主公司各股东的共同利益，按照业主公司董事会规定的权责，维护业主资产的完整性，使之保值增值；

（2）按照酒店管理合同约定的权限，监督酒店管理公司履行其职责，执行国家和地方政府及有关部门的方针、政策及法律法规；

（3）为社会公众提供优良服务，为业主公司赢取优厚的回报；

（4）为雇员提供优质培训，促进其专业精神和专业知识的提升。

酒店管理公司需要一流的业主代表，业主代表也需要一流的酒店管理公司。在二者的互动中，加强业主代表的自身建设也是当前酒店业发展的重要课题。**提高业主代表自身的素质，将有助于减少及避免业主代表与酒店管理公司之间的矛盾及冲突，使酒店能够更和谐、有序及良好地运作。**

四、业主代表的主要职责

业主代表的具体职责可以分成开业前的职责和开业后的职责。在开业前，业主代表的主要职责是协助业主公司筛选具备资质的酒店管理公司，并积极参与与酒店管理公司的谈判及签订合同，具体职责包括：

（1）考虑业主在酒店投资方面的应有经济利益，以反映市场水平的商业条件签署有关管理合同，合同内容包括：

- 业主对酒店重大经营管理决策的影响力；
- 业主对酒店总经理人选应有的否决权；
- 业主对主要管理人员的聘任、更换提出意见的权利；
- 业主在管理合同中的其他权利等。

（2）制定酒店的营运资金运用政策。

（3）明确酒店基本账户中的存款数额以及维持日常经营所需的营运资金等。

（4）协助审定酒店总经理提交的开业前预算及人员计划，共同商讨经营策略，包括：

- 制定理性化的营业指标，建立年度和季度绩效评估及激励机制等；
- 审查开业家具、装置和设备等预算内的各重要项目；
- 制定能产生效益的人力资源计划（包括组织架构、招聘、培训、薪金福利政策）；
- 审查开业前的营销推广计划等。

在开业后，业主代表的主要职责集中在以下一些方面：

（1）对酒店管理公司进行适当监督，灵活组合各方面的可用资源，凝聚各部门的功能，使之互补合作，提高酒店运营效率，提高酒店服务质量，最大化业主的经济回报；

（2）加强与酒店管理公司的交流和沟通；

（3）与酒店总经理建立定期例会制度（如每月一次），共同商讨酒店经营策略，并不时对其作必要调整；

（4）提供咨询意见和信息，帮助酒店管理公司了解中国国情、市情、政情和中国最新的法律法规及规范；

（5）针对酒店员工的实际情况，督促酒店管理公司加强对员工的管理和技术培训，提高管理效益和服务质量。

除了上述职责外，业主代表还应该经常与国内外使用同等国际酒店品牌的业主公司保持一定的沟通和联系，以便相互借鉴，取长补短，吸收成熟经验。如果业主代表同时熟悉酒店前期筹建工作，并熟谙各种技术指标，则更可协助业主就酒店开办开展招标、议标及聘请工作，选择合适的境外或境内酒店专业设计公司、顾问公司（包括：建筑设计顾问、园林设计顾问、室内设计顾问、机电顾问、幕墙设计顾问以及建筑估价师事务所）等，由这些专业顾问在各自专业领域内提供相应的技术和经验支持。**在实践中，虽然业主基于信任度、熟悉程度等原因而经常指派自身团队里的人士兼任业主代表，但笔者以为业主代表所应具有的专业知识和经验也是必须认真考虑的。**虽然国内人才市场上这种既具备筹备经验，又懂得实际营运业务的专业人才稀缺，但拥有这样的人才对业主而言无疑会带来很多帮助。

第三节　其他专业顾问

快捷、直接、有效地做好一件事情的最简单方法就是,聘请最合适的人去办最合适的事情,而判断是否合适的标准就是这个"最合适的人"是否拥有这方面的专业知识。这在酒店行业同样适用,不论是业主公司,还是酒店管理公司都是如此。

一、法律专家

酒店管理合同是酒店业主与酒店管理公司之间所签订的书面协议,其中的基本内容是要求酒店管理公司代表业主对酒店实行全面的经营和管理,从而实现业主要求的酒店创造利润并保值增值的目标。当然,作为业主委托管理公司管理酒店的代价,是业主需要按照双方协议约定的比例向管理公司支付管理费,包括基本管理费和奖励管理费等。

然而,酒店管理合同并不是业主与管理公司之间的唯一合同,有的还包括商标许可协议、营销服务协议、技术服务协议等。**如何在平衡业主和酒店管理公司之间利益的基础上,将所有这些合同签订完毕,并付诸实施,没有法律专家的帮助几乎是不可能的**,除非业主和管理公司认为这些合同的签订并不会给酒店的实际经营带来实质性影响。而这种观点在实践中已经被证明是不正确的,酒店管理合同及相关合同签订的水平如何,将会直接影响到业主与管理公司在实践中的配合和地位,并会对酒店的实际运营产生不可估量的影响。本节仅以酒店管理合同作一简单分析,以明确法律专家在酒店管理合同签订中的作用,而这种作用并未包含因为开办酒店所涉及的法律专家的其他法律上的帮助。

从目前国内市场的情形而言,业内所称的酒店管理合同可能会涉及如下三种:

（一）全权管理合同

全权管理合同是本书论述的主要内容，这种管理合同层次最高，内容也最广泛。在业主与酒店管理公司签订全权管理合同后，酒店管理公司一般将根据管理合同的约定直接委派以总经理为首的工作团队，代表业主全面行使对酒店的经营管理职责，按照酒店管理公司的相关标准对酒店进行专业化经营和管理。在这种管理合同下，酒店管理公司对酒店管理团队的组建拥有很大的自主性，只要完成管理合同约定的经营目标，业主一般都被要求不干涉酒店管理公司的经营和管理行为。

（二）特许经营合同

从严格意义上讲酒店特许经营合同不是酒店管理合同。从酒店管理公司参与的深度而言，这种合同对管理公司的要求较低，内容也相对较窄。在业主与酒店管理公司签订特许经营合同后，酒店管理公司将依业主需要，向酒店派出工作团队，协助酒店自身的管理队伍来经营管理酒店，要求遵照酒店管理公司的相关硬件和软件管理标准，最终使酒店的经营管理走向专业化和国际化。在这种合同下，酒店管理公司的主要职责是从旁协助酒店的总经理按照相关品牌的标准，完成合同所约定的经营管理目标。

（三）酒店顾问合同

从严格意义上讲酒店顾问合同也不是酒店管理合同。从酒店管理公司参与的深度而言，这种合同对管理公司的要求更低，内容也相对更窄。在业主与酒店管理公司签订顾问合同后，酒店管理公司一般将会向酒店委派（一般为短期）专业管理顾问，就酒店面临的各种经营和管理问题（如财务管理、成本控制管理、人力资源管理、酒店服务规范化、酒店硬件设施改造等）提出咨询参考意见，帮助酒店解决这些问题，使委托酒店的经营和管理正常化。

从本质上而言，这三种合同都属于服务合同，但是在法律上，这三种合同却又有很大区别，而且任何一个业主都不希望将一个全权酒店管理合同签订成一个酒店顾问合同，而任何一个酒店管理公司也不希望将一个酒店顾问合同签订成一个全权酒店管理合同，因此法律专家的作用就会显得相当重要。

从另外一个角度而言，上述法律专家并不是指任何法律方面的专业人士，而是指对酒店管理有相当经验，或至少在房地产开发和运作方面有着成熟经验的专业人士。笔者经常遇到的一种情况是，不熟悉酒店管理合同的律师，在谈及酒店行业的很多专业术语时都是很费劲的，在多数情况下酒店管理公司还不得不向他们解释何为"营业毛利"等专业术语，因此很难想象一个非酒店专业的律师能将酒店管理合同谈到何种地步。有的律师则是在见到一叠厚厚的酒店管理合同时，努力试图将它从数十张纸缩短到十来张纸，之所以如此，究其根本原因是这些法律人士对酒店运营所涉及的种种问题并不熟悉，由此所带来的后果就可能是业主和酒店管理公司双方花了大量时间来对管理合同进行谈判，但谈判的结果却是违背了一般酒店业的通常做法，致使管理合同在实际履行中面临很大问题。

二、建筑师与内装设计师

富有经验的酒店建筑师对酒店初案草图的设计起着至为关键的重要作用。一般而言，国内很多酒店项目在开发时都具有很高的随意性。例如，第三章第一节提到的上海一个酒店项目，开发商用7万多平方米来开办五星级酒店，但其中真正的酒店部分只有4万平方米（其他3万平方米是餐饮和娱乐部分），总房间数是280间，每间房的平均分摊面积达143平方米。

问题是，这样高的分摊面积合适吗？据笔者所知，香港的五星级酒店通常每间房的分摊面积都控制在80平方米到90平方米之间（较新的也只有100平方米），而前述上海项目每间房的分摊面积达到了143平方米，那么这种额外60%的面积分摊差距是否同样给该项目带来高于香港一般五星级酒店60%的收入呢？依笔者看来，难度恐怕很大。根据统计，香港2007年五星级酒店的平均房价在200美元左右的水平，而该上海项目要想每间房的价格超过200美元基本是不可能的（按估算每天的客房RevPAR约为350元人民币）。因此，笔者认为每间房分摊面积达143平方米的"科学性"与"合理性"是值得怀疑的。

如果该项目前期有专业的酒店建筑师参与，那么酒店建筑师就可能不得不考虑国际上五星级酒店的通行房间要求，不会建议业主将每间房间的平均分摊面积做得太大。如果再进一步咨询财会专家意见，考虑到房间面积与房间收益的配比问题，业主或许就不会要求每间房的分摊面积做到如此之大了。

内装设计师当然也是酒店项目参与人员中的重要角色，在多数情况下甚至还可能超越建筑师的重要性，因为内部装修的设计必须时时考虑到潜在客户的需求和喜好，不能根据业主的喜好或者内装设计师本人的喜好来确定。因此从某种角度上讲，内部装修设计的好坏将会直接关系到酒店将来的运营。

但需要指出的是，建筑师的作用是内装设计师无法替代的，因为内部装修的更改要比建筑的更改容易得多。例如，在 40 平方米的房间内，如果留给洗手间的面积只有 7 平方米，那么将 7 平方米的面积改造成 4 件套的浴室根本是不可能的，除非把洗手间与主卧的墙拆掉，把洗手间加大。有的建筑设计没有充分考虑走廊的高度，一旦建成 2.25 米后可以说二三十年不能改变，有再好的内装设计师也只能补救。这些都说明内部装修固然重要，但更重要的还是之前的建筑设计。

第二编
酒店管理合同的要素及谈判

第五章

酒店管理合同概述

导读

本章主要介绍国际品牌酒店委托管理项目的合同框架体系、酒店管理合同的特征及主要条款。国际酒店集团的管理合同体系由若干合同构成，一般包括意向书、管理合同、技术服务合同、品牌许可合同、集团服务合同、开业前服务合同等。管理合同是整个合同体系的核心合同，主要约定在酒店经营管理过程中酒店业主及管理公司双方的法律地位及各自的权利和义务。

第一节　酒店委托管理项目合同框架体系

酒店业主与管理公司之间的法律关系是通过签订酒店管理合同及其相关合同而确立的。国际酒店集团均采用自己的合同范本，一般不接受业主提供的范本。管理公司的合同范本多为其在国外普遍适用的版本，内容复杂、详尽，专业性、法律性很强。管理合同中文范本的字数一般在三四万字，有的达到六七万字，大小条款多达几十甚至上百条，再加上其他关联合同，整套文件要上百页，甚至几百页。由于内容复杂，且中文是在英文本基础上翻译而成，遣词造句难免受英文表述方式及西方思维方式的影响，因而显得艰涩难懂，一般人不但难以理解其内容，就连基本阅读都非常吃力。酒店项目业主也经常提出类似意见，认为阅读和理解管理合同很困难，如同读天书一般，有时让人无所适从，由此可见管理合同的复杂程度。很多酒店项目的业主也曾试图与管理公司商谈采用业主自己的合同文本，但基本上不会被采纳，这也增加了谈判的时间和难度，最终双方还是会基于管理公司的合同文本进行商谈。对于一般酒店业主来说，由于其缺乏酒店经营管理的经验，对国际酒店管理公司的运作及行业惯例了解有限，再加上酒店管理合同文本的复杂性，聘请有经验的专业顾问和律师协助参与管理合同的审阅和谈判，为业主提供商业、法律及实践操作的建议和意见，对于保护业主的利益以及帮助业主了解行业惯例，从而最终达成一份兼顾业主及管理公司双方利益的管理合同是非常重要的。

虽然大家在谈论酒店委托管理项目时通常只提及酒店管理合同，但实际上整个合同体系是由以管理合同为核心的数个合同组合而成的。各大国际酒店集团的委托管理项目合同的框架和体系略有不同，有的酒店集团合同体系仅包括两三个合同文件，而有些酒店集团其合同体系非常复杂，包括六七个合同文件。各个国际酒店集团对合同名称的称谓大同小异。一般来说，酒店委托管理项目基本包括以下几个合同或文件：

- 合作意向书
- 酒店管理合同
- 技术服务合同
- 品牌许可合同
- 集团服务合同
- 顾问合同
- 开业前服务合同
- 开业前购买合同

这些合同或文件之间的关系可以用图5-1表示：

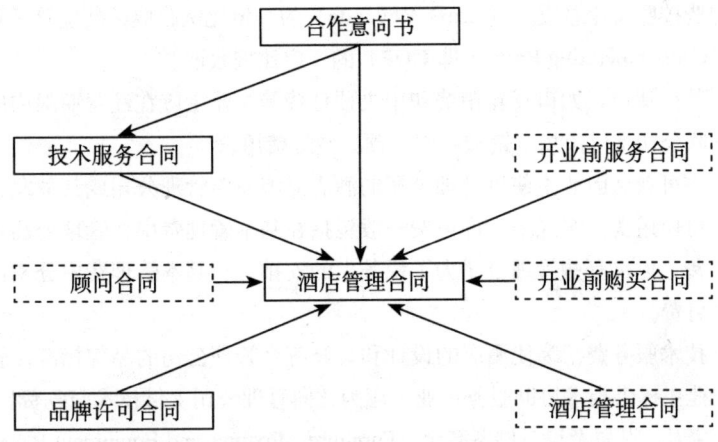

图5-1 酒店委托管理项目各个合同之间的关系

在上述合同框架体系中，意向书、酒店管理合同、技术服务合同是各个国际酒店集团合同体系中均包括的基本文件。对于其他合同如品牌许可合同、集团服务合同、开业前服务合同等，有些国际酒店集团则会将其内容放在管理合同及技术服务合同中约定，而不单独签订合同。

除意向书外，其他的项目合同均为关联合同，相互关联和制约，某一合同（特别是管理合同）的终止会导致其他关联合同的终止。

下面我们将对以上几个合同作一简单介绍。

一、意向书

当管理公司和业主就某一酒店项目达成初步合作意向时，双方一般会在进行正式谈判之前签署一份合作意向书，约定基本的商业条件。意向书一般主要包括以下内容：

（1）品牌：约定管理公司授予业主酒店项目所使用的酒店品牌。

（2）管理期限：业主委托管理公司管理酒店的期限，一般为10年，有些酒店项目因项目具体情况不同，管理期限可能少于10年或多于10年。

（3）管理费：约定业主应向管理公司支付的基本管理费和奖励管理费的标准。基本管理费按照营业总收入（Gross Revenue）的一定比例收取，奖励管理费按照营业毛利（Gross Operating Profit，即GOP）的一定比例收取。

（4）其他费用，如市场营销费和中央预订费等：业主应在经营期限内向管理公司或其关联公司支付市场营销费和中央预订费等费用。

（5）许可费：因业主使用管理公司的酒店品牌而向管理公司或其关联公司支付的品牌许可使用费。实践中，许可费一般包括在基本管理费中，管理公司不再另外收取许可费。但也有些管理公司为了税务上的安排，从基本管理费中分离出部分费用作为许可费。

（6）技术服务费：为使酒店的设计和装修符合管理公司的品牌标准，管理公司一般会向业主提供技术协助服务，业主应为此向管理公司支付技术服务费。

（7）家具、装置及设备储备基金（Furniture, Fixtures and Equipment Reserve）：在经营期限内酒店每年应提取的储备基金，一般按照总收入的一定比例提取。

（8）谈判限制条款：一般约定业主和管理公司双方在一定的期限内进行排他性的谈判，而不得与第三方进行谈判。

（9）保密条款：约定双方的保密义务。

除上述一些基本条款外，有些酒店集团的意向书中还约定一些其他的内容，如业绩考核、发展限制、业主抵押限制、合同转让条件、责任限制、税务处理等。

意向书中一般都会约定，除个别条款（如保密条款、谈判限制条款等）外，意向书不具有法律约束力。

那么，意向书的内容应该是简单明了还是具体详细呢？依据笔者参与的若干酒店委托管理项目的经验，简单、明确的意向书内容更有助于推进项目的进程。实践中，一些酒店项目意向书内容过于具体，导致双方在意向书的谈判过程中花费大量的时间和精力，影响了项目的进行。笔者的建议是，意向书的目的主要在于锁定双方的基本合作关系，为管理合同的谈判奠定基础，因此在意向书中仅需要确定双方已达成的基本商业条款，对于其他的法律条款、复杂的商业条款，或需要与管理合同其他条款综合考虑的条款，则建议不放入意向书中，而在管理合同的谈判中解决。

延伸阅读

5-1 意向书格式文本

意向书

本意向书（"本意向书"）由下列双方于____年____月____日签订：

（1）[   ]，一家根据中华人民共和国（"中国"）法律注册成立的有限责任公司（以下简称"业主"）；和

（2）[   ]，一家根据 [   ] 法律注册成立的 [   ] 公司，其注册地址为：[   ]（以下简称"管理公司"）。

在遵守本意向书规定的条款和条件的前提下，业主有意在位于中国 [   ] 市规划、设计、兴建、装修一座约有 [   ] 间客房的一流国际酒店（"该酒店"），并聘请管理公司将该酒店作为一家 [   ] 品牌酒店进行管理。双方同意将在本意向书的基础上进行管理合同和技术协助合同等文件（合称"项目文件"）的谈判。为此，双方达成意向如下：

一、项目

1．该酒店位置

2．该酒店描述

二、技术服务

3．技术咨询服务

管理公司将按照 [   ] 标准为业主向该酒店提供技术咨询服务。

4．技术服务费

技术服务费为每间客房收费 [   ] 美元，不包括差旅费、住宿费的实际支出及其他费用。业主将补偿管理公司的所有实际支出。

三、管理合同主要条款

- 期限

5．初始期限

初始期限为该酒店开业日期起 [　　　] 年。

6．延期

除非任何一方于初始期限届满前至少六（6）个月书面通知另一方其欲在初始期限届满时终止本合同，否则，于初始期限届满时，本合同将自动延期 [　　　] 年。

- 管理费

7．基本管理费　　为该酒店总收入的 [　　　]%（总收入以管理合同中的总收入定义为准）。

8．奖励管理费　　在经营期限内，奖励管理费按照下列标准计算：[　　　]。

- 家具、装置及设备储备基金

9．家具、装置及设备储备基金（FF&E Reserve）

第一年：该酒店总收入的 [　　　]%；

第二年：该酒店总收入的 [　　　]%；

第三年及以后每年：该酒店总收入的 [　　　]%。

- 营销服务费

10．营销服务费　　为该酒店总收入/客房总收入的 [　　　]%。

- 订房系统费

11．订房系统费

- 品牌使用费

12．品牌使用费

- 业绩考核

13．业绩考核

自第 [　　　] 个营业年度起，如管理公司连续 [　　　] 年未达到下列考核指标，业主有权终止管理合同：

[　　　]

- 发展限制

14．发展限制

自管理合同签字之日起，在该酒店开业日后 [　　　] 年内，管理公司或其关

联公司不得在 [   ] 范围内投资、开发、经营、管理、租赁或授予第三方许可使用 [   ] 品牌的酒店。

四、保密

15．保密

双方同意：除非应法律要求或事先征得另一方的书面同意，否则，双方应在任何时候都对本意向书的存在及内容绝对保密，不因任何原因向任何第三方披露本意向书的存在及内容。

五、排他性

16．排他性

双方承诺并同意，在本意向书签署后 [   ] 天内，除非双方协商提前终止本意向书，否则，双方仅与对方进行该酒店管理事项的谈判，以供双方完成落实合作协议、管理协议和其他相关协议所需的谈判。经双方同意，上述排他性谈判期限可以延长。

六、法律效力

17．意向书法律效力

除"保密条款"和"排他性条款"对双方具有约束力外，本意向书其他条款对双方不具有法律约束力。

业主：[   ]
_____

授权签字人

签署：

日期：_____

管理公司：[   ]
_____

授权签字人

签署：

日期：_____

二、管理合同

管理合同是酒店委托管理项目最基本、也是最重要的合同,主要约定管理公司及业主在酒店经营管理中各自的权利和义务。有些国际酒店管理集团出于税务安排考虑,会将管理合同分拆成两个合同:酒店管理合同和酒店咨询/顾问合同,酒店管理合同在国内履行,酒店咨询/顾问合同主要在国外履行。酒店管理合同主要约定管理公司对酒店日常运营、管理方面的责任,而根据酒店咨询/顾问合同,管理公司主要向业主提供与酒店的监管和指导有关的服务。相应的,业主应向管理公司支付的管理费也分拆成两部分,按照两个合同分别支付。关于管理合同的内容将在本书以下章节中作具体阐述,笔者在本节将不再赘述。

三、技术服务合同

为了使酒店的建造、设计、装修及酒店的家具、设备及装置等符合品牌标准,管理公司都会为业主提供技术咨询服务,双方为此签署技术服务合同。有时,有些国际酒店集团也会将开业前服务的内容并入技术服务合同。

管理公司提供的技术服务一般包括以下方面:

(1) 业主顾问:管理公司对业主拟聘请的酒店设计、建造、装修等所需的各类专业顾问提供建议和意见。

(2) 项目咨询:就酒店的建筑设计、机电工程、土木和结构工程、成本咨询、内部设计、室内设计材料、园林设计、标志设计等事宜向业主提供计划、建议和意见。

(3) 建筑设计顾问:对业主聘请的各项目顾问编制的项目理念和方案,包括楼层规划、特定区域的规划、总体计划的组织、场地规划、室外环境和娱乐设施设计、结构和建筑物外墙设计、机械设施总平面图等提出建议和意见,审核建筑设计师提交的最终建筑设计规划等。

(4) 室内设计顾问:根据品牌标准向业主的室内设计师简介室内设计的主题、功能分隔、装修、客房家具布置、大堂、公共区域、餐厅酒吧和多功能厅等,向室内设计师提出建议。

(5) 景观设计顾问:审议景观设计师提交的景观设计构思计划、设计综述和空间使用计划并根据品牌标准提出建议。

(6) 设备安装顾问：向业主提供 IT 系统、空调、采暖、排水、排污、照明、电梯等设备的规范标准和建议。

(7) 机电、管道、电梯设备顾问：向业主提交电气、管道工程设计建议书及电梯标准。

(8) 厨房、酒吧、洗衣房顾问：向业主提供符合品牌标准的厨房、酒吧和洗衣服务方面的书面设想，审议业主的专业顾问编制的厨房、酒吧和洗衣房的初步草图及所需的设备清单。

(9) 灯光、音响顾问：向业主的电气、灯光及音响顾问提供关于客房及公共区域对灯光及音响之要求的资料，审议灯光和音响顾问提交的客房及公共区域的灯光和音响设计方案。

(10) 图案、标志及制服设计顾问：审议酒店的图案、标志及制服的设计方案，并根据品牌标准提出建议。

(11) 家具、装置及设备顾问：提供家具、装置及设备的初步成本估算。

对于管理公司提供的技术协助服务，业主需要按照双方约定的标准支付技术服务费。

延伸阅读

5-2 技术服务合同谈判要点

在谈判和签署技术服务合同时应注意以下要点：

1．明确管理公司提供的技术服务的范围以及管理公司与业主其他项目顾问之间的工作分工及协调安排，保证酒店项目的设计、工程施工、装修等能够统一、有序地按照品牌标准完成。需要注意的是，管理公司提供的只是技术咨询服务，酒店的设计、装修等仍需业主聘请的设计师及其他专业顾问按照管理公司提供的品牌标准具体完成。管理公司通常都会向业主推荐参与过管理公司同类酒店品牌项目或其他国际豪华酒店项目的专业顾问，以保证专业顾问作出的设计、装修符合品牌标准。

2．如果管理公司应提供的开业前技术服务不在管理合同或其他关联合同中约定，则可以在技术服务合同中对开业前技术服务的范围、是否收费以及收费标准作出明确规定。

3．在项目日程安排可行的情况下，应尽量保证管理合同与技术服务合同同时签署，否则如果先行签署了技术服务合同，而管理合同由于双方无法达成一致最终不能签署，将会影响业主及管理公司双方的利益。笔者曾接触到一些酒店项目，由于项目设计时间要求紧迫，需要管理公司提前介入提供技术协助服务，故而先行签署了技术服务合同，并按照管理公司提供的酒店品牌标准进行了项目的设计、装修。然而，在随后进行的漫长的管理合同谈判中，由于双方对合同条款无法最终达成一致，导致谈判流产，管理公司撤出。业主不得不另行寻找管理公司，重新更换品牌，并需要按照新的品牌标准重新进行酒店的设计、装修等工作，其结果不但造成业主需要支付额外的技术服务费，也延误了项目的进程，造成更大的损失。对于管理公司而言，其提供技术服务的前提是为了以后管理的酒店符合品牌标准，如果管理公司不能管理酒店，他们也绝不会仅仅提供技术服务。

如果因项目的时间要求必须提前签署技术服务合同，应在技术服务合同中明确约定管理合同不能按时签署或最终不能签署的后果以及对技术服务合同的影响。此外，合同中亦应对技术服务合同提前终止对管理合同及其他管理合同的影响作出明确约定。

四、品牌许可合同

酒店委托管理模式不同于酒店特许经营模式的一个最大特点是，酒店委托管理模式下管理公司不但输出酒店品牌，也直接参与酒店管理，而酒店特许经营模式下国际酒店集团仅仅是输出酒店品牌，而不参与酒店的管理，例如 Best Western International（最佳西方国际集团）的经营模式。在酒店委托管理项目中，对于管理公司授权业主在酒店的运营、管理中使用酒店品牌，管理公司或其有权授予品牌许可的关联公司通常会与业主签署品牌许可合同，由业主向许可方支付许可使用费。许可使用费通常不会额外收取，而是从基本管理费中分割出一定比例的费用；也有些管理公司在品牌许可合同下不收取费用，授权业主免费使用酒店品牌，管理公司的收费主要通过管理费的方式收取。

国际酒店集团对其知识产权的保护非常严格，在品牌许可合同中会对酒店品牌的授权及使用作出严格的规定。在酒店项目的谈判中，管理公司一般不会接受业主对品牌许可合同作出较大修改的要求。因此，如何在品牌许可合同的谈判中利用自己的谈判地位争取对己有利的条款，是业主需要争取的目标。

某些外国酒店管理集团不会单独签署品牌许可合同，其酒店品牌的授权主要在管理合同中约定。无论是否单独签署品牌许可合同，对于业主来说使用管理公司的酒店品牌应该是不会受到影响的。

> **延伸阅读**

5-3 品牌许可合同谈判要点

在谈判和签署品牌许可合同时应注意以下要点：

1．重视商标注册证明或品牌使用授权文件。对于业主来说，应要求许可方提供酒店品牌在国外及中国的商标注册证明，以明确商标的合法性和有效性。如果品牌许可合同不是由品牌的实际拥有者直接与业主签署，业主应要求管理公司出具品牌授权文件，以保证授权的合法性。

2．按照中国法律的规定，由国外品牌拥有者与业主签署的品牌许可合同应在中国相关政府部门进行备案登记。

3．注重品牌许可合同与管理合同的衔接。例如，如果业主与管理公司在管理合同中约定了管理公司在酒店经营期限内发展同一品牌酒店的限制，在品牌许可合同中应同样对许可方的品牌授权作出限制。另外，如果管理合同终止或转让，则品牌许可合同亦应相应终止或转让；反之亦然。

五、集团服务合同

对于集团服务合同，各国际酒店集团称谓不同，有的称为统筹服务协议、营销咨询服务协议、集中服务和营销协议，也有的称为国际服务合同或预订系统许可协议等。也有些国际酒店集团在管理合同中规定集团服务的相关内容，而不会单独签订集团服务合同。**无论是否签订单独的集团服务合同，酒店管理公司向酒店提供的集团服务大致是相同的。**

根据集团服务合同，管理公司或其关联公司应向业主提供国际广告服务、国际市场和营销服务、中央客房预订服务、忠诚客户服务等各项集团服务，业主为此需要向管理公司或其关联公司支付相应的市场营销费、中央订房系统订房费等各项集团服务费。市场营销费一般按照酒店营业收入的一定比例或者酒店客房收入的一定比例收取，按月支付。

管理公司提供的集团服务主要包括以下内容：

(1) 国际营销服务：管理公司为连锁酒店提供国际性或区域性连锁营销服务，包括国际广告宣传、市场推广、会议、公关关系等服务。

(2) 集团采购服务：管理公司为酒店的家具、装置和设备以及营运物品提供集中的采购服务，包括向管理公司的关联机构采购物品以及由管理公司为各连锁酒店提供集中采购服务等。

(3) 系统预订服务：通过管理公司的酒店预订系统（包括网络系统、电话系统等）、中央分销系统（Global Distribution System）、第三方订房分销（如旅行社销售）等为酒店提供中央订房服务。

(4) 忠诚客户服务：为了提高人们对酒店品牌的认知度和忠诚度，各酒店管理集团均推出了各自的忠诚客户项目，并向连锁酒店提供此项服务。

延伸阅读

5-4 集团服务合同谈判要点

在谈判和签署集团服务合同时应注意以下要点：

1. 注意管理公司所提供的集团服务合同的范围。业主应详细了解管理公司所能提供的各项集团服务、服务提供方式以及该集团服务可能给酒店带来的效益，综合考量管理公司的集团服务。

2. 注意集团服务收费。集团服务费一般包括市场营销费用、中央订房系统订房费、系统连接费用、系统维护费等各项费用。业主应充分了解各项费用的收费范围、收费标准、适用于同一品牌各酒店之公共费用的分摊情况等，综合考虑总的费用成本，并在合同中作出明确约定。需要注意的是，管理公司会在不同时期根据市场情况及其提供集团服务的成本而对集团服务费进行调整。一般而言，一旦系统订房费、系统连接费用、系统维护费、旅行社佣金等费用标准发生变化，管理公司都会要求酒店按照新的费用标准支付相关费用。但是对于市场营销费用，业主可以通过合同的谈判锁定整个合同期限内的费用标准。

六、开业前服务合同

在酒店开业前,管理公司会向业主提供酒店开业前的各项服务。对于酒店开业前的服务,各国际酒店集团的合同安排和做法不一。有些国际酒店集团将开业前服务放在管理合同中约定,作为管理公司应提供的管理服务的一部分,一般不再额外收取服务费,业主仅对管理公司提供此项服务的实际开销(如人员差旅费等)予以支付。也有些国际酒店集团将开业前服务放在技术服务合同中约定,管理公司在管理合同下提供的酒店管理服务仅从酒店开业日期起开始。也有些外国酒店集团单独与业主签署开业前服务合同。

管理公司提供的开业前服务一般包括以下主要内容:

(1) 编制开业前预算:在酒店开业前,管理公司应为业主编制酒店的开业前预算。开业前预算一般包括开业前酒店的人员成本(人员工资福利、人员招聘费用、人员培训费用等)、开业前广告宣传费用、公关费用、开业前场地租赁费用,酒店开业筹备费用,酒店开业所需首批营运物资的采购费用等。

(2) 开业前人员招聘和培训:管理公司应为酒店招聘管理人员及酒店员工,并为所有酒店员工提供各类培训,以准备开业。

(3) 开业前广告宣传和市场推广:管理公司应制订详细的开业前市场推广计划,进行酒店开业前的广告宣传、市场推广和公关活动。

(4) 开业前采购服务:管理公司应按照品牌标准为酒店采购酒店开业所需的首批营运物资。

(5) 合同洽谈:由管理公司与供应商洽谈酒店经营所需的各项服务及供应,安排酒店投保事宜。

(6) 制定建立酒店运营的各项政策和系统,如订房系统、财务系统、采购制度、会计制度、人事制度、酒店与银行系统及信用卡系统的合作政策、酒店定价政策等。

(7) 取得酒店证照:管理公司应协助业主办理酒店开业所需的各项审批手续,取得酒店经营所需的各项证照。

📖 **延伸阅读**

5-5 开业前服务合同谈判要点

在谈判和签署开业前服务合同时应注意以下要点:

1．业主应审批管理公司提供的开业前计划和开业前预算，并监督管理公司按照业主批准的开业前计划和开业前预算执行。

2．业主及管理公司应在开业前服务合同或其他合同（如不单独签署开业前服务合同）中明确开业前服务是否收费以及如何收费，避免产生疑义。

3．双方在合同中应明确开业前服务的范围和内容，以保证管理公司提供酒店开业所需的全面服务。

第二节　酒店管理合同的主要条款

　　酒店管理合同是酒店委托管理项目中最重要的合同，技术服务合同、品牌许可合同、集团服务合同等合同均以管理合同的存在为前提，并作为管理合同的关联合同，管理合同期满或提前终止的，上述关联合同一般亦同时终止。什么是酒店管理合同呢？概括地说，酒店管理合同是拥有酒店物业所有权的业主与拥有酒店品牌并具有丰富酒店管理经验的管理公司签订的书面协议，根据此协议，业主授权管理公司作为其代理人全权经营管理酒店，并由业主承担酒店经营的所有开支及经营风险，而作为管理公司提供管理服务的回报，管理公司则会收取一定比例的管理费。

　　如前所述，国际酒店集团的酒店管理合同文本一般都非常复杂、篇幅很长，大多数国内业主初次接触管理合同时，往往都会觉得其内容和语言文字难以把握。另外，由于管理公司的标准管理合同文本对管理公司的保护性条款一般较多，业主也往往感觉地位有失对等。在实践中，业主和管理公司双方往往需要经过艰难的谈判，才能对管理合同的商业条款和法律条款达成共识。为了便于读者对管理合同条款有一个直观的认识，笔者以图表的方式展示管理合同的各个主要条款：

第五章 酒店管理合同概述

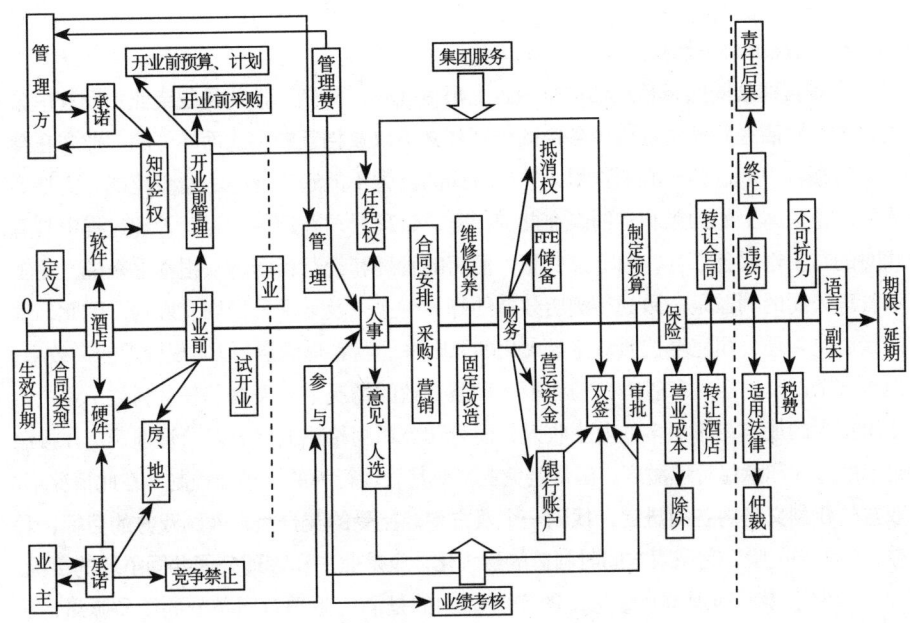

图 5-2 酒店管理合同条款详细脉络图

图 5-2 概括了一般酒店管理合同中的各项主要条款，涵盖了从合同签署生效至合同届满终止的全部条款内容，其复杂程度可见一斑。概括来说，管理合同一般包括以下几方面的主要内容：

- 业主对酒店物业的产权；
- 管理公司授予酒店使用的酒店品牌、品牌标准等知识产权；
- 管理公司提供的酒店管理服务的范围；
- 酒店人事安排；
- 酒店财务安排；
- 年度预算的制定及审批；
- 管理费的计算及支付；
- 酒店物资的采购；
- 酒店的日常维修保养以及家具、装置及设备等固定资产的更新和改造；
- 酒店保险；
- 合同转让及资产出售；
- 违约责任；

- 合同终止；
- 争议解决及法律适用。

尽管管理合同的条款从结构及内容上都很冗长、复杂，但均是围绕业主及管理公司双方在酒店经营管理过程中各自的权利和义务以及相互的制约而展开的。业主在整个酒店项目中应起到核心的作用，管理公司的行为不能超出业主的监督范围，需最终受到业主整体上的约束和控制。在此前提下，管理公司在酒店的经营管理过程中具有相对的自主性和独立性，独立进行整个酒店的管理和经营活动。从根本上来说，业主和管理公司的利益是一致的，酒店效益的好坏对业主及管理公司均有影响。因此，理想状态是管理公司完全按照效益最大化的原则来经营管理酒店，以实现管理的高效率。但现实情况是，业主和管理公司在根本利益一致的情况下，又有其各自利益：业主希望用更少的成本带来更多的业主收入，而管理公司则希望取得更多的管理费，并按照自己的方式和意愿管理酒店，尽量避免业主对其管理行为的干预和控制。在此情况下，**双方的权利义务将各有进退，找到一个双方均能接受的契合点，兼顾双方的目标、利益、职责和风险，实现双方同时利益的最大化，应是业主和管理公司共同争取的目标。**

为便于读者的理解和记忆，图 5-3 显示的是酒店管理合同条款的简易脉络，按照从签约生效、酒店开业前、酒店开业期间到合同届满或终止的时间顺序，主要包括合同的签署生效，合同用语定义，酒店基本情况，开业前双方权利义务，开业日，开业后管理公司对酒店人、财、物的管理，业主对酒店人、财、物的控制，以及合同转让、违约、终止等条款。

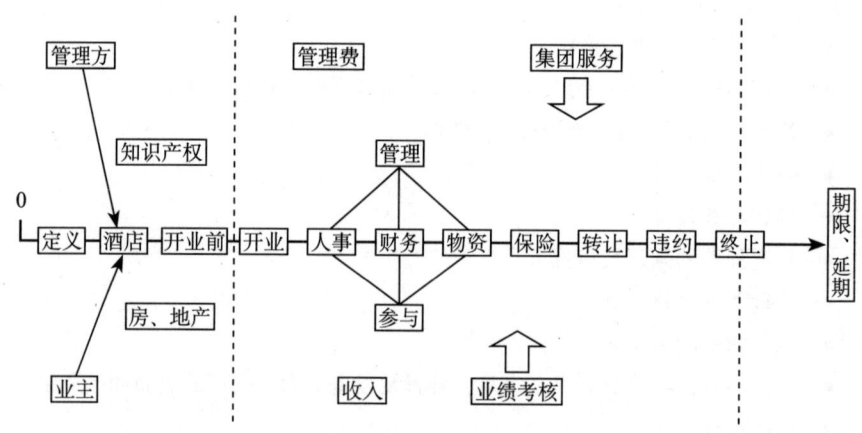

图 5-3 酒店管理合同条款简易脉络图

关于酒店管理合同的具体内容及分析将在本书后面的章节中作具体介绍。

第六章

酒店人事安排

导读

本章主要介绍国际酒店管理公司所管理酒店的人事安排问题,笔者将通过讲解酒店总经理、副总经理、财务总监、财务副总监等职务的任命、撤换及其职责等,来解析这些职务背后所隐藏的酒店业主与酒店管理公司双方力量的制衡,以有助于读者在酒店管理合同的人事安排谈判中根据己方的实际情况、预期目标等因素进行综合考量及安排。

第一节 酒店人事安排概述

社会学家作如是说：家庭是社会的细胞，是构成社会的基本单位，是由夫妻关系和子女关系结成的社会生产和生活的共同体，而作为一家之长的家长则是一个家庭的负责人和领导者。笔者依样作如是说：**酒店是酒店业的细胞，是构成酒店业的基本单位，是由人事关系结成的经营和管理的共同体，而作为酒店一店之长的店长则是酒店总经理**，他是一个酒店的负责人和领导者。下面这个酒店人事关系图（图6-1）多少可以向我们显示出酒店总经理在酒店中的地位和作用。

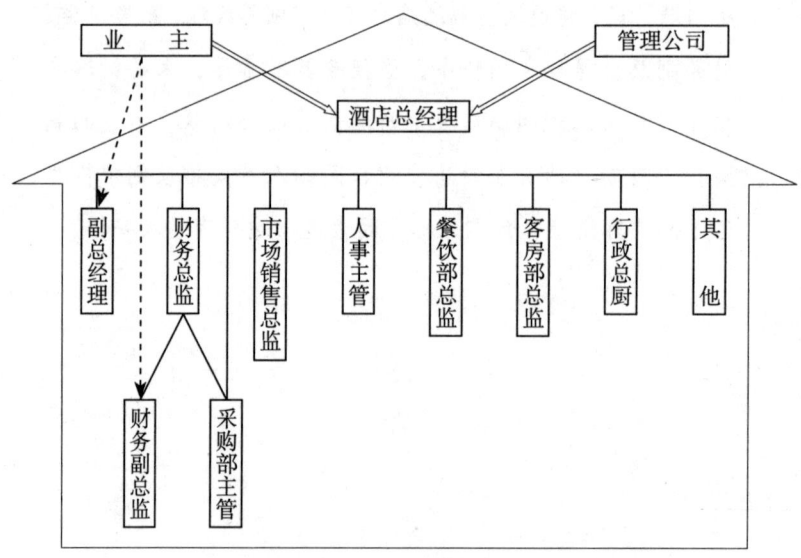

图6-1 酒店基本管理团队结构图

图6-1概括了目前国际品牌国内酒店内部的管理团队的基本组成部分和关系。当然各大国际品牌酒店内部的具体人事安排各有差异，但就酒店总经理的地位而言，基本上万变不离其宗，即酒店总经理处在总揽酒店全局的位置上，酒店内部方方面面的事务最终都将归属到酒店总经理的权限之下。然而，在酒店之外的上一层，另有两个主体对酒店总经理进行宏观上的控制，并通过酒店总经理在酒店中的地位和作用来影响酒店的经营活动，这两大主体也就是我们常说的酒店业主和酒店管理公司。

酒店业主一旦委托酒店管理公司来管理其拥有的酒店，就形成了一种双方之间微妙的合作关系，以及双方分别对酒店的控制关系，而如何使上述关系协调运作，则是双方在管理合同谈判期间均需考虑清楚的问题。关于酒店的内部事务，简略地讲，一家酒店主要由人、财、物三元素组成，然后再由这三元素构成酒店运营的三个基本环节，衍生出方方面面的大大小小问题。而在这三个环节中，又以"人"这一要素为重中之重，因为酒店的其他两个环节——"财"和"物"，均需由不同的管理人员来控制，通过控制酒店的相关人员，也就相应控制了酒店的"财"和"物"。因此，**如何安排酒店的人事就成为酒店业主和酒店管理公司首先要面对和解决的关键问题，而人事安排的突破口和要害处就是酒店总经理的任命**。

根据上面的介绍，我们对酒店总经理在酒店中的地位和作用有了大体的了解。作为酒店的一店之长，酒店总经理将直接或间接处理酒店的一切具体事务，其作用之大，职责之重，位置之敏感，都值得我们在研究酒店管理事宜时首先对其作更为深入而细致的分析和研究。作为酒店人事方面最重要和最敏感的环节，酒店总经理的任命和权限就必然成为我们研究酒店人、财、物乃至所有酒店事务的突破口和出发点。

第二节　酒店总经理的任命

在酒店委托管理的模式下，酒店业主委托酒店管理公司来经营和管理其拥有的

酒店管理合同：从谈判到履行

酒店，而管理公司履行管理合同中规定的管理义务，主要是通过其委派到酒店里的酒店总经理等管理人员来具体实施的。但按照国际酒店集团的通常做法，酒店总经理以及其他所有酒店雇员又都是直接跟业主签订劳动雇佣合同的，因而从法律上讲，他们都是业主的雇员。这里就产生一种类似错位的微妙关系：法律关系上的"雇主"与实质关系上的"雇主"的不同，将导致酒店总经理在酒店运营过程中可能接受到不同的指令。作为管理合同的双方，酒店业主和管理公司追求酒店利润最大化的目标及整体利益是一致的，但在分配这些利润及利益时，双方在合同安排及实践操作中是相互对立的，必然会产生你多我少、你进我退的矛盾。**管理公司履约的行为由酒店总经理代为执行，而酒店总经理在名义上又是业主的雇员，其行为又应由其雇主（即业主）来承担后果，因此，酒店总经理有时好比是身处"一仆二主"的尴尬境地，一方是与其具有"血缘关系"的酒店管理公司，一方是与其具有法律雇佣关系并给予薪酬的酒店业主。**当两者利益发生冲突必须作出选择时，酒店总经理即将面临这样的问题：是"身在曹营心在汉"，还是"食人之禄忠人之事"？当然，作为酒店总经理本人，大可把关系变得简单一些，只要**做好自己职权范围之内的事，争取酒店利益最大化，**这样对管理公司和业主两个东家都有个好的交代。相对有经验的国际酒店总经理，对此一般能够处理得得心应手，能在双方之间游刃有余，这种应对能力和处理方式也正体现了酒店总经理的能力和经验。但是，作为酒店总经理的两位东家的酒店业主和管理公司，他们需要的则是自身利益的最大化，双方在谈判之初以及酒店运营过程中都将不会轻易放弃酒店总经理这枚重要棋子。

酒店业主和管理公司对酒店总经理这一职位的控制，最先表现在双方在任命酒店总经理之初。在双方进行管理合同谈判时，一般会就酒店总经理的任命权限规定得比较明确而具体。在通常情况下，酒店总经理的人选由管理公司向业主进行推荐，这也是业主聘请国际酒店管理公司为其提供管理服务的重要组成部分。每一家国际酒店管理公司都具备较为充足的人才资源，管理公司也正是通过不断培养并对外输出具备管理经验的人员，来实现其智力成果，以收取管理费及顾问费等。业主正是利用管理公司的这一人才资源优势，为其所拥有的酒店聘请较为优秀的人才。管理公司任命酒店总经理是委托管理模式中应有之义。在双方利益一致或者说不矛盾的情况下，如果管理公司对该酒店项目比较重视，主观上当然也会希望向该酒店输送能力较强的优秀总经理人选。但当管理公司人才资源难以调配或双方对酒店总经理人选的能力认定有分歧时，就需要双方根据事先约定的酒店总经理任命程序来解决出现的问题。

在酒店管理合同的谈判中，业主一般都会要求酒店总经理的人选最终由业主审批决定。与此相对应，管理公司则会担心业主无限制地滥用其审批权力，任意否定管理公司所推荐的酒店总经理人选，因此一般会在管理合同中对业主的审批权有所限制，如约定业主不得无理拒绝或延迟，或者更详细地规定双方确定最终人选的具体程序，如人选推荐次数限制、业主拒绝的后果等。目前业内较为常见的做法为，管理公司向酒店业主推荐酒店总经理人选，由业主审阅其背景资料并进行面试；如业主对该人选满意，则酒店总经理即顺理成章地确定；如业主对人选提出异议，则管理公司通常会继续提出新的人选由业主确定。通常管理公司和业主会同意由管理公司推荐两到三个人选供业主选择，而实践操作中，如无其他合作障碍，双方通常不会在酒店开业之前因为这一人事任免的重大事项而轻易陷入僵局。当然笔者在实践中也确实遇到过双方就总经理人选迟迟难以定夺，业主多次否决管理公司推荐的人选，导致酒店总经理不能及时到位，从而使酒店开业前工作无法按期进行，酒店也无从如期开业的情形，其最终后果只能是导致合作双方分道扬镳，解除合同。当然，此种情况发生的根本原因，通常还是因为双方在合作中产生了不能调和的矛盾，而酒店总经理人选只是一个导火索而已。

在确定酒店总经理人选的过程中，有一个重要议题是酒店业主、管理公司及总经理人选本人都比较重视的问题，即总经理的薪酬和福利待遇。作为业主的雇员之一，酒店总经理的薪酬和福利都是酒店营运成本的一部分，需要在每个营业年度的年度预算中列明并交业主审批，而这一部分的高级管理人员费用开支一般是在管理合同谈判期间由双方确定的，业主对该笔开支的审批是不能任意否决或驳回的。对于一家国际品牌酒店而言，酒店总经理一般为外籍人员。虽然外国月亮并不必然比国内的圆，但在酒店管理方面，较为资深的外国"和尚"确实是更会念酒店管理这部经。这一现象的形成很正常，国外酒店管理业毕竟比中国先起步并提前发展了很多年，其经营理念和经营经验都是国内酒店业目前所无法比拟的，这也正是需要我们国内酒店业人士进行学习和吸收的内容。而那些派驻到中国的外籍高级管理人员正是这些先进技术、经验和理念的传播者和执行者。然而，取得通常是以付出作为交换条件的。一般来讲，各大国际品牌酒店管理公司为确保吸引更多的优秀人才聚于其麾下，都会为其对外派遣的高级管理人员制定较为优厚的薪酬福利标准。当然这一标准的制定也是酒店业市场竞争的结果，各大酒店管理集团的标准一般不会畸高或畸低。酒店业人才的竞争也促进了该行业的快速发展，最终形成目前强势管理集团公司林立的局面。为了保障其麾下人才的能力和水平，管理公司也会为其委派到业主酒店的酒店总经理制定相对优厚的薪酬福利标准，但这些薪酬福利的埋单人——酒店业主——则往往不想轻易就范，会对管理公司的外籍人员薪酬福利标准提出质疑或要求适当予以调整。然而，根据笔者多年来接触的酒店管理项目，**管理公司对外籍人员薪酬福利标准的要求一般是强制性的，并不将其作为双方谈判的内容**。除此之外，管理公司一般还规定：该等薪酬福利标准将根据其集团公司薪酬和福利政策的调整不时进行调整。尽管这样的弹性调整的后果对业主来说是无法预测无法控制的，但鉴于该等标准一般是集团公司统一适用于其在某一区域内酒店的普遍性政策，而集团公司的决策也受到市场竞争的调整。而且，作为雇员成本的酒店总经理及所有员工的薪酬福利，其成本预算最终将在年度预算中列明，并提交业主审批，业主可通过其审批权，对酒店总经理等所有员工的薪酬福利标准提出异议，因此业主对此还是拥有某种意义上的控制权。但是，对于业主的该项审批权，管理公司通常会要求业主不能无理拒绝或延迟执行酒店总经理的薪酬福利标准，只能作为双方在日常合作中协商的筹码。关于酒店总经理的福利问题，其中有个双方容易忽略的问题，那就是总经理往往会携妻挈子上任，增加成本。管理公司福利标准中总经理的福利待遇一般包括对其家属的福利，包括酒店总经理家庭生活成本、子女教育费用、到任及离任的搬家费用等，因此业主在起初选择和确定总经理时应综合诸方面因素进行考虑。

第三节　酒店总经理的职责

通过本章第一节中所附图 6-1，可以看到在酒店内部的伞状人事组织架构中，酒店总经理位于酒店内部人事组织中的最顶端，酒店内其他管理人员及其他全部雇员均在他的直接或间接控制和管理之下，即便业主特别委派的人员，如酒店副总经理和财务副总监，在组织架构上也是直接隶属于酒店总经理的管理。作为酒店的一店之长，酒店总经理将肩负起整个酒店的大大小小的所有事务，带领并领导全体员工进行酒店的营运工作，完成酒店所制定的各项预算和目标，并承担相应责任。

在酒店开业之前，酒店管理集团在签合同后的首要任务就是尽快为酒店推荐并指派一名总经理，以便酒店总经理及时开展酒店开业筹备等一切工作。酒店总经理必须在开业前一定期限之前到任，以此来保障有足够的时间组建酒店管理团队，筹备酒店开业。酒店管理团队主要包括酒店总经理、副总经理、财务总监、财务副总监、驻店经理、行政助理经理、市场营销总监、行政总厨、客房经理等各部门负责人，以及会同人事主管而招聘的酒店其他全体员工。酒店总经理将制定出酒店第一个营业年度的年度预算和年度计划，并提交给业主供其审批；同时将确定酒店总体的经营方向和风格及具体经营细节，包括制定一系列完整而详细的规章制度和服务操作规程，规定各级管理人员和员工的职责和义务，并监督其贯彻执行。酒店总经理还将协同酒店管理团队一起制定酒店一系列服务及商品的价格，如房价、餐饮价格等，并凭借其对酒店行业各种动向的高度敏感性，制订市场拓展计划，带领销售部进行全面的推广销售工作。在酒店开业之后，酒店总经理还将每月向业主提交关于酒店营运状况的财务报表。对于该等报表，酒店总经理还须协同酒店财务人员进行详细审阅和分析，据此以检查酒店预算完成情况及营业和管理情况，并采取相应对策，保证酒店业务能够适时地进行调整。

在酒店内部的整个人事系统中，酒店总经理既是联络者，也是核心元件。**一名经验丰富的酒店总经理将为酒店建立起一套健全而科学的组织机构和领导班子，并通过其属下的层层领导系统，确保其所制定政策的上传下达，将其管理智慧和才华输送到酒店系统的每一个角落，以使酒店这台机器良性而高效地运转**。酒店总经理亦将时时注意酒店内的各项工作及其效果，通过听取管理团队其他员工的工作汇报，详细并及时地掌握酒店运营动向，协调各部门的关系，调整微观政策，建立酒店运营安全制度，将酒店责任层层分级，逐级落实到酒店的各个部门和岗位上去。人们经常可以在酒店的各个场所见到酒店总经理的身影。酒店总经理一般通过日常巡视工作，了解酒店的各种动向，定期或不定期地检查或抽查酒店服务质量，并将巡视结果及发现的问题通报下达各相关部门，督促各部门积极发现问题，解决问题，组织查找运营中的隐患和问题，并一一解决。其目的是通过完善的流程规则来规范日常操作以尽可能地提高效率，发现误差和错误并予以改正，减少误差和错误的发生。

在关注上述人事及事务管理的同时，酒店总经理也应同样关注酒店的财务制度及其执行情况。通过财务主管人员的协助，制定酒店健全的各项财务细则和财务预算，为成本核算和成本控制制订详细的计划，并认真审阅财务报表，检查财务预算完成情况。此外，酒店总经理还需要特别关注酒店的大额应收账款及应付账款，对酒店的经济情况要了如指掌，以此避免失误。作为酒店的一把手，酒店总经理还会最终掌握酒店的财务大权。一般情况下，酒店总经理或财务总监将直接控制酒店账户内资金的收支，在实行财务双签制度的酒店里，总经理（或财务总监）一般也会

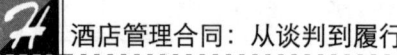

作为双签人中的一方,而另一方则是业主直接委派的人员,例如副总经理或财务副总监,或业主代表。

在处理酒店业主和管理公司的关系时,一名经验丰富的酒店总经理一般能够巧妙而灵活地处理二者关系,在二者利益中寻找适合的切入点,将双方的压力化为推动酒店运营的动力,防止产生内耗。总经理应既能将管理公司的管理理念和管理经验应用于酒店,又能切实结合酒店的具体特点,为酒店业主的利益考虑,最终达到双方的共赢共利。酒店总经理在这方面的沟通能力,很大程度上决定了其能否顺利开展酒店内部管理工作,而且对于维持业主与管理公司的良好合作关系也至关重要,因为在很多情况下业主与管理公司的分歧常常源于对总经理工作的不满。例如,在面对事先管理合同中约定应由业主进行控制的事务时,酒店总经理就需要把握尺度,既要满足业主的需要,又要能使酒店获益。

此外,在酒店对外联络方面,酒店总经理一般具有一定的外联能力,能与各界形形色色的人士保持良好的公共关系,特别是与当地政府部门的关系。在与外部联络的过程中,酒店总经理应积极而有效地为酒店扩大正面影响力,为酒店树立良好的社会形象。

第四节 酒店总经理的考核和撤换

确定一名酒店总经理的程序并不复杂,但真正考验酒店总经理能力的,是其到任后年复一年、日复一日的管理工作。遇到一名经验丰富、业绩突出的酒店总经理,酒店业主和管理公司双方会皆大欢喜,但在实践操作过程中,如果发生不如意的事情,业主就会将注意力转向酒店总经理的业绩考核以及撤换程序上。

虽然酒店总经理在酒店内部的权力涉及酒店的方方面面,但其权力仍然会受到酒店业主和管理公司的双重控制。业主在聘任酒店总经理之后,亦不一定会相信其业务能力,不会把投资巨大的酒店交给酒店总经理几年甚至十几年而放任不管。因此,业主一般会要求每年或定期对总经理进行业绩考核,有些业主甚至要求不仅将酒店总经理的考核标准和其薪酬待遇标准联系起来，而且与酒店总经理的去留联系起来。对于业主的考核，酒店管理公司通常都会比较慎重。一方面，管理公司内部确实有对各酒店总经理的考核制度，每年会对总经理一年的工作进行总结和评价，差则改之，好则嘉勉；另一方面，管理公司亦担心，如果将业主对总经理的罢免权限在管理合同中留下一定的灵活性，则业主便有权通过管理公司无法控制的考核制度，而轻易降低酒店总经理的薪酬福利待遇，甚至将其罢免，导致酒店管理公司在人事薪酬及任免权上的主动权实际上被所谓的考核制度所架空。因此，**如何采取兼顾酒店业主及管理公司双方要求的考核制度，并且能够通过有效的考核制度对总经理作出正确的评价，激励其工作，是业主和管理公司双方需要努力协调解决的问题。**

关于酒店总经理的罢免和离任，也是业主和管理公司双方比较重视的问题。虽然酒店总经理由管理公司委派，但业主通常都希望对酒店总经理的任免有一定的决策权。除此之外，业主对酒店总经理工作业绩的期望值也会因人而异，不同酒店业主对同一酒店总经理的业绩表现会有不同的反应和评价，而且酒店总经理也难免出现重大疏忽、渎职或重大失职的情况，因此**业主要求替换酒店总经理的现象并非罕见**。然而，**作为总经理的委派方，酒店管理公司从自身人员稳定及集团整体人事安排的角度考虑，则不会轻易听从业主撤换酒店总经理的意见**。当然，在不想提前终止双方合作关系的情况下，**管理公司通常都会尊重业主的撤换意见，尽快为酒店安排一位新任酒店总经理**。

酒店总经理到任之后的活动与酒店及酒店业主密不可分。酒店总经理从事酒店经营活动，必然与业主交往频繁。因此，管理公司有理由担心酒店总经理是否不仅在法律上而且在心理认同感上真正地变成了业主的雇员。业主面对一位经验丰富并能为自己酒店带来高额利润的人才，产生爱才惜才之心进而有将其收至麾下的想法也不足为怪。此外，一旦业主认为管理公司的品牌及其他集团服务内容对其酒店客房出售的推动作用不再重要，而自身已经在业内产生一定的影响力，且已经具备成功运营一家酒店的经验，则业主很可能会想方设法将管理公司清理出门，而由自己来管理酒店。这时，一直从事于酒店管理的酒店总经理等管理公司推荐的高管人员则将成为业主招募人才的首选。鉴于这种可能性，**管理公司一般会从一开始就防范酒店总经理等管理团队成员的不忠行为，并会制定相应的竞业禁止条款**，比如要求业主在一定期限内禁止私自聘用管理公司推荐委派的管理人员。

与此相对应的，业主对酒店雇员也会有所控制。业主对酒店总经理等雇员的要求不过是经验丰富，并能给酒店带来高额利润。千军易得，一将难求，一旦发现酒店总经理或其他管理团队成员能为己所用，业主自然不希望人才流失，不希望这些管理人员中途离开，希望能保持酒店经营的稳定性和连续性。但是，这些多年寓居海外的国际酒店管理人才，其流动性是与生俱来的。首先，其个人或许就不会安于现状，不想固定在某一处，可能因为个人原因而离开酒店。这类个人原因，例如对某座城市的喜好、对气候环境的好恶等，是管理公司和业主都无法控制的，业主也只能依据其与这些雇员之间的劳动合同对这类个人原因导致的离任行为进行约束。其次，管理公司为了自身集团利益的需要，或为了其他酒店的利益而牺牲业主酒店的利益，将酒店总经理或其他管理人员调往其他酒店，而这是需要业主防范的。

第七章

酒店财务处理

导读

谈到酒店管理，财务问题无疑是核心中的核心问题，酒店能否赚钱，业主的钱都是怎么支配的，管理公司管理的业绩到底如何等，都需要通过具体的财务制度来操作，通过财务指标来衡量，因此对于财务条款的约定是业主和管理公司所关注的重中之重。在本章中我们将围绕着什么是"酒店业统一会计制度"，为什么要适用和如何适用该会计制度，什么是酒店的年度预算，以及业主如何对酒店的财物状况进行监督和控制等问题展开讨论。

第一节　会计准则的适用

提到财务制度或者财务处理，我们不得不首先解决一个问题，这就是会计准则的问题。这一点对于国际酒店管理公司的影响尤为突出，因为对于一家国际酒店管理公司而言，它不仅仅要管理中国的酒店，还要管理其他国家的酒店，如果在管理这些酒店的过程中会计制度不统一，就难以进行横向的比较。就好像同等金额的一笔钱，在中国用人民币来计价，在美国用美元来计价，在英国用英镑来计价，如果不经过换算而进行汇总或比较，其结果可想而知。特别是会计制度的换算，还不像货币间的换算那样只需要乘以一个汇率就可以了。因此，对于国际酒店管理公司来讲，最简单也是最自然的一种处理方式就是在各个国家间采用统一的会计准则或者会计制度，这样既便于酒店集团内部对于不同酒店的管理，减少管理成本，同时也便于不同酒店间进行横向比较。

如果仅仅是一家国际酒店管理公司内部采用统一的会计制度，这还不够，它不便于在统一的市场上进行横向比较，因此国际酒店管理集团一般都会采用统一的会计准则来对酒店的经营进行衡量，而这个在业界大家都普遍认同的准则就是由纽约州酒店业协会、得克萨斯州酒店财务和技术委员会，以及华盛顿州美国酒店及住宿业协会联合颁布的《酒店业统一会计制度》(*Uniform System of Accounts for the Lodging Industry*)。这个会计制度最初是由纽约酒店业协会于1926年创立，其后每过若干年都会根据酒店业的发展情况进行一些调整，因此这个会计准则并不是一成不变的，目前已经是第十版了。

在进行酒店管理合同的谈判过程中，有关会计准则的争议有很多，同时许多业主对会计准则的认识也存在着一定的误区，主要有以下几个问题：

一、为什么要适用《酒店业统一会计制度》

在实践中通常会有业主质询管理公司：在中国管理酒店，在中国经营，向中国的税务机关报税，为什么要用美国的会计制度，而不是采用中国的会计制度？关于这个问题需要澄清以下两点：

首先，要搞清楚会计制度的具体用途，只有先搞清了这个问题，才能理解到底应该选用什么样的会计制度。的确，在对"成本"、"费用"，特别是"折旧"方面的处理上，《酒店业统一会计制度》和中国的会计准则存在着很大的差异，而且中国税务机关报税所要审查的会计报表，也是必须按照中国的会计制度编制的。但是，《酒店业统一会计制度》仅仅是管理公司为了衡量酒店的实际经营状况，核算营业毛利、营运成本和营业毛利率，进而计算管理费而使用的。**在管理公司使用《酒店业统一会计制度》进行核算后，业主仍然可以按照中国的会计制度对该酒店进行财务核算或者通过第三方机构进行审计，向税务机关呈报按照中国会计制度编制的会计报表。**酒店的支出和收入并不会随着会计制度的变化而变化，以相同的数据作为基础，只需要按照不同的会计制度进行计算，就可以很容易地做出两套财务报表或者相互转换。酒店的财务状况就好比是酒，而财务制度就好像是容器，不管是用瓶子装酒还是用杯子装酒，酒本身的数量并不会因为所使用容器的不同而发生改变，而是取决于准备盛酒的目的是什么，如果要喝当然要用杯子装，如果要储存就应当选择用瓶子来装。

其次，还要区分一个概念，《酒店业统一会计制度》是用来衡量酒店的财务状况的，其适用对象仅为酒店这个实体；而中国的会计制度是用来衡量业主公司的，其适用的对象为业主公司，业主公司的财务报表并不等同于酒店经营的财务报表。这种不同需要可从两个方面来理解：第一，酒店公司并不等同于业主公司，酒店公司的财务报表也不等同于业主公司的财务报表，只有当酒店公司以独立的法人形式存在并经营的情况下，业主公司才等同于酒店公司，因为在通常情况下，很多酒店都是以分公司的形式存在，并不是独立的法人。酒店公司的财务情况只是分公司的财务情况，该等财务报表必须同总公司的财务指标合并汇总后，才是业主公司总的财务指标，因此不能笼统地表述为酒店公司的财务报表就是业主公司的财务报表。举例来说，业主可能是个综合性的房地产开发企业，而酒店仅作为该公司的分公司进行经营，《酒店业统一会计制度》仅用来衡量酒店的财务状况，但是如果要对业主公司的财务情况进行核算，就要适用中国的会计准则。第二，即使酒店作为一个独立的法人进行经营，酒店本身的经营情况同酒店公司的财务状况也并非同一概念，酒店的经营情况应当仅包含同管理方的经营行为相关的因素，《酒店业统一会计制度》也仅用于衡量同酒店经营相关联的财务指标，其中诸如"营运成本"、"总收入"等有关概念也只与酒店经营相关。最明显的例子就是酒店物业不动产的折旧是不能计入酒店的营运成本的，因为这部分的折旧与酒店的经营好坏无关。但是，如果酒店本身是以独立项目公司的形式运营的话，按照中国会计准则所计算的酒店公司的财务报表，肯定会将不动产的折旧计入营运成本的。不仅如此，其他一些与酒店经营无关，但却是酒店公司所实际发生的成本或费用，也应当一并计入酒店公司的营运成本当中。因此，即使酒店作为一个独立的法人进行经营，依照《酒店业统一会计制度》所计算的用于衡量酒店经营情况的财务报表，也并不完全等同于按照中国会计制度所计算出的酒店公司用于报税的财务报表。

在认清上述两点之后，业主就不难理解为什么管理公司在管理中国酒店时，要约定适用《酒店业统一会计制度》了。但是，仅仅确定了适用《酒店业统一会计制度》的大原则还不够，因为这个准则是经常发生变化的，因此，就会产生下面一个问题。

二、适用哪一个版本的《酒店业统一会计制度》

从 1926 年第一版以来，《酒店业统一会计制度》目前已经是第十版了。因此，在签订管理合同时不仅要约定适用《酒店业统一会计制度》，最好还要约定清楚具体适用哪一个版本，因为不同的版本下对于会计科目的处理是不一样的。例如，在第六版中，基本管理费是作为酒店的营运成本处理的，但是在第十版中却不是作为酒店的营运成本处理的。因此，即使管理合同中约定：如果出现争议按照《酒店业统一会计制度》进行处理，但是如果适用的版本不同，可能结果正好相反。这就一方面要求了解每一个版本下会计科目的重大变化，另一方面也要求在签订合同时即约定清楚所适用的版本，否则出现问题时则很可能会因为适用哪一个版本而发生争议。一般情况下，如果不作特别说明，所适用的版本就应当是签订合同当时的最新版本。双方最好还应在合同中约定，是否自动适用《酒店业统一会计制度》的不断更新，这种新的变更可能对管理公司有利，也可能对业主有利，不论哪一方同意了这个条款，都应做好会计准则可能会随时发生变化的心理准备。

三、会计准则和合同约定的关系

对于适用《酒店业统一会计制度》的问题,还应该明确两点:第一,《酒店业统一会计制度》不是包罗万象的,并非所有的事项都会包含在该会计准则中,因此,双方应在管理合同中明确如何处理《酒店业统一会计制度》未约定的事项;第二,即便《酒店业统一会计制度》对某一事项作出了详细且明确的约定,也并不排除双方在合同中就某一个事项作出不同约定的权利。比如对于"基本管理费",在第十版中并未将它列入营运成本,但是双方仍然可以在管理合同中将"基本管理费"纳入营运成本的定义中。在此情况下,合同中的约定应当优先于《酒店业统一会计制度》,只有当管理合同中就某一个事项的归属没有明确规定的前提下,才会参见《酒店业统一会计制度》中是如何规定的。因此,笔者建议双方将酒店成本或收入中需要明确的事项在合同中尽可能约定清楚,以免以后发生不必要的争议。

第二节　酒店收入和营运成本的计算

酒店的经营状况、一切财务指标的衡量和计算,都是建立在两个最基本的概念之上:一个是支出,也就是成本;另一个是收入,收入和成本的比较就决定了酒店的营业毛利(Gross Operating Profit,即 GOP)、营业毛利率(GOP 率)、RevPAR(Revenue Per Available Room,每间可供出租客房收入)。因此,我们要谈 GOP 率,谈经营状况,谈奖励管理费,首先就要明确酒店的收入和支出。如果不同的人在计算酒店的财务状况时,所基于的收入项目或者支出项目都不尽相同的话,那便无法进行比较了,因此,这也是国际酒店集团统一适用《酒店业统一会计制度》的原因,其中对于成本和收入都有明确的定义,业主和管理公司就收入或者支出的计算发生争议时,就可以直接参考《酒店业统一会计制度》寻找答案。

《酒店业统一会计制度》中对于不同类别的成本和收入的计算都有明确的约定。在其中第Ⅱ部分中，对于经营报表（Summary Operating Statement）作出了详细的规定，并明确经营报表的编制主要有三个目的：(1) 提供有关经营效益的管理信息；(2) 有利于不同酒店资产间进行比较；(3) 利用从众多酒店资产所汇集来的数据构成某一标准，并使同该标准进行比较成为可能。因此，经营报表是对于所有涉及调整后净收入的有关项目的细化表述，并且不包含一些诸如利息、折旧、摊销和所得税等项目，因为这些项目通常都应该是在业主的总收入报表中所体现的，而且这些项目都不是管理公司所能控制的事项。第Ⅱ部分引用一个标准的经营报表，我们这里节选出来供读者参考。

表 7-1 经营报表

	当前周期	截止到目前总计
收入：		
客房		
餐饮		
其他经营部门		
租金和其他收入		
总收入		
各部门费用：		
客房		
餐饮		
其他经营部门		
总部门费用		
总部门收入		
未分配经营费用：		
行政和一般事物		
销售和促销		
资产运营和维护		
市政费用		
总未分配费用		
营业毛利		
管理费		
固定费用前收入		
固定费用：		
租金		

续表

	当前周期	截止到目前总计
房产税和其他税		
保险		
总固定费用		
净利润		
减：重置准备金		
调整后的净收入		

《酒店业统一会计制度》对于"收入"、"各部门费用"、"未分配经营费用"、"营业毛利"、"管理费"、"固定费用前收入"、"固定费用"、"重置准备金"的内涵和外延都有明确的定义和解释，有兴趣的读者可以查阅《酒店业统一会计制度》（第十版）。

尽管《酒店业统一会计制度》中对于酒店成本和收入都有明确的定义，但是在酒店管理合同当中一般还是会在定义部分对于酒店的"总收入"、"营运成本"作出明确的定义。这样做的原因在于，首先，双方可以在合同中作出与《酒店业统一会计制度》中不一致的约定，特别是对一些《酒店业统一会计制度》中约定不是十分明确的事项，或者就本酒店特有的事项进行约定；其次，因为《酒店业统一会计制度》是不时修订的，而一个酒店的经营期限通常都是一二十年，在这期间不可避免地《酒店业统一会计制度》会发生变化，如果在酒店管理合同中将这些基本的内容确定下来，在未来就不会因为《酒店业统一会计制度》的某些事项发生变化而发生争议。

在酒店管理合同的谈判过程中，对于酒店营运成本和总收入的定义，往往是双方都非常关注的事项，这其中还隐含着什么样的意义呢？正如本书第十章所述，通常管理费会分为两个部分：基本管理费和奖励管理费，基本管理费按照总收入乘以一个百分比收取；而奖励管理费按照营业毛利（GOP）的比率或者其他衡量指标确定一个累进的或者固定的百分比，将营业毛利再乘以这个百分比来收取。

在明确了总收入、营运成本和营业毛利三者关系的基础上，不难发现总收入、营业毛利和营业毛利率都关系着管理公司的根本利益。如果酒店的总收入越多，那么在同样的百分比下，业主需要支付给管理公司的基本管理费就越多。在总收入一定的前提下，如果营运成本越大，则营业毛利越小，营业毛利率也会相应地越低，这样势必影响管理公司对于奖励管理费的收取。同样，如果用营业毛利率来衡量管理公司的管理业绩时，对于总收入、营运成本和营业毛利的计算还将直接影响管理公司的最终业绩的评定。因此，从一般意义上了解，酒店管理公司会希望能够记入酒店总收入的项目越多越好，能够记入酒店营运成本的项目越少越好；而业主则希望记入总收入的项目越少越好,能够记入酒店营运成本的项目越多越好。

请读者注意我们上边所说的,业主所希望的不是总收入越少越好,而是"记入"总收入的事项越少越好。这里就必须明确一个概念,酒店的总收入并不完全等同于业主的收入。比如,如果酒店发生了损毁,保险公司向酒店支付了财产保险赔偿,这部分收入是不是业主的收入?当然是。但是,这部分收入不应当记入酒店的总收入,因为它不是由于酒店的经营活动所产生的收入,与管理公司的管理无关,因此也自然不能列入总收入,管理公司也不能就该笔收入征收管理费了。这就引出了这样一个问题,即业主和管理公司对于应当列入总收入和营运成本的事项有自己不同的利益偏好,如何来决定到底哪些事项应当列入总收入或者营运成本,哪些不应当列入呢?对此,每家管理公司都有其不同的要求,需要根据具体事项具体分析。但总的原则可以是,所有与管理公司经营酒店相关所取得的收入基本都可以列入总收入,所有与酒店经营相关所发生的费用基本都可以列入营运成本。笔者将在第十章结合基本管理费和奖励管理费的计算,详细讲解上述定义所应注意的具体问题。

第三节 酒店年度预算

酒店的"年度预算",也是酒店管理合同当中一个至关重要的概念,也可以说是酒店管理合同的一个核心概念,业主委托酒店管理公司对酒店进行管理,绝大部分内容是围绕着年度预算来实现的。如果把业主看作一家之主,管理公司看作管家,这个主人该如何放心地让管家来替他管理呢?业主不可能事无巨细地去操心酒店日常经营的所有细节,又不能放任自流,因此,最行之有效的方法之一就是让管家在每年之初,拿个账本把今年要花多少钱,要干哪些事情,要雇多少人,要赚多少钱都详详细细地列明,这样不管年中还是年底,要衡量这个管家管理得如何,直接对照预算来衡量就可以了。现代企业管理的重要内容之一便是预算管理,无论是国企还是外企,不管是跨国企业还是民营企业,都会通过制定年度预算、检查年度预算的实施情况而实现对企业的规范化管理。关于预算存在的必要性,在此不必赘述,下面仅就酒店管理中年度预算的特别之处,以及在酒店管理合同的谈判过程中业主和管理公司争论的焦点作一简单的介绍。

一、年度预算的内容

在酒店管理合同当中,管理公司每年都会制订一份年度计划供业主批准,这个年度计划涉及酒店经营的方方面面,范围很广,而年度预算只是年度计划其中的一部分,但也是最重要、业主最关心的一个部分,因为它关系到酒店在未来一年的支出情况以及收益情况。年度预算具体包含的事项非常广泛,比如,合理详尽的收支预算、管理费预算、广告及市场推广费用预算、营运资金数额、客房入住率及房价预算、更换添置家具和装置、设备的预算、酒店动产购置的预算、酒店预期维修和大修的费用、酒店需要聘用人员的数量以及相应的人工成本预算、向政府以及有关部门所要缴纳的税费等。除此以外,年度预算还会对一些经营指标进行约定,比如对预计的房价、平均入住率是多少,预期的营业毛利率是多少等指标,都作出一个大体的预测。国际酒店管理集团所编制的年度计划及年度预算是非常详细的,业主在签订管理合同之前可以要求管理公司提供其所管理的其他酒店所编制的年度计划及年度预算的格式文本参考,这样可以对年度计划和年度预算的内容有个直观、感性的认识。

二、年度预算提交的时间

年度预算提交的时间一般也是业主和管理公司在谈判过程中经常争论的话题。一般情况下,管理公司会要求在上一个营业年度结束前一个月左右提供年度预算,而且希望提交年度计划和年度预算的时间距离下一个营业年度开始的时间越短越好。这是因为市场上的一切因素都是在随时变化的,原材料的价格、房价水平等都有可能在短短的一个月内发生变化,因此管理公司希望所依据的数据越接近于下一个营业年度的水平,所做出的预算才会越准确。另一方面,有些管理公司所制订的年度计划首先要经过其总部批准后方能提交业主审批,这也需要一定的时间。因此,管理公司一般倾向于比较晚地向业主提交年度计划和年度预算。

相反,对业主来说,因为需要时间对管理公司所提交的年度计划和年度预算进行审批,一旦发现问题,还需要再同管理公司协商或者调整,这个反复拉锯的过程就可能要耗费一个月的时间。而对于一些国有企业业主，往往内部审批流程就要很长时间。因此，**业主方面希望管理公司的年度计划和年度预算越早提交给业主审批越好**。

这样就造成了在年度计划和年度预算提交时间上的矛盾。通常情况下，需要业主和管理公司充分协商，最终找到一个双方都可以接受的时间，在这个过程中可能双方都需要作出一定的让步。

三、年度预算的审批

对于年度计划和年度预算的审批严格来说应该包含两层含义：第一是对于年度计划和年度预算初始的审批；第二是对于年度计划和年度预算修改的审批。对于初始阶段的审批，按照管理合同的约定，在管理公司将年度计划和年度预算提交业主审查和批准后，一般需要给业主一定的时间对年度计划进行消化和审查，业主可以提出自己的意见，并要求修改，管理公司应当就业主的疑问进行解释，或者对年度计划和年度预算进行相应的调整，最终达成一个双方可以接受的年度计划和年度预算。如果截至各营业年度开始时，业主和管理公司仍未就该年度的年度预算达成一致意见，为了保证酒店的经营不会因为没有达成年度预算而无法进行，按照酒店业的惯例，一般会根据酒店所在国当地的通货膨胀的情况对上一营业年度的年度预算作出必要调整后，应适用于本营业年度的年度预算，直到确定新的年度预算为止。如果仍无法对年度预算达成一致，双方则只能够按照管理合同中所约定的争议解决方式，要么提交专家组解决程序解决，要么提交仲裁或者诉讼。但是考虑到判断酒店年度预算的合理性与否专业性极强，一般的仲裁员或者法院的法官很难有这方面的专业背景和行业经验，因此笔者认为通过专家或者专家组解决程序来处理这类争议应该是比较合适的方法。

在酒店实际经营过程中，因为客观情况的变化或者任何突发的情况，很有可能需要对于事先制订好的年度计划和年度预算进行相应的调整和修改。因此，在管理合同当中一般会约定一定的机制，使管理公司可以向业主提出意见，对年度计划和年度预算进行相应的调整，比如通过召开会议或者发出书面通知等形式，业主与管理公司的代表可共同协商，考虑是否修改年度计划和年度预算。如果业主同意了对于年度计划和年度预算的修改，则按前述程序修改后的年度计划和年度预算应作为该营业年度剩余时间的年度计划和年度预算。同样，如果业主不同意管理公司对于年度计划或年度预算的修改，但是管理公司又认为该等修改对于酒店的经营至关重要，则只有最终诉诸管理合同中所约定的相应的争议解决程序来处理。

四、年度预算的偏离

前面已经提到，年度预算只是作为对下一经营年度预期业绩与费用支出的一种估算，它是基于管理公司在准备年度预算时认为合理的假设而作出的，从而这种预算也会因为当初一些假设的不合理，或者因为该营业年度内财务变动、经济波动及其他条件和情况变化，而超出管理公司的控制，造成实际经营情况会同年度预算的内容发生一定的偏差。

正是基于以上原因，虽然说年度预算经业主审批后，管理公司在该年度预算的营业年度内履行管理合同项下的各项义务时，应当尽量遵循年度预算的要求，不严重偏离年度预算，但是一般来讲，**管理公司只承诺将在合理的范围内尽量实现年度预算所反映的预算目标，但不承诺将其作为该营业年度实际业绩的保证，并且一般会保留在紧急情况下或其他特殊情况下适当偏离年度预算的权力。**

但是，如果将年度预算完全理解为一种估算，没有任何约束力，管理公司可以任意偏离，显然失于偏颇，否则年度预算不就形同虚设如一纸空文了吗？那么在实践中是如何来解决这个矛盾的呢？一般有很多种方法，第一，业主可以设定一个偏离的范围，在这个偏离的范围内（比如10%），管理公司可以不经过业主的审批，自行变更或者偏离，但是一旦超过这个范围就必须经过业主的审批。第二，作为一种变通的解决方式，因为年度预算中需要支出的种类和项目繁多，管理公司可能会要求只要这些项目的支出总额没有超出偏离的限额就可以不经过业主审批，但是其中任何一个小项都是可以偏离这个约定的幅度的，实际上赋予了管理公司在不同小项间相互调配资金的权力。对于比较强势的业主，他们则通常更希望在每个小项上都对管理公司造成约束，希望每项支出都要在年度预算的偏离范围以内。第三，一般双方会在管理合同当中约定在一些特殊情况下或者管理公司不能控制的情形下，年度预算可以适当地偏离，而不需要经过业主的审批，这些事项可能包括：

（1）在十分紧急的情况下，如果不及时增加预算可能就会给酒店造成损失时，管理公司一般应有权合理支出超过年度预算许可范围内的额外资金。

（2）因酒店的入住率大幅度提高而造成的成本增加。年度计划中的某些特定数字是根据酒店的入住率和使用率的变化而变化的，如果该酒店的入住率和使用率超出已获批准的年度计划，其弹性开支的增加部分应当视为已得到批准的年度计划中

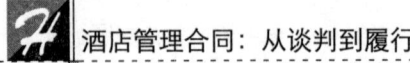

的一部分。因为如果酒店入住率超出了年度预算估计的范围，也就是酒店的实际收入增加了，相对应的成本也必然会增加。

第四节 业主对酒店财务的监督

业主对于酒店的财务主要从以下几个方面来监督。

第一，通过年度预算来实现，这也是最重要的方式。

首先，年度预算的制定必须经过业主的事先书面审批，只有经过业主的审批后才能付诸实施；其次，任何对于年度预算的更改（或者超过一定幅度的更改）也必须经过业主的审批；再次，如果管理公司过分地偏离年度预算，或者连续几年均严重地偏离年度预算，业主可以约定解约权。

第二，通过双签制度来实现。

正如在第六章"酒店人事安排"中所述，对于酒店的对外付款，通常由业主的一名代表（一般为业主所委派的酒店副总经理或财务副总监中的任意一人）和管理公司的代表（一般为酒店的总经理或财务总监中的任意一人）共同签署方可支取，这就在资金的使用源头上对酒店的财务支出进行了控制。但是，考虑到管理公司对酒店管理的自主性，避免因为业主的过分干涉，导致酒店的对外支付发生困难或者时间上的拖延，一般业主和管理公司都会约定一个金额，超过这个金额以上的对外支付，即属于大额支出的部分，应当由业主代表和管理公司的代表双签才能支出。

第三，通过派遣人员来实现。

这一点在第六章"酒店人事安排"一章也已经提过。业主为了保留对于其所关心的财务的一定控制权，一般会委派副总经理、财务副总监或者负责财务的其他人员到酒店工作。业主所委派的这个人员所从事的具体工作，以及在酒店管理过程中所发挥的作用，取决于双方谈判时的要求。不同的管理公司对于业主所委派财务人员的接受程度也不尽相同，有的管理公司可能会认为只要业主所委派的人员具备财务方面的实践经验，能够胜任工作，则可以从事一些实质性的酒店财务管理工作；

而有些管理公司只接受业主委派的财务人员从事一些边缘性的工作，比如同中国的有关税务和审计机关进行接洽、准备酒店对外的财务报表等，但是并不实际接触和控制酒店的财务运营。但是，无论上述哪种情况，业主所委派的财务人员都可以接触到酒店的账簿记录，这至少保障了业主的知情权。

第四，通过独立审计来实现。

酒店每年都会聘请专业的会计师事务所对酒店一年来的财务状况进行审计，该等聘用第三方审计机构的费用，通常会列入酒店的营运成本当中。但是，如果业主对于该第三方审计机构所出具的财务报告不相信，或者认为有出入，一般会要求聘请另外一家业主信得过的第三方审计机构，对酒店的财务账簿进行审计。签订管理合同的双方可以在管理合同中明确约定业主行使该等审计权力的次数、频率，以及行使该项权力的具体程序。一旦二者的审计结果出现较大的出入，则双方可以通过协商或合同中所约定的争议解决程序加以解决。

第五，通过账户设置来实现。

作为业主控制酒店财务状况的另一种方式，就是通过账户的设置来进行。一般情况下，管理公司会以业主的名义开立一个专门为了酒店经营所使用的营运账户，业主则需要按照管理合同的约定，在酒店开业前向该营运账户中存入充足的营运资金，该等金额一般应当能够满足酒店几个月的日常经营所需的流动资金，以及支付家具、装置及设备（FF&E）储备基金的数额。并且，在酒店的整个经营期限内，管理公司都会要求业主保证酒店的营运账户中始终保留有上述金额的足够的营运资金，否则就会要求业主不时地对该账户进行补充，以确保管理公司有足够的资金运营酒店。

对于酒店的收入和支出，一般还有两种处理方式：一种是业主要求酒店同时开立两个账户，收支两条线，一个账户只用于对外支付，另一个账户只用于收款，这样进账和出账的钱都非常的清楚。但此种做法实践中不易操作，管理公司也不太会接受。另一种方式是只开立一个账户，支出和收入都使用这同一个账户，但是当该账户中的资金超过应当存入的营运资金时，或已能满足酒店营运资金的需求时，超出的部分应当及时地转入业主公司指定的其他账户。不管采用哪种方式，都可以对酒店的收入起到监控作用，避免酒店收入的占用或者挪作他用，也是为了隔离风险。

通过以上种种手段，虽然业主不实际参与酒店的运营，但应该说基本上也可以在整体上把握住酒店的财务状况，并且在给予管理公司充足的自由支配权的前提下，行使一定的监督权。

第八章
酒店资产安排

导读

酒店的资产按照大的分类来讲，可以分为有形资产和无形资产，对于无形资产，第十二章"酒店品牌与知识产权保护"将作专门论述，而本章则主要论述酒店管理中的有形资产。有形资产按照资产的形态来分，又可以分为实物资产和现金资产。对于酒店的现金流的管理，主要体现在酒店的财务制度的管理上，这在上一章"酒店财务处理"中已作阐述。所以更确切地说，本章中所要介绍的酒店的资产主要是指酒店的实物资产，包括不动产、家具、装置及设备（即FF&E），以及营运物资。

第一节 酒店不动产

酒店最主要的不动产当属土地和房产了。由于酒店将进行长期经营，所以必须保证酒店的物业可以作为酒店长期稳定进行经营，这一点对于酒店管理公司更为重要，这也就要求业主对于酒店旗下的土地以及房产必须具有持续稳定的权利。

一、权属及规划用途

根据笔者的经验，管理公司在与业主签订管理合同时，有两个最关心的问题，一个是土地及房屋产权的权属问题；另一个就是土地的用途和规划问题，这也是双方合作的前提。

（一）酒店的权属

业主必须对于酒店所占用的土地以及地上建筑拥有完全的排他的所有权或者承租权。但是需要注意的是，并非每个酒店管理公司都会接受承租权，有些管理公司要求业主必须对于土地使用权以及房产拥有所有权，而非其他权益，而且会明确要求土地使用权必须是出让土地的土地使用权，而不能是划拨土地。根据中国有关法律规定，划拨土地只能用于有限的用途，如军事、教育、医疗和学校等用地，不能作为商业用途。如果一定要将一块划拨用地上的建筑物作为酒店进行经营，就必须首先将该土地由划拨土地变更为出让用地，而该土地性质的变更需要业主补交相应的土地出让金。

（二）规划用途

土地的规划用途也是管理公司审查一个项目是否可以作为酒店进行经营的最主

要的指标之一。如果酒店所属土地的用途没有规划成酒店，则可能给酒店的未来经营带来不确定的风险，主管机关可能会随时以规划不合法为由要求业主进行限期改正，甚至可能导致酒店自此停业。那么，什么样的用途可以作为酒店进行经营呢？目前我们国家在不同地区、不同政府职能部门对于土地用途的分类和用词表述不尽相同。例如，土地管理部门进行土地用途的分类时一般适用《土地利用现状分类》（中华人民共和国国家标准GB/T 21010—2007）规定的土地类填写，其中一级类中的05项"商服用地"中的第052项"住宿餐饮用地"明确约定该类土地是用于"提供住宿、餐饮服务的用地。包括宾馆、酒店、饭店、旅馆、招待所、度假村、餐厅、酒吧等"。

表 8-1 《土地利用现状分类》（GB/T 21010—2007）

一级类		二级类		含义
编码	名称	编码	名称	
05	商服用地			指主要用于商业、服务业的土地。
		051	批发零售用地	指主要用于商品批发、零售的用地。包括商场、商店、超市、各类批发（零售）市场、加油站等及其附属的小型仓库、车间、工场等的用地。
		052	住宿餐饮用地	指主要用于提供住宿、餐饮服务的用地。包括宾馆、酒店、饭店、旅馆、招待所、度假村、餐厅、酒吧等。
		053	商务金融用地	指企业、服务业等办公用地，以及经营性的办公场所用地。包括写字楼、商业性办公场所、金融活动场所和企业厂区外独立的办公场所等用地。
		054	其他商服用地	指上述用地以外的其他商业、服务业用地。包括洗车场、洗染店、废旧物资回收站、维修网点、照相馆、理发美容店、洗浴场所等用地。

而规划部门一般会依据《城市用地分类与规划建设用地标准》（GBJ137-90）执行，其中按土地使用的主要性质对城市用地按照大类、中类和小类三个层次进行分类，共分为10大类、46中类、73小类。其中，C25项明确列明"旅馆、招待所、度假村及其附属设施等用地"。

表 8-2 《城市用地分类与规划建设用地标准》(GBJ137—1990)

中类	小类	类别名称	范围
C2		商业金融业用地	商业、金融业、服务业、旅馆业和市场等用地。
	C21	商业用地	综合百货商店、商场和经营各种食品、服装、纺织品、医药、日用杂货、五金交电、文化体育用品、工艺美术品等的专业零售批发商店及其附属的小型工场、车间和仓库等用地。
	C22	金融保险业用地	银行及分理处、信用社、信托投资公司、证券交易所和保险公司,以及外国驻本市的金融和保险机构等用地。
	C23	贸易咨询用地	各种贸易公司、商社及其咨询机构等用地。
	C24	服务业用地	饮食、照相、理发、浴室、洗染、日用修理和交通售票等用地。
	C25	旅馆业用地	旅馆、招待所、度假村及其附属设施等用地。
	C26	市场用地	独立地段的农贸市场、小商品市场、工业品市场和综合市场等用地。

在实践当中,如果土地证或者规划许可证上明确写明上述用途自然是最理想的情况,比如"旅馆业用地"、"酒店用地",但是一般情况下各地在土地用途的表述上经常并不十分规范,或者表述的不一定十分清楚。当然一般来讲,**如果土地用途上包含"商业",一般是可以用来做酒店的**,但是这还要结合《建设用地规划许可证》、《规划详图》、《规划设计方案审定通知书》、《控制性详细规划》、《修建性详细规划》等规划文件,以及具体的用地及规划指标来综合判断到底目标地块是否合法地规划为酒店用地,是否可以用于酒店经营。

二、物业范围的界定

酒店作为不动产,在酒店管理合同中一般要对酒店所包含的所有不动产的组成进行详细描述,因为在实践中,业主并不一定将所有酒店范围内的物业全部交给管理公司来管理,比如酒店中的 SPA 或者某些特色餐厅,业主往往会选择由自己管理或外包经营,认为这样可能会取得更大的收益。但是这些物业在对外经营的过程中,仍然作为酒店的功能组成部分。在这种情况下,**管理公司就必须事先在管理合同当中与业主就哪些部分归管理公司管理、哪些部分归业主自己管理以及业主与管理公司的职责如何划分等问题约定明确**。通常采用列举的方式将酒店的组成部分列明,只有明确列举的部分才属于管理公司负责管理的部分。例如,管理合同中一般都会有如下表述:

"该酒店由以下设施构成：[＿＿＿]间客房、[＿＿＿]间餐厅、[＿＿＿]个酒吧、[＿＿＿]个宴会厅、[＿＿＿]个泳池、[＿＿＿]间健身设施、[＿＿＿]间商务中心，以及约[＿＿＿]个停车位。"

同时，对于业主自管或者外包给第三方经营的部分，一般也需要从反面予以列举性描述，比如：

"位于[＿＿＿]层的中餐厅，以及位于[＿＿＿]层的SPA中心为业主自营，前提是该等经营不得妨碍酒店的正常经营。经营上述物业所取得的收入不计入酒店的总收入。由于经营上述物业所产生的一切责任应当由业主独自承担，与管理公司无关；如果由此给管理公司造成任何损失，业主应当进行补偿。"

由管理公司所管理的部分所取得的收入才会计入酒店的总收入，该部分设施运营的成本才能计入酒店的营运成本；相反，不归管理公司管理的其他部分的收入和成本都应当由业主来承担。但是，对于不属于管理公司管理范围内的酒店设施的运营，管理公司一般会要求业主保证，不能干扰酒店的正常经营，或者以酒店的名义向在该等设施内消费的人员开具发票；同时该等业主自管物业所产生的责任和索赔应当由业主自行负责，而不应当由酒店承担。

三、转让和抵押

（一）酒店的转让

由于酒店物业的所有权归业主所有，管理公司对酒店的不动产没有控制权，但是酒店管理行业的特点又要求酒店的物业必须保持一个稳定的存续状态，不能因为诸多不确定的因素受到干扰，因此**管理公司一般都会对业主转让酒店进行一定的限制，要求该等转让的受让人必须具备一定的条件，并且该等转让必须经过管理公司的事先书面同意**。尽管各个酒店管理公司对于业主转让的规定不尽相同，但是对于酒店受让人的要求大致相似，一般都会要求以下几个方面：①该等酒店的受让人必须成为酒店的合法所有权或租赁权益持有人，并提供管理公司合理要求的证据以证明其在本合同期限内的所有权或租赁权益；②该等酒店的受让人必须是一个"合格的受让人"，所谓"合格的受让人"，一般要求首先不是管理公司的竞争对手，其次声誉良好、守信负责，在财务方面能够从转让日起履行业主在管理合同中的义务；③在酒店出售或对业主的控制权变更完成时或之前，该等酒店的受让人必须与管理公司签署适当的协议，从拟议出售或控制权变更之日起承继业主在管理合同项下的一切义务与权利。

但是考虑到国内的业主一般都是规模较大的集团公司，集团内部有资产转移的需要，特别是当集团考虑上市的时候，可能需要对内部的资产进行重组和置换，因此对于业主转移酒店物业，管理公司一般也会为该酒店在业主的关联公司间进行转让留下空间，允许业主在不经管理公司事先书面同意的情况下，向其关联公司进行转让，但条件是该关联公司书面同意受管理合同条款的约束，并且受让方应成为酒店的合法业主或租赁权益持有人，并提供管理公司合理要求的证据以确认酒店的转让及其在管理合同期限内的所有权或租赁权益。

（二）酒店的抵押

业主在酒店上设定抵押，是业主和管理公司都非常关注、也很容易产生分歧的条款。管理公司一般都会对业主以酒店物业设置抵押进行融资作出限制，而这种限制通常都要求业主、贷款人（也即抵押权人）和管理公司三方之间或业主与贷款人（即抵押权人）两方之间签订一份在形式和内容上均符合管理公司要求的"不干扰协议"，即所谓的"Non-disturbance Agreement（NDA）"。

在酒店管理合同中通常会约定，业主在将酒店设定抵押前必须取得管理公司的事先书面同意，并且抵押权人必须同意签署不干扰协议。不干扰协议一般会包含以下内容：

（1）事先书面通知。在抵押权人行使抵押权之前，必须给予管理公司足够时间的事先书面通知。这是为了保障管理公司的知情权，使管理公司对于可能即将发生的酒店物业的权属变更有充分的准备时间。

（2）合格受让人。在抵押权人行使抵押权时，必须保证酒店物业的潜在购买人是"合格受让人"。此处合格受让人的概念及条件与酒店转让时管理公司要求的合格受让人基本相同。这些要求均是为了保证在抵押权人行使抵押权后，酒店物业的受让人有足够的资质及能力继续履行原管理合同。

（3）继续履行合同。抵押权人必须保证，因其行使抵押权导致酒店物业需要转让时，在该等转让发生同时或之前，酒店的潜在购买人或受让人必须要按照管理公司合理要求的格式与管理公司订立书面协议，同意自该等转让之日起受管理合同条款和条件的约束，并承担及履行原业主在管理合同项下的全部义务，在剩余的管理合同期限内继续履行管理合同。

可见，不干扰协议的目的主要在于限制抵押权人随意行使抵押权，维持管理合同的稳定性，保证在抵押权人行使抵押权时，由于抵押权人签署了不干扰协议，管理合同仍然可以继续履行，不受影响，以保证管理公司能够在已约定的范围内对酒店物业实现持续性管理，从而保证自己相应的利益。因此，管理公司通常会要求业主在融资之前，与贷款人签订包含上述内容在内的不干扰协议，否则不得进行抵押。

那么，这种做法在目前中国的司法实践当中的执行情况如何呢？根据笔者多年的实践经验，不干扰协议或类似协议在中国未必能够充分地发挥出其应有的作用。在实践当中，不干扰协议无论在其签署阶段还是履行阶段，都不同程度地存在一定的障碍。

（1）不干扰协议的签署阶段。目前，业主进行融资的主要途径还是向银行借款。通常情况下，作为贷款的条件，银行都会要求业主以土地或者房产作为抵押担保。在此类借贷关系中，银行往往处于优势地位，业主大都处于被动地位，当业主以酒店物业设置抵押向银行借款时，银行通常都不愿意，也不会同意签署不干扰协议。实践当中，每家商业银行在对外贷款时，一般均会采用自己银行所惯用的《贷款合同》的格式文本，借款人对该等格式文本可以作出修改的范围是十分有限的，否则可能面临无法贷到款的风险。因此，要求业主在借款时必须同银行签署不干扰协议具有较大难度。

但是，必须指出，如果最终业主把房产抵押给了银行，而银行不同意签署不干扰协议，在管理合同当中所约定的不干扰协议条款也并非如同一纸空文。在这种情况下，虽然业主用酒店物业所设立的抵押并不会因为其未与贷款银行签订不干扰协议而无效，但是管理公司仍可根据不干扰协议条款向业主主张违约责任，并承担合同违约的法律后果。

（2）不干扰协议的执行阶段。另一方面，即使贷款银行同意签署不干扰协议，一旦业主无力偿还银行借款，银行便会行使抵押权，以变卖酒店物业的收入来偿还贷款。在中国，银行通常会通过申请法院拍卖抵押物（即酒店物业）的方式来行使抵押权，而法院在拍卖酒店物业时几乎不会考虑不干扰协议的存在，也不会将不干扰协议作为法院拍卖的一个前提条件，因此新的酒店购买人并无法定义务继续履行管理合同。根据笔者的理解和经验，中国法院之所以在拍卖酒店物业时不会将不干扰协议作为一个先决条件，主要有以下几方面的原因：

①在中国法院的执行案件当中，将执行标的以拍卖的方式出售并没有想象的那么容易，经常会发生流拍的情况，造成法院长期无法执行终结。因此，法院为了能尽快地将执行标的处理完毕，尽可能降低流拍的风险，一般不会再增设任何额外的拍卖条件，相反会想方设法降低拍卖门槛。

②由执行庭的法官来审查一个参与竞拍的购买人是否为一名合格受让人也是不

现实的。法院的法官并不是酒店行业的专业人士，因此无法判断某个竞标人是否为管理公司的竞争对手，也没有能力判断竞标人是否具备充足的资金或者良好的信誉以履行管理合同等。

③从法理上来讲，由法院主持的拍卖程序实际上体现的是一种国家公权力，其目的是解决纠纷并且强制债务人履行债务。因此，一些基于当事人双方合意的限制，例如抵押权人和抵押人之间所签订的不干扰协议中的约定，并不是法院必须考量并遵守的因素。法院作为一个代表公权力的执行机构，没有义务为某个当事人的商业利益去审查购买人的资质。此外，管理公司对于酒店的管理权是基于管理合同的债权，相较之酒店所有权之物权处于从属地位。在中国的法律制度下，对于"债权从属于物权"原则的唯一突破仅限于承租权[①]，也就是我们通常所讲的"买卖不破租赁"，换句话说，只有在法院拍卖前已经存在的承租合同下的承租权，法院才会在拍卖时加以考虑，而管理公司的管理权并不享有同等的优先地位。

综上所述，一方面在业主进行融资的时候，不干扰协议很难被贷款银行所接受；另一方面，即使贷款银行同意签署不干扰协议，但是在其通过法院拍卖的形式行使抵押权时，不干扰协议也很难被法院所尊重，并得到有效的遵守和执行。因此，在实践当中，不干扰协议条款或者不干扰协议本身往往难于达到其预期的目的。虽然管理公司仍可以凭借不干扰协议条款追究业主的违约责任，但是如果管理合同本身因为酒店物业所有权的转移而不能继续履行或被提前终止，这并非管理公司所追求的结果。因此，笔者认为对于**不干扰协议涉及的问题，管理公司和业主应力求寻找变通的解决方案，以达成共识**，比如通过业主、管理公司、银行三方协议的方式来决定抵押权行使后的最终购买人，或者通过委托第三方拍卖公司以附条件拍卖的方式来行使抵押权等。

[①]《中华人民共和国物权法》第一百九十条规定："订立抵押合同前抵押财产已出租的，原租赁关系不受该抵押权的影响。抵押权设立后抵押财产出租的，该租赁关系不得对抗已登记的抵押权。"

第二节 家具、装置及设备（FF&E）

在酒店管理行业内，对家具、装置及设备（FF&E）都有一个业内共识的概念和标准，但是在每个管理公司的管理合同当中对于家具、装置及设备的定义均不完全一致，比如，有的将"家具、装置及设备"定义为"1. 所有家具、办公设备、计算机、销售终端系统硬件、物业管理系统硬件、仪器、机动车辆、装饰物（无论是固定的或可拆卸的，包括地毯与墙饰材料）、厨房、酒吧与洗衣房的设备、电话设备（PABX除外）、浴室设备、物料搬运设备与车辆；2. 管道及室内外标牌；3. 通风口、电线、泵、风机盘管机组、空气处理机组及其他次要机械、电子装置和设备部件，但不包含小型营运设备"。有的定义为"酒店营运所适用的、为酒店营运用途而储备的、与酒店营运相关而要求的所有装饰性装备、家具、陈设和设备，包括但不限于酒店公共场所和卧房的家具、窗帘和窗帘滑道、卷帘、室内标志、非固定装饰和艺术作品、毛巾架、衣帽钩、卫生纸架以及非固定的照明装置"。又有的将"家具、装置及设备"定义为"指与该酒店营运有关、并使用或将会使用的全部家具、固定设备、陈设和设备，包括：所有为强化内部装饰的物品，包括可移动的家具、布制遮盖物、地毯、吊挂件、装饰配件、图画、艺术品和装饰品；任何内置家具、挂杆、墙壁和天花板的装饰或装饰物的遮盖物或表面；在厨房、洗衣房、健身房和游泳池等地方的固定和内置装备，但不包括小型营运设备"。

从上面这些定义我们可以看出，所谓的**家具、装置及设备（FF&E）是指依据《酒店业统一会计制度》在建设和经营酒店方面惯常使用的家具、陈设、固定装置、装置、装饰及设备等一些资本化的物件**。这个概念也是针对下面的"营运物资与设备"而言的，家具、装置及设备不包括营运物资和设备，也不包含软件。

区分"家具、装置及设备"的意义在于这部分资产是可以资本化的，是业主在酒店开业前就应置备齐全的，其支出不应当列入酒店的营运成本。此外，在管理合同当中，为使该酒店长期保持良好的运作状态并符合品牌适用的酒店标准，一般都会针对"家具、装置及设备"要求业主设立一个专门的账户，并且定期将占营业收入一定比例的资金存入该账户，形成一笔"家具、装置及设备储备资金"，以便在必要时利用该资金对酒店内外进行重新布置、增添和替换酒店家具、装置及设备。这种做法有些类似于商品房入住后业主需要缴纳的大修基金。设立家具、装置及设备储备资金的主要原因在于管理公司担心日后经营过程中若酒店一些重要资产出现问题，需要维修，可能需要大笔资金的投入，但是业主可能一时不能或者不愿意出资维修，这样势必影响酒店的正常经营，因此需要设立这样一个储备基金的机制。

对于家具、装置及设备储备基金的提取和使用，也经常是管理合同当中业主和管理公司争论的焦点问题，业主会认为家具、装置及设备储备基金是对业主资金的一种占用，而管理公司为了确保到时候有足够的资金对酒店进行维修和维护，一定会坚持保留这个储备基金。各营业年度结束时，如家具、装置及设备储备基金有剩余资金，应拨入下一个营业年度，作相同用途，除非年度预算对此另有规定。而当管理合同终止时，家具、装置及设备储备资金的所有余额应归业主所有。**如何既能保证当酒店需要进行修缮时有充足的资金可以使用，同时又能兼顾到当家具、装置及设备储备基金中的资金不需要使用时业主有权自由支配，避免资金的占用和闲置，是业主和管理公司在管理合同的谈判中应力求解决的问题。**

由于一旦动用家具、装置及设备储备基金就将意味着比较大的开支，因此业主**尤为看重对该储备基金的使用限制，一般会设定种种限制性条款**，比如，管理公司必须在每年的年度预算中对于将要使用的家具、装置及设备储备基金情况作出详细的预算，报业主审批；在年度预算审批后，管理公司从家具、装置及设备储备基金账户中提款的时候，一般也需要业主和管理公司委派的人员双签才能支出；此外，管理公司如果需要对家具、装置及设备储备基金使用的预算进行调整，一般也需要经过业主审批。

第三节　营运物资与设备

对于"营业设备",业内对其存在共识,一般指酒店经营中使用的所有小件物品,诸如银器、亚麻制品、瓷器、玻璃器皿、小型厨具、制服等,但不包括资本性物品。比如,在有的管理合同当中,将"营运设备"定义为"指按照《酒店业统一会计制度》归为和视为营运用品的各项物品,包括毛巾、床单、被单、陶器、餐具、玻璃器皿、瓷器、银器、厨房用具、制服等"。

从中我们可以看出"营业设备"一般指价值比较低的室内物件或者摆设,或者一些低值易耗品,一般是可以移动的。一般来讲,"营业设备"都是一些非资本化的项目,其购置和更换的费用应当列入酒店的营运成本当中。但是,这里需要注意的是,一个营运设备到底是不是固定资产,不能仅仅从中国的会计准则来判断。按照中国2006年新的《企业会计准则第4号——固定资产》中第三条规定:"固定资产,是指同时具有下列特征的有形资产:(一)为生产商品、提供劳务、出租或经营管理而持有的;(二)使用寿命超过一个会计年度。使用寿命,是指企业使用固定资产的预计期间,或者该固定资产所能生产产品或提供劳务的数量。"[①] 但是在酒店管理当中,判断一项营业设备是否属于固定资产时,不能单纯地依据中国的有关会计准则或者会计制度,还必须要结合《酒店业统一会计制度》中的规定,这样才能做到尽可能与国际接轨并且符合行业惯例。

[①] 已经不再要求"单位价值较高",引用了"使用寿命超过一个会计期间"的说法,比旧《企业会计准则——固定资产》"使用寿命超过一年"的说法更为稳妥。

第九章

酒店中央集团服务

导读

中央集团服务是酒店管理公司提供酒店管理服务中的重要内容，一般包括市场营销服务、中央预订服务等。在进行合同整体架构安排时，中央集团服务一般都会体现在酒店管理合同中，但也有一些酒店管理公司出于避税或其他方面的考虑，会就中央集团服务另行单独签署一份合同。本章将涉及市场营销服务、中央预订服务以及其他中央集团服务的相关内容，并由此介绍酒店业主和酒店管理公司在中央预订服务提供期间所产生的相关费用及其支付、补偿与分摊等问题。

第一节 市场营销服务

在酒店管理公司向酒店提供的众多中央集团服务中，市场营销服务是最为重要的一种。业主之所以引入并聘请国际品牌的酒店管理公司管理自己的酒店，正是看中了酒店管理公司旗下所拥有品牌的影响力、酒店管理公司的管理经验，以及作为成熟的国际酒店管理公司所具备的市场营销能力。这些共同构成了一个成熟完备的市场营销体系，正是有了这个成熟完备的市场营销体系，才为酒店的对外推广和客房销售业绩的取得提供了强有力的保障。

一般而言，知名国际酒店管理集团通常都有着几十年甚至上百年的酒店经营管理经验，凭借其悠久的历史和丰富的酒店管理经验，往往在酒店市场营销方面有着国内酒店无法比拟的优势。中国酒店业主引入外国酒店管理公司，也正是取其精华的"拿来主义"，凭借其所提供的更好的平台和途径，提升业主自身酒店的营运水准和经济效益。酒店市场的营销方法众多，各酒店管理公司的营销方法也各有差异。酒店管理公司根据各自的品牌特点以及多年摸索的营销经验，为自己集团制定了一套详尽的营销服务系统，通过这一系统在世界各地酒店的应用，既统一了全球同品牌酒店的营销策略，又吸收了当地市场元素，最终达到出售客房收取房费的目的。下面我们逐一介绍目前国际酒店管理公司所采用的几种常见的市场营销方法。

首先，来看一下营销策略中最为常用的广告计划。在资讯发达的21世纪，我们每天都生活在广告之中，我们的生活已经被广告包围。打开电视，展开报纸，登录网站，打开手机，道旁路边，车上车下，广告的身影几乎无处不在。广告正是通过高频率闯入人们的大脑和视野，通过新颖的创意和重复，让人们记住了一个个品牌。广告正是科学地利用了人类的心理，为商品的推广开辟了一条道路。**酒店管理公司为酒店提供的广告服务包括：确定酒店所在地、区域以及国际市场上的酒店广告宣传整体策略，在整体策略的指导下，安排酒店管理公司认为必要的一切广告宣传活动，并与相关方签署合同。**例如，在国际范围内制作、监督、开发和投放连锁酒店集团广告；购置报纸、杂志及其他印刷媒体的关于该品牌酒店的广告空间/位置；购置广播、电视、网络及其他电子媒体的关于该品牌酒店的广告空间/位置；制作、出版、印刷并分发关于酒店促销的宣传册、指南及其他广告宣传资料；制作并分发关于该酒店集团的宣传品；监督为该酒店品牌的广告活动和促销材料而进行的摄影、平面设计及其他制作活动；将业主酒店宣传推广纳入酒店管理公司网站宣传推广的一部分，并与其他同品牌酒店一并介绍，等等。管理公司将根据经营需要代表业主聘请专业广告代理机构协助实施上述各项广告宣传活动。

上面讲到的广告策略，主要是向普通大众所做的广告，其针对性不是很强。除此之外，**酒店管理公司还有针对特定客户群的营销策略**。例如，酒店管理集团通常会针对酒店客户制定一系列优惠或激励政策，以吸引客户并建立固定的长期客户群。在酒店管理公司接手管理业主酒店后，管理公司通常都会把业主酒店纳入其集团所设置的客户积分计划和忠诚客户计划之中。对于参加类似活动的客户，酒店往往会向其提供一定的奖励和激励，如会员免费或付费参观同品牌酒店，以折扣价或免费入住一定区域内甚至全世界的同品牌酒店。对于参加忠诚客户计划的酒店，业主一般都会要求向酒店管理公司支付一定数额的费用作为忠诚客户计划费用，以使该酒店参与并分享到忠诚客户计划给酒店促销所带来的好处。值得注意的是，上述会员客户与忠诚客户稍有差别，酒店在进行营销时不应混淆，应作区别对待。首先，会员客户和忠诚客户均表现出一种重复性购买行为，但会员客户通常是因为优惠的价格诱使而进行购买，一般属于酒店的低端客户；而忠诚客户的重复性购买行为一般是因为酒店所提供的优质服务让客户满意，客户价值得到了满足。酒店的品牌形象、客户满意度及客户价值等因素都是影响客户忠诚度的重要因素，但忠诚客户不会过多在意价格是否优惠，该等客户一般是酒店的高端客户。其次，酒店所提供给会员客户的服务仅限于会员卡上所列事项，而提供给忠诚客户的服务则更为广泛而多样。此外，忠诚客户对酒店品牌具有一种情感上的认同感，面对酒店的其他竞争者具有更强的免疫力，而对酒店的偶然性失误具有较大的容忍度。当然，在一定条件下，会员客户和忠诚客户是可以相互转化的。酒店应力争保住其原有的忠诚客户，并开拓更多的客户加入忠诚客户计划。

除上述广告活动、会员客户及忠诚客户计划外，**酒店营销还有其他一系列促销计划**。在参与到国际品牌酒店的同品牌酒店大家庭之后，作为其中的一分子，业主酒店也将参与到酒店集团为该品牌所开展的众多促销活动中去。例如，开展旨在增加销售或提高该品牌酒店知名度的直接或间接的市场促销活动和公关活动；进行市场调查和开发营销产品；管理公司或其关联公司在世界各地的营销与销售办事处开展营销、促销和销售活动；参加连锁酒店集团的市场会议、贸易展示会和其他会议；连锁酒店集团数据库管理；监督和管理客户满意计划；监督和管理消费者服务、产品研制、定期的市场宣传活动；监督酒店营销人员和项目，等等。

一般情况下，营销活动所产生的公关、宣传、代理、运作费用，以及酒店集团市场部人员所发生的薪水、津贴、房租、办公费用（包括通信费用和合理的信息技术费）、差旅费、招待费、展示费、参与费、赞助费、订购费、印刷费等费用，均由酒店单独承担或由一定区域内的受益酒店按照一定的比例进行分摊。为监督和控制该等费用的使用，酒店业主一般都会要求将该等费用在年度预算或年度计划中列明，同时酒店管理公司也往往会被要求向业主提供详细的广告、销售和营销计划、策划及执行广告和公共关系方案，以及该等活动费用的花费凭证。此外，业主在管理合同谈判时也须注意，适用于业主酒店的销售和营销计划应与管理公司在某一区域内管理及经营的其他酒店所适用的销售和营销计划大致相同，由此来保证政策的客观合理性。

第二节　中央预订服务

中央预订系统在广义上仍可视为营销策略的一种，但与一般营销手段不同的是，中央预订系统可以直接让客户登录该系统并预订系统内的酒店客房。一般而言，国际酒店管理公司通常都拥有自己的中央预订系统，**为酒店客房的出售提供有力支持**。中央预订系统在外部通常都表现为相应的客房预订网站，客户通过登录该网站，就可以寻找符合自己要求的酒店，并进而通过该网站预订所选定的酒店。国际酒店管理公司的预订网站通常采用数种语言，以方便不同国家的客户预订。

为了使其中央预订系统能够顺利工作，管理公司接手管理酒店之前，通常都要求业主采购和安装相应的预订系统，包括计算机及终端系统、支持软件等。这种预订系统的供应商通常都由管理公司指定或推荐，业主一般很难拒绝管理公司的推荐，毕竟预订系统符合管理公司的相应品牌标准是双方无法逾越的一个共识。

对于预订系统的采购和安装费用，管理公司一般都要求业主承担，但也有将该等费用作为酒店成本列支的情况；而对于系统运作所产生的成本和费用，则一般都作为酒店的营运成本列支，管理公司和业主对此一般都没有异议。

除中央预订系统外，酒店管理公司一般还会与第三方预订系统签署相关订房协议，由客户通过第三方预订系统预订，或者将管理公司的预订系统链接至第三方预订系统，由客户通过管理公司的预订系统进行预订。除了互联网预订系统外，酒店通常还有全球免费电话预订系统、全球分销系统等客房预订方式，由客户通过免费电话来直接预订酒店客房；也会通过参与国际预订协会，使用国际预订协会的相关系统；此外，还可以通过委托独立预订服务供应商来提供中央客房预订服务。

不管是通过中央预订系统、全球分销系统，还是通过电话预订系统、委托独立预订供应商来取得客房预订，管理公司一般都要求由此产生的费用和开支（包括中央预订费）均应由酒店承担，计入酒店的营运成本。一旦预订费用或者费率发生变化，管理公司都将通知业主，由业主按照调整变化后的费用和费率支付酒店客房预订费。在酒店管理合同谈判中，酒店管理公司一般不会对此作出让步，而业主往往最终也都会接受管理公司的要求。

关于客房预订费，目前市场上并不存在一个统一的费率，它通常因为所聘用的管理公司不同或者管理公司所适用的预订供应商不同而有所不同。对于**酒店管理公司**而言，它们比较普遍的做法是按照酒店订房收入的一定百分比来收取预订费，或者按照预订成功即收取固定费用的方式来收取预订费。

作为提供中央集团服务的代价，酒店管理公司都会收取一定费用。如果出现业主未按时支付上述费用的情况，管理公司一般将保留暂停或终止提供中央预订服务的权利，因此业主公司须予以注意。

从业主方面考虑，业主应要求管理公司保证其适用于业主酒店的上述各类中央集团服务项目及其收费标准应以非歧视、公平及适当为原则，统一适用于酒店管理公司管理、经营并接受上述中央集团服务的其他所有酒店，并将相关公共费用进行**合理分摊**。此外，管理公司对于收取的任何费用应在一定期限内开具发票或其他合法凭据，以便业主公司进行财务处理。

酒店管理合同：从谈判到履行

第三节 其他中央集团服务及费用分摊

国际酒店管理集团有着系统而完整的中央集团服务体系，可以为其旗下的酒店提供众多的国际性中央服务。这些服务主要包括如下几种：

一、员工培训

国际酒店管理集团有着对酒店人员进行培训的丰富经验。在管理酒店的过程中，酒店管理公司往往都会在酒店所在地或者在国外酒店管理公司总部，对酒店员工进行培训。由员工培训所产生的费用通常都会计入酒店营运成本，其数额一般为酒店全体雇员薪酬及福利的一定百分比。

二、中央采购服务

无论在酒店开业前还是在酒店运营过程中，酒店都需要购置一系列的酒店设施，包括家具、装置、设备、营运物资等。由于酒店管理公司旗下酒店众多，所需物资数额庞大，由其对酒店物资进行采购可以较好地为酒店节约成本。当然对业主而言，它们在希望降低成本的同时，也往往希望对酒店管理公司的采购行为予以相应的监督。在实践中，对采购的监督往往都是通过核定预算的方式实现的，也就是说，管理公司需要将采购的物资写入预算，由业主批准后执行。当然，需要注意的是，如果业主是国有企业，可能还需要遵守一定的招投标程序。

三、其他

除上述集团服务外,管理公司还可以向业主酒店提供其他中央集团服务,主要包括:会议服务、公关服务、营运部门服务、会计服务,以及管理信息服务等。

关于中央服务费用的分摊方式,通常会根据中央服务的种类以及费用的性质而有所不同,一般包括以下几种方式:

(1) 将可报销费用包括在中央服务费用总额中,由业主统一向管理公司支付,管理公司不再另行收取。

(2) 按照每家酒店的实际使用次数及品类进行收费,由管理公司根据其统计数据不时通知业主并进行收取。

(3) 按照管理公司的内部收取程序处理的每项服务费用,由管理公司不时通知业主收取。

(4) 基于各家酒店参与中央服务计划的比例,在参与的各家酒店中进行费用分摊。

(5) 在各家酒店之间平均分摊费用。

(6) 如果聘请第三方代理机构,则由业主酒店直接向该代理机构支付实际佣金。

以上是对中央集团服务费用的几种收取方式的介绍。业主在与管理公司进行谈判时,应在力所能及的范围内,既要保证管理公司向酒店提供有效的中央集团服务,又要使物有所值,尽量降低该项成本,取得更大的经济效益。

本章主要介绍了酒店管理集团向各酒店提供的中央集团服务的具体内容以及相关费用的处理方法。业主需要衡量的是酒店管理集团向其提供的上述服务内容与业主付出的成本之间是否物有所值或物超所值。对于这些中央服务的"必选项",业主需要在项目合同谈判的初期就做好整体考量,从成本控制上做好预算;对于业主可以自由选择的中央服务,业主应做好其服务效果的调查,以便更有效地利用国际酒店管理公司在这一方面的优势和经验。

第十章

管理费用计算

导读

收取管理费是酒店管理公司提供酒店管理服务的终极目标,也是酒店管理公司力争将业主酒店管理好的重要驱动力。管理费一般分为基本管理费和奖励管理费。基本管理费也称基本费,只要酒店有收入产生,一般都会产生基本管理费;奖励管理费也称奖励费,一般而言,只有在酒店达到相应经营业绩的条件下,管理公司才能收取奖励费。本章将主要介绍国际酒店管理公司向业主所收取的基本管理费和奖励管理费及其计算方式,以及决定这两项费用数额的财务问题,以便酒店业主和酒店管理公司在管理合同谈判时能够清晰把握。

第一节　管理费用概述

管理费的确定在酒店管理公司和业主的谈判中处于核心地位，是决定双方能否合作的重要问题，也是双方最早确定的重要商业条款。在实践中，双方在签署酒店管理合同之前，一般都会在意向书中首先明确业主需要向酒店管理公司支付的管理费。

如本章下文所述，决定管理费数额大小的因素很多，包括考核指标等，但一般而言，管理费的数额大小还往往与酒店管理公司的政策以及对目标酒店的判断有关。在实践中，不排除有的酒店管理公司因酒店项目非常具有前景而适当降低管理费的现象，也不排除有的酒店管理公司因为降低或者不收品牌许可使用费而适当提高管理费的现象。

第二节　基本管理费

基本管理费是酒店管理公司针对酒店总收入所收取的费用。用公式可以表示为：基本管理费 = 总收入 × 百分比。由此公式可以看出，决定基本管理费数额大小的最终因素将取决于两点：一是总收入的大小；二是百分比的大小。除了总收入的大小需要在实际运营中确定外，总收入的范围和百分比的大小在酒店管理公司和业主之间通常都是可以商谈的。

总收入又称为"毛收入"或"总营业收入"，是指直接或间接来自酒店经营的所有收入和收益，如客房销售收入、客房食品和饮料销售收入、客房或会议厅和展厅的租金收入、餐厅食物销售和租金收入、服务费、洗衣收入、停车费、电话费收入、传真费收入等。然而由于酒店经营的多样性，在酒店管理合同中对总收入作一个精确的界定往往是不可能的，通常的做法是在管理合同中将可以列为总收入的项目列出清单作为对总收入定义的补充解释。由此就产生了一个问题，到底如何确定这个项目清单的具体内容呢？而这将最终关系到基本管理费的多少。

对于这个问题，酒店管理公司和酒店业主往往会谈论得很详细。其中，业主的主要目标是将其认为不应列入总收入的项目从清单中剔除，以期减少基本管理费的数额；而管理公司则努力将它们认为应列入总收入的项目纳入清单，从而可能增加未来基本管理费的数额。在实践中，如果双方对某一个项目不能达成一致，往往会约定以《酒店业统一会计制度》为原则来确定。但问题是《酒店业统一会计制度》也没有细节上的过多规定，因而并不可能包含业主和管理公司所遇到的所有问题。因此，首要的任务还是要在管理合同中尽量确定总收入的定义和范围。

"总收入"指所有直接或间接源于酒店运营的各类所得和收入，通常情况下会包含以下各项：

(1) 客房收入；

(2) 出售食品、饮料和烟草的销售收入（包括外带食品和饮料的销售）；

(3) 提供电话设施的收费；

(4) 通过租赁、许可或特许经营所取得的租金收入（但不包含该等承租人、被许可人或被特许人的收入）；

(5) 停车场收费；

(6) 外汇兑换佣金；

(7) 酒店提供服务的收费；

(8) 业务中断保险或其他收入损失保险的收益（管理公司直接收到该等保险收益的除外）；

(9) 因酒店营运产生的法律诉讼而获得的赔偿；

(10) 按照《酒店业统一会计制度》应被作为总收入的其他收入。

但是，总收入中应当扣除以下各项：

(1) 计入客人账单中的支付给酒店员工并由其保留的任何小费或服务费；

(2) 向客户、客人所作出的减免款或退款；

(3) 业主因商品丢失或毁损而收到的任何赔款和抵免额；

(4) 向客人征收的、并由客人支付的任何建设税、教育税或旅游税；

(5) 出售或以其他方式处置酒店陈设品、设备或其他固定资产所取得的任何收益；

(6) 酒店被依法征用所获得的补偿；

(7) 酒店融资或再融资方面的收益；

(8) 除了业务中断保险收益以外的任何保险的收益、保险赔偿和收益；

(9) 业主提供的资金；

(10) 存入家具、装置及设备准备金的金额；

(11) 其他根据酒店经营惯例应予扣除的款项。

在确定总收入的定义和范围时，如下几个问题是经常涉及的：

一、赔偿或补偿的收入

赔偿或补偿的收入大抵可以分为三种：因酒店出险而由保险公司支付的保险理赔款；因酒店被征收或者征用而由政府支付的补偿款；因酒店被侵权或发生其他事故而取得的赔偿款（如盗窃赔偿款）。对于因酒店出险而由保险公司支付的保险理赔款，应当区别对待。首先，应当区分保险的类别，保险类别不同，其理赔款的处置亦不相同，比如业务中断保险就可以计入酒店的总收入，而财产损失险计入酒店总收入则显得不妥，因为财产（比如酒店物业）属于业主的固定资产投入，它虽然是经营酒店的前提，但并不构成酒店收入的一部分；而业务中断保险是为了防止酒店经营中断所产生的损失，保险理赔款计入酒店收入也合情合理。对于因酒店被征用或征收而由政府支付的补偿，业主和酒店管理公司往往很难达成一致意见，但一般来讲，属于酒店经营部分的补偿应该计入总收入，而其他补偿则不应被计入总收入。但问题是，一般政府补偿只会支付一个总的数目，而不会详细区分补偿的是资本性部分还是经营性部分，因此届时如何区分也是一个问题。对于因酒店被侵权或发生其他事故而取得的赔偿款（如盗窃赔偿款），因为发生事由往往复杂多变，很难作出一个标准的评价，但业主一般都会坚持不计入酒店总收入的范围。

二、处置资产的收入

处置资产的收入大抵可以分为两种，即酒店账户中款项的利息收入，以及出售家具、装置及设备（FF&E）的收入。对于酒店账户中款项的利息收入，业主一般会坚持认为利息与酒店管理公司的劳动付出毫不相干，因此拒绝将利息计入总收入，但经过妥协，双方也可能会同意将酒店经营过程中产生的、存放于经营账户内的资金获得的利息计入总收入。但这里需要注意的问题是，家具、装置及设备储备金账户一般被视为资本性账户，即纯属业主的资产，因此该等账户的利息业主一般不会同意计入总收入。对于出售家具、装置及设备（FF&E）的收入而言，由于家具、装置及设备属于业主的资本性投入，将它们出售所产生的收益也不计入总收入，而直接归属于业主所有。

三、代扣代缴的费用

实践中，服务费一般是计入总收入的，但顾客账单上计入并可向雇员分配的任何附加收费或服务费则不属于酒店收入。直接向酒店顾客征收的或计入商品或服务销售价格的增值税、消费税等税金或政府收费不应计入总收入。关于营业税是否计入总收入是双方在谈判期间争执较多的问题，也是涉及双方较大利益的问题。实践中，大多数酒店在计算总收入时并不计入营业税。至于双方如何计算，则应在了解计算结果的前提下由双方进行权衡。

由于业主和管理公司在计算管理费时的争议较多，所以双方往往在最后增加一个兜底条款，即约定《酒店业统一会计制度》项下被视为总收入的其他收入，以及根据国际酒店业经营惯例应视为总收入的其他收入也应计入总收入。

如上所述，酒店的总收入必须是酒店经营过程中酒店所实际收到的收入。例如上面总收入的第4项，如果管理公司将酒店的部分物业出租给第三方经营，比如开办精品店、Spa中心等，酒店从该等第三方所收取的租金是酒店的收入，但是这些精品店或Spa中心所赚取的收入并不是酒店的收入，而是这些第三方承租人的收入，因此不能计入总收入中。

至于为什么要将一些酒店已经收到的费用从总收入中扣除，也是因为这些收入要么不是酒店实际收到的收入，如替政府代收（如代扣代缴的税费）、直接分配给酒店雇员（如小费）或者根本没有实际入账的款项（如打折或者给顾客的退款），要么这些收入同酒店的经营无关，如业主利用酒店再融资取得的收入、出售酒店的资本性资产所取得的收入、因为酒店资本性资产所取得的保险收益、业主提供的资金等。但是，并非所有的事项都是泾渭分明的，有些收入项目到底是否应当列为总收入有时还是会存在争议的，比如营运账户中所产生的利息收入。在此情况下，一方面要看《酒店业统一会计制度》中如何约定，另一方面就要看谈判双方谈判的地位如何以及坚持的力度而定了。

第三节　奖励管理费

奖励管理费是酒店管理公司针对酒店营业毛利所收取的费用，通常可以作为业主考核酒店管理公司业绩的指标。奖励管理费一般以占营业毛利的一定百分比支付给管理公司。奖励管理费用公式可以表示为：奖励管理费＝营业毛利×一定百分比。

从上述公式可以看出，决定奖励管理费数额大小的最终因素将取决于两点：一是营业毛利的大小；二是百分比的大小。除了营业毛利的大小需要在实际运营中确定外，营业毛利的范围和百分比的大小在酒店管理公司和业主之间通常都是可以商谈的。在实践中，计算奖励管理费公式中的百分比通常有两种方式：一种为固定百分比；另一种是按照营业毛利率的高低，将百分比分成不同阶梯，然后再按照上述公式用不同的营业毛利乘以不同的百分比来确定奖励管理费。例如，酒店管理合同可以约定，营业毛利率在25%到30%之间时，奖励管理费为营业毛利的4%；营业毛利率在30%到35%之间时，奖励管理费为营业毛利的5%。如果当年的营业毛利率达到了32%，那么酒店管理公司就可以按照营业毛利的5%收取奖励管理费。当然，以上阶段的划分和百分比的数值将由双方进行商谈。这样做的优点在于，可以避免管理公司旱涝保收的保守思想，更大限度地激励管理公司尽职地工作，也更能体现设立奖励管理费这一费用项目的本意。

一般而言，酒店营业毛利是指总收入减去营运成本后所得的数额。比如，如果酒店当年的总收入为5 000万元，运营成本为3 400万元，那么酒店的营业毛利就应当是1 600万元。营业毛利率一般被看成是营业毛利与酒店总收入之间的比率。在上述案例中，营业毛利率就应当是32%，是1 600万元与5 000万元之间的比率。那么，酒店管理公司在当年可收取的奖励管理费就可以作如下计算，即1 600万元×5%=80万元。但问题是，如何确定营业毛利？在确定营业毛利时应当注意哪些问题？通过上文可知，营业毛利是指总收入减去营运成本后所得的数额。那么，在已知如何确定总收入的情况下，如何确定营运成本就成了确定营业毛利和营业毛利率以及奖励管理费的重要因素。

营运成本又称"营业支出"或"营业费用"，一般是指酒店在经营过程中产生的费用及开支。这一概念是相对于资本性成本而言的，比如酒店的物业融资成本等。资本性成本一般由业主承担，不会影响奖励管理费的计算，而营运成本则会直接关系到奖励管理费的计算以及业主与管理公司之间的利益。一般而言，营运成本主要包括如下方面的成本和费用：

（1）雇员成本，包含酒店所有员工（包括总经理）的薪酬、遣散费、其他报酬及其社会福利待遇；

（2）所有酒店出售的食品、饮料及所有其他货物、器物、商品和财产的成本；

（3）酒店营运中消费或使用的存货项目和小型营运设备的成本；

（4）为酒店（而非管理公司管理的其他酒店）刊登广告和商业促销的所有成本和费用、分摊成本，以及分摊酒店与管理公司的一家或多家酒店共同参加的广告和商业促销的任何其他成本和费用；

（5）酒店独立并区别于管理公司其他酒店的人员培训费用，以及酒店按比例承担的酒店与管理公司的一家或多家酒店共同参加的人员培训项目的成本和开支；

（6）管理公司为使酒店保持良好营运状态而进行的维护和维修支出；

（7）所有酒店内其他货物和服务的成本；

（8）修理、维护酒店的成本；

（9）电话、能源、气、电、清洁服务、冷热水、蒸汽、加热、空调和通风、托护和看护服务、灭虫、除草、电梯维护的成本以及按照品牌标准维护酒店而产生的一般修理和维护开支；

（10）支付给销售代理、信用卡公司和预留开支的佣金、费用和开支；

（11）向管理公司支付的基本管理费、顾问费、品牌许可费、预订费和市场推广费等（但不包括奖励管理费）；

（12）与酒店经营有关的所有税费（所得税、酒店房产税及个人财产税除外）

和公共费用；

(13) 与酒店经营有关的律师费、审计费和其他专业服务费；

(14) 根据酒店业经营惯例或《酒店业统一会计制度》应列入酒店营运成本的费用。

以下是笔者对某些具体费用和成本的分析：

一、关于人事方面的费用

人事方面的费用主要包括定期或非定期地发放给酒店员工（包括总经理等高管人员）的薪金、费用、福利以及奖金等其他款项。同时，应当注意的是，因上述员工的聘用、福利和薪资所产生的各种征费或税款一般也应计入营运成本，如酒店员工退休计划、股份奖励计划、税收平衡福利、海外补贴、生活补贴、搬迁、遣散和调动费用，涉及酒店员工及其家属的签证、居留和工作许可的费用和支出，休假，汽车，酒店员工及其家属的住房及家属教育的费用和支出，以及酒店人员参加管理公司指定的培训和人力培养计划的费用。另外，管理公司聘请或雇用的提供特别服务的技术顾问、专业人士和经营专家等独立专业人员（包括质量保证检查员，为酒店提供建筑、技术或采购服务的人员，税务咨询顾问以及为酒店相关事务提供法律服务的人员）的开支和费用，也一般会计入营运成本。管理公司及其关联公司的员工为酒店利益服务而产生的出差费用，如差旅费、生活费和其他成本开支，一般也由酒店承担，计入酒店营运成本，只不过业主需要注意对该等差旅费用的控制而已。

二、关于财税方面的费用

计入营运成本的财税方面的费用一般包括管理公司为酒店呆账坏账所设立的合理准备金；业主应向管理公司支付的基本管理费、基本顾问费、许可费，以及需报销或摊销的管理公司所提供的集团服务的费用。管理公司因管理合同而应付或被征收的税款、关税、征税或费用，以及因酒店的经营或与酒店经营有关的应付或被征收的税款、关税、征税、估税或费用，这些费用由哪一方承担则需双方在谈判中明确约定。就资本或房地产征收的税项、地方税或其他款项，与该酒店经营无直接联系的税项和税费，以及任何所得税，则不计为营运成本。一般情况下，管理公司的所得税由管理公司自己承担。这里需要注意的是，《酒店业统一会计制度》第十版开始（目前为第十一版），基本管理费等基本费用已不再计入营运成本，然而在实践操作过程中，有的管理公司仍使用之前的操作方法，在计算奖励管理费时，将其列为营运成本，或将"营业毛利"改称为"经调整的营业毛利"，在计算"经调整的营业毛利"时将基本管理费扣除。当然也有一些管理公司开始按照新的会计制度实施，而且这应该也是未来发展的趋势。

三、关于物资方面的费用

酒店日常运营所需要的费用和成本，如食品、饮料、日用品和消耗品的成本，一般都计入营运成本。此外，需要注意的是，为正常管理酒店所需营运设备和物资的所有支出，包括修理、维修和更换费用，均可计为营运成本，但其中涉及的资本性支出则一般由业主承担，如酒店物业融资费用，以及酒店为更换家具、装置及设备的款项和其他的资本支出。

四、关于保险方面的费用

营运成本包括因酒店的经营而需缴纳的直接或间接的税项、税费和执照费用，但管理公司一般会主张一些保险费不计为酒店营运成本，而由业主承担，如房地产等资本性资产的保险费用，开业前购买的所有物资的保险费用，工人赔偿险、雇主责任险等保险费。

五、关于市场营销方面的费用

主要包括广告、推广、宣传和公关的费用，订房支出以及其他订房系统费用，酒店在当地进行广告宣传、市场营销和业务推广所产生的费用，以及对酒店进行全球营销、广告和宣传活动应分摊的费用。

另外，我们还需要专门分析一下与酒店相关的税费问题。对于管理公司而言，最理想的状态是，管理合同以及其他合同中所提及的应支付给管理公司或其关联公司的费用均为税后数字，即所有税费均由业主承担，管理公司支付的税费也由业主进行补偿。因此，管理公司在最初提供给业主的管理合同范本中一般都规定，如果征收任何税费，业主应对管理公司进行补偿，使管理公司收到的费用数额等于不需征收税费时的数额。然而，在目前国内酒店业内，越来越多的酒店业主开始发出不同的强硬声音。越来越多的酒店业主开始主张管理合同项下的费用均为税前数额，如果需要缴纳任何税费，则由各方根据相应法律规定进行缴纳。其实，这一问题最终还是会与管理费提取比例相结合，双方在商讨管理费提取比例时即应澄清税费承担问题。当然，不管合同哪方承担税费，双方都有义务配合对方尽量争取法律允许范围内的税收减免政策。特别需要提出的是，关于酒店在经营过程中所缴纳的营业税，在上文关于总收入定义时提及有的管理公司坚持将其列入总收入定义，在此情况下，业主则可以考虑要求在计算营业毛利时将其作为营运成本扣除。双方最终如何处理税费问题，需双方根据其具体立场及利益关注点来统一权衡、取舍。

需要说明的是，一些同酒店的日常经营无关的费用和成本，是不应当计入酒店的营运成本的，例如同酒店不动产本身或者资本项下的一些资产相关所发生的一些费用，包括：

(1) 房地产税和其他就酒店或建设工程本身所征收的税；
(2) 同酒店不动产或者固定资产相关的保险费；
(3) 存入家具、装置及设备账户的准备金；
(4) 酒店不动产或者固定资产的任何贬值、折旧。

如同计算总收入所遇到的问题一样，业主和管理公司在计算营运成本时的争议也较大，因此双方往往在最后也都会增加一个兜底条款，即将《酒店业统一会计制度》作为计算营运成本的最终依据，如果有任何双方无法协商确定的事项，则按照《酒店业统一会计制度》的相关规定确定。

第十一章

业绩考核

导读

酒店业绩考核是业主和酒店管理公司在酒店管理合同谈判中的焦点。一方面,酒店业绩考核体现了业主对酒店运营成果的期待;另一方面也是对酒店管理公司经营管理能力的考验,是业主和酒店管理公司之间利益平衡的最终体现。本章主要介绍酒店经营过程中业主对酒店管理公司的经营业绩进行考核的两种方式,一种是营业毛利考核,即以实际营业毛利完成预算中营业毛利数额的百分比考核管理公司是否达标;一种是RevPAR考核,即以RevPAR作为衡量酒店经营水平的一项重要指标来考核管理公司的业绩。笔者将对这两种考核方式的考核内容、考核效果,以及酒店业主和酒店管理公司在管理合同谈判及履行时应注意的问题进行一一讲解。

第十一章 业绩考核

第一节 业绩考核概述

近年来，随着我国经济的发展，我国的酒店行业也取得了长足进步。同时，随着中国酒店业的蓬勃发展，酒店行业也开始面临前所未有的经营环境，市场竞争日益激烈，新的酒店公司和经营理念层出不穷，给酒店业主提供了更多的选择。但问题是，不论酒店业主选择国内还是国外品牌酒店管理公司，都必须充分考虑这一商业决策所带来的相应风险。各大酒店管理集团的管理能力各有不同，同一酒店公司派驻的高管人员的水平也千差万别，而业主在选定管理公司之后，几乎将酒店的全部经营活动一起交给了管理公司。酒店管理公司的水平将成为决定酒店经营效益以及业主利益的重要因素，因此如何对酒店管理公司进行考核并在适当时候予以更换就成了重中之重。

作为不同利益主体的酒店管理公司，其经营活动的根本出发点仍是为酒店管理公司自身的经济利益和商业声誉。就笔者对目前国内国际品牌酒店的了解，能有较高经济收益的酒店业主实属寥寥，而酒店管理公司则基本旱涝保收，总能保证取得较高的管理费收益。这类情况的发生与业主缺乏合理和有力的考核机制不无关系。因此，现在越来越多的酒店业主开始意识到参与酒店管理的重要性，逐渐增加对酒店管理的"干涉"和控制，在更多领域加强对管理公司的监督和考核。简而言之，业主控制管理公司主要体现在两个方面，其一，即通过年度预算审批权，控制管理公司未来一年的经营权限；其二，通过业绩考核决定是否让管理公司继续管理和经营酒店。前者是事先的监控，后者是事后的监控；前者是有言在先，后者是有据可查；前者限制自由，后者决定存亡。

然而，需要注意的是，业绩考核方式并不是一成不变的，需要业主根据自身情况予以决定。这可以从一个经典故事中得到启示——"主人养猫抓老鼠。猫捕鼠甚少。主人大怨。猫答：'我为一顿饭而跑，而老鼠却为性命而跑啊！'于是，主人就多养了几只猫，并规定捉鼠多的就多吃鱼，长期无所收获的将被扫地出门。这一招果然

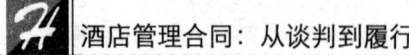

奏效，鼠量锐减。但主人渐渐发现，被捉的老鼠越来越小。原来主人只以数量作为奖励依据，猫们都去挑着逮那些跑得慢又没啥经验的小老鼠了。于是主人改用称重量来计算奖励的食物，效果立显。"

国际酒店管理公司能够接受并广泛应用于各大国际品牌酒店中的业绩考核方式主要包括两种：一是以实际营业毛利完成预算中营业毛利数额的百分比考核管理公司是否达标，二是以 RevPAR 作为衡量酒店客房经营水平的一项重要指标来考核管理公司的业绩。至于业主具体选择哪一种方式，除需要考量项目本身的情况外，恐怕还需要对这两种考核方式有个全面的了解。

第二节 营业毛利考核方式

在本书第十章我们谈到业主支付给酒店管理公司的奖励管理费是以酒店的营业毛利乘以一定的百分比，酒店的营业毛利越高，管理公司收取的奖励管理费就水涨船高。这是正面意义上的业绩考核，当管理公司取得较好业绩时，将取得较高的管理费；相反，则收益减少，这无疑将推动管理公司提高自身管理水平以取得较高的收益，从而在客观上促进酒店的经营业绩，提高业主的收入。同时，业主在就奖励管理费事宜进行谈判时，通常会采取阶梯式的规定，即当酒店的营业毛利完成年度预算数额的百分比越高，则收取的奖励管理费的百分比越高，这样更能激发管理公司的经营热情，这是业绩考核对管理公司的正面作用。

在设置奖励机制的同时，业主通常也会设置一定的惩罚机制，即如果酒店的经营业绩低于某一水平，则管理公司应该受到一定的惩罚，甚至被终止其管理权。这一业主终止权的规定对管理公司来说是比较严重的后果，将直接导致其前期的准备工作及多年的经营管理成果前功尽弃，导致预期经济收益的严重减少，而且这将严重损害酒店管理公司的声誉，是对其管理能力和水平的重大否定。因此，这一条款是双方较为敏感的重要议题，通常也是决定谈判是否继续、合作是否进行的关键所在。下面笔者将逐一讲解其中所存在的关键点，以便双方能够了解其对各自的利弊及影响。

一、如何确定业绩考核的起始年限

由于业绩考核的严重后果，管理公司对业绩考核的起点比较重视。作为一家新开业的酒店，需要首先经历一段适应、调整、发展的过程。一般而言，酒店在开业后的最初几年中，由于知名度及公众认知度较低，往往难以取得较高的入住率，需要管理公司经过一定时期的努力经营来为酒店积蓄一定的人气，因此管理公司一般希望尽量推迟业绩考核。然而对于业主而言，一般管理公司管理年限为十年，如果将业绩考核期限延后，加上考核期限本身也有一定时间期限，这样实际上业主的考核权会受到极大的限制。经过双方权衡利弊，会确定一个较为合理的起始年限。根据笔者经验，目前以酒店正式开业后第三个或第四个经营年度开始的情况较为常见。当然也不乏进一步推迟或提前的例子。

二、如何确定考核年限

考核年限指的是对酒店管理公司业绩能力进行考核评估的营业年度。一般情况下，双方不会仅仅确定一个营业年度为考核年度，这样对管理公司要求较高，使管理公司轻易就面临被终止管理权的危险，因此管理公司一般不会同意这样苛刻的条件。目前较为常见的考核年度存在几种做法，一种是较为简单的做法，即规定从某一营业年度开始起的连续两个营业年度内如出现一定业绩负面情况，则将导致管理公司失去管理权；还有一种对管理公司的要求相对高一点，如规定任意三个营业年度中有两个营业年度出现一定的负面情况，即被认定为业绩考核未达标；另外也有规定连续三个营业年度或规定任何两个营业年度的做法。这些考核方法的选择将直接导致双方在日后适用业绩考核条款时是否对己方有利。

三、如何规定考核标准的负面情况

双方在进行业绩考核条款谈判时，就是假设一种双方均不愿看到的负面情况，从而对管理公司的管理业绩规定一个底线。如果管理公司因为某种原因导致踏入这一底线，即触动业主的管理终止权，将管理公司排除在酒店管理之外，双方的合作关系即宣告结束。一般而言，在营业毛利考核方式中，主要考核的是是否完成年度预算中营业毛利预算值的百分比，一般双方不会将其规定为100%，根据双方谈判的结果，存在70%到95%等规定方法，数额越高，即对管理公司的要求越高，也是业主越想实现的目的。这里就存在一个年度预算如何制定的问题，根据管理合同的内容，年度预算一般先由管理公司派驻的总经理制作年度预算草案，提交业主审批，业主对其提出修改意见，双方协商确定最终稿，并最终需要业主的书面审批。年度预算值是一个估算值，除业绩考核条款中规定的内容外，一般对管理公司没有强制性的要求，仅为对管理公司经营管理酒店的一种财务上的控制和约束。既然年度预算中营业毛利的预算值将可能直接导致管理公司丧失管理权，因此其在制定年度预算时难免会比较保守，做出较安全的预算，但业主从自身利益出发，通常希望收入预算制定得越高越好，成本预算越低越好。这样就存在一个悖论，是督促并激励管理公司制定较激进的高预算，还是由管理公司制定较保守的低预算进而避免业绩考核条款的适用，这需要业主进行衡量。业主需要对酒店的收入有一个客观的预算和评估，不能超越现实，否则可能导致年度预算无法正常制定，或者导致业绩考核条款的轻易适用。如果出现年度预算无法确定的情况，双方将引入一个客观第三方来确定年度预算，或者一般双方可以约定采用上一年的年度预算值乘以一定的通货膨胀率来确定该年度的年度预算值。

四、是否存在例外情况

作为业绩考核的本意，是为督促酒店管理公司在主观上积极进行酒店的经营管理活动，也在客观上考核管理公司的经营水平和能力。但是，如果上述业绩负面情况的发生是出于某种不可预计的客观原因，一般双方会同意将这种情况免责，而由双方共同努力渡过难关。通常管理公司会尽量多地列举可能导致业绩下降的客观原因，如不可抗力、酒店可用房间数减少、酒店整修、经济下滑等。业主方则会尽量缩小上面所列举事项的内涵和外延，防止管理公司为其不达标的业绩寻找客观理由。这类客观原因分析如下：

（一）不可抗力

按照我国法律规定，不可抗力一般是指双方无法预见、无法避免、无法克服的情况，而这种情况的发生一般会导致合同项下一方无法履行其义务，并进而可能延迟或免除其违约责任。在各大国际酒店管理公司的管理合同范本中，通常都有不可抗力条款。国外酒店管理公司通常根据国外的缔约习惯，采取列举不可抗力事项的做法，而不愿采用上述概括写法。这种列举做法的弊端在于仅仅规定事项而不规定其严重程度，从而违背了设置不可抗力条款的本意。作为合同基本条款，不可抗力是对于双方均有效的条款，难以概括地说对哪一方更有利。比如，有的管理公司将劳动力短缺、物资短缺这一类难以衡量的模糊事项规定为不可抗力，而这可能会给以后双方的履约带来争议和纠纷。此外，还有一个重要的问题，即是否将政府机关的作为或不作为规定为不可抗力？在国内的房地产政策环境下，政府的作为和不作为将直接影响到酒店管理合同双方（尤其是业主方）的履约能力，因此双方需要对此有个清晰的认识，否则就会触及双方的违约责任是否发生。另外，许多管理公司从自身利益出发，将业主的付款义务排除在免责义务之外，这对业主尤为不利，因为业主的付款义务是其在管理合同及其他相关合同项下最重要和最主要的义务。双方需要分清哪些付款义务不应排除在外，防止不可抗力条款成为只为保护一方的单方条款。

（二）经济状况下滑

管理公司通常还会将经济状况下滑作为业绩考核的免责条件。业主需要注意的是，经济状况下滑是较为模糊的标准，而且也并不一定就是影响酒店经营业绩的原因，因此业主应该将这一条件的范围尽量缩小。首先可以从区域上限制，如可以规定仅将酒店所在城市甚至周边区域的经济下滑作为免责条件；其次可以从经济领域上限制，即仅将酒店业的经济下滑作为免责条件；再次可以从经济下滑程度上限制，一般只有在经济下滑到一定的严重程度的情况下才可作为免责条件。同时，需要提示管理公司注意的是，经济状况下滑确实会直接影响到酒店的经营效果，而根据中国司法操作惯例，司法部门依据"无法预见、无法避免、无法克服"来对"不可抗力"的认定还相对保守。因此，如果管理公司特别关注经济下滑给酒店业绩带来的影响，则应坚持在不可抗力定义中明确其范围。例如，在不久之前的金融危机中，酒店业普遍出现经营不善的现象，由此也就出现了酒店业主和管理公司因此次金融危机是否属于不可抗力而产生争议的案例。

（三）酒店硬件受到影响

这种免责条件主要是指酒店出现大规模翻修或新建的情况，导致酒店经营受影响；另外，如果酒店周围进行市政工程，如路面整修或新建等工程，也可能直接影响酒店的经营。

（四）业主违约

也有管理公司会提出将业主违约导致的业绩未达标视为免责条件。

五、考核未达标的后果

上面提到，如果管理公司的业绩考核未达标，管理公司将被免除管理权，在这种情况下，通常不被视为管理公司违约，不要求管理公司承担赔偿责任，即业主仅仅享有终止权，而没有获赔权。

六、管理公司的补救权

作为可能导致管理权终止的条款，管理公司对业绩考核条款相当重视，**有些管理公司会要求给予其一定的补救权**，以使管理公司继续经营管理该酒店。业主和管理公司在谈判中应从以下方面进行把握：

（一）补救的数额

当管理公司需要补救时，即业绩考核条款中的几个考核年度中均出现上述业绩负面情况，这时就存在如何补救的问题。双方均需确认，管理公司将补救的是最后一个未达标年度的差额，还是所有未达标年度的差额；管理公司需要补足至营业毛利预算值的百分之百，还是仅仅补足至经营业绩负面情况所约定的底限百分数。

（二）补救的上限

某些管理公司在制定补救数额时，会约定一个补救数额的上限，或者制定一个具体的固定数额，或者规定不超过管理公司在相应年限收取的管理费（包括顾问费和许可费）。业主则需考虑是否接受这一条件，因为补救权是给予管理公司的一次补救防止被剥夺管理权的机会，而并非业主由此获利的条款。

（三）补救的返还

也有某些管理公司会要求，如果在考核年度后的任何营业年度，酒店出现营业毛利超过年度预算数额的情况，则酒店将向管理公司返还其之前所补救的数额。这一补救返还的规定对业主非常不利,需要业主在管理合同谈判时尽力避免。

(四) 补救的次数

既然补救条款仅仅是对管理公司因未达标而可能被剥夺管理权的一种补救机会,即便管理公司将营业毛利补救至年度预算的一定百分比底限,但如果管理公司在酒店管理中的问题依然存在,酒店经营业绩也始终处于一种被动局面,从业绩考核条款的严肃性考虑,建议业主只同意该等补救权行使一次。

第三节 RevPAR 考核方式

RevPAR 是酒店营业比率类指标,是 Revenue Per Available Room 的缩写,意为"平均每间可供出租客房收入"。国际通用的酒店教科书和国际酒店管理集团采用的统计体系,以及业主、管理公司、与旅游和酒店相关的咨询公司通常都将 RevPAR 作为非常重要的指标来使用。其计算公式为:客房收入 ÷ 可供出租客房数,或直接用"客房出租率 × 平均房价"来方便计算,其中,平均房价 = 客房收入 ÷ 售出的客房数。

在酒店经营中,常将客房出租率、平均房价两项数据作为酒店经营水平的评价指标。在非国际管理集团管理的酒店,还把这两项数据作为考核经营者能力的关键指标。许多国内单体经营的酒店,还将此设计为绩效考核体系中占据较大权重的指标,作为经营计划、收入预算、计算管理者绩效工资和职位聘任的主要依据。

那么,RevPAR 指标到底能起到怎样的作用呢?

首先,我们需要了解一下客房经营收益管理(即英文中的 Revenue Management,或 Yield Management)的基本概念。客房收益率是衡量客房实际售房收入与按目标房价售出全部客房的应得收入之间的比率,计算客房收益率的公式为:客房收益率 =(客房实际收入 ÷ 目标收入)× 100%。其中,"客房实际收入"是指"实际平均房价 × 售出客房数","目标收入"是指"门市挂牌价 × 全部客房数"。目标房价只是一个理想数值,在实践中按目标房价售出全部客房是不切实际的,因此用实际收入与目标收入的比率来反映酒店客房经营收益并不是一种能够科学反映酒店经营状况的做法。影响酒店经营的市场供求关系、酒店的经营水平、市场定位、市场消费水平、周边经营环境等不确定因素都在决定着门市挂牌价的数值，因此上述公式反映的比率也就不能达到真正的精确。RevPAR的一个明显效用是比收益率更能体现衡量投资回收的能力。收益率把目标设定为100%，反映的是实际收入值占收入目标值的百分比；而RevPAR直接反映的是每间客房平均收入的值，更直观地反映了客房经营的数量和质量。用RevPAR可以真实地衡量出一家酒店的经营者的经营能力，以及与投资回报期望值之间的差距。

通过对比上述两种计算公式，我们可以清楚地看到，RevPAR更能准确而科学地反映酒店客房的经营活动，相比较而言，更能精确地反映酒店的经营情况。在RevPAR的计算公式中，"客房收入"、"可供出租客房数"或"客房出租率"、"平均房价"都是实践中实际发生的并可以核查的数据。RevPAR反映的是实际的客房出租收入平均到全部可出租房间总数后的价格，把出租部分客房收入当作是全部客房被出售的平均价格，这样才能准确反映客房的经营收益。

另外，RevPAR的科学性还表现在，客房出租率是管理者销售业绩的主要指标，是计量酒店住宿设施利用程度的关键指标，也是业内在评价酒店经营业绩时最常提到的概念，其计算公式是：客房出租率＝已出租客房数÷可供出租客房数。虽然客房出租率考虑到了酒店客房的出售情况，但是如果单从客房出租率考核业绩，并不能全面地反映实际情况，因为多销并不一定利润多，出租率高，经济效益不一定就好。如果仅用客房出租率来考核业绩，有可能出租率很高，但从收益率和RevPAR来评价结果是相反的。平均房价（ADR）是衡量客房经营质量的一个重要指标，其计算公式是：平均房价＝客房收入÷售出的客房数。同样，因为客房出租率的影响，单就平均房价而言，不一定高就会效益好。由此可见，仅从出租的量和价单方面来讲，永远不能客观真实地反映酒店经营的真实状况。收益率和RevPAR合理地反映了客房的经营质量。在计算RevPAR的公式中，客房出租率和平均房价两个因素都将影响到乘积的结果。如果一个酒店只是看重客房出租率，通过降低平均房价的方式来追求高出租率，并不能给酒店带来高效益。在实践操作中，有些业主或管理公司错误地认为，高的出租率，就等于人气旺，因而片面追求高出租率。当然门庭若市确实可以给酒店声誉带来正面影响，也不失为酒店开业之初所经常采取的权宜之计，但如果片面强调客房出租率而压低房价，势必带来一系列负面的连锁反应。如果一味追求提高平均房价，在市场供求关系没有大的变化的情况下，出租率也肯定会受到影响。收益管理的目标值是建立在"用挂牌价售出全部客房"的理想化前提下，这显然是不可能完成的任务。

通过 RevPAR 公式，我们看到酒店的任务就是尽可能同时提高出租率和平均房价这两个因素，这也为酒店的管理者尤其是销售部门提供了制定经营策略的方向，酒店管理者可以用 RevPAR 去衡量两个因素的得失，以取得尽可能大的经营效益。衡量的方式是：在出租率和平均房价两个因素中，其中一个因素的降低比率一定要大于另一个因素的上升比率，两者之间最起码是等号，否则，一个因素的提高反而是副作用。客房出租率和平均房价是一对相生相克的元素，两者在实践中难免存在此消彼长的情况，刻意大幅度地降低其中一方，虽然可能暂时让另一方增长，但我们应该关注的是这一消一长的乘积。RevPAR 可以让管理者决定采用哪种方式来提高酒店的经营效益，比如阶段性促销，降价销售，淡季销售定价，旺季抬高入住价格，推出中、长期的优惠方案等策略，都可以使用 RevPAR 公式去衡量得失。

酒店经营者在利用 RevPAR 进行酒店业绩测评时，可以进行酒店前后的数据比较，也可以将 RevPAR 与本酒店的经营预算相比较，由此及时纠正偏差，在经营和管理的各个环节上根据差距制定每一个改进措施，以修正目标，保证完成经营任务。RevPAR 的一个更加有效而科学的做法是，使用 RevPAR 在酒店之间进行横向比较，由此做好酒店市场和战略定位。在竞争条件类似的酒店之间、同一星级酒店之间、同区域酒店之间，以及其他国际一流的管理集团管理的酒店之间，都可以用简单的数字来进行 RevPAR 比较，这样就很明显地对比出自家酒店的不足以及与其他酒店的差距，这对酒店经营者明确自家酒店的地位及经营效果非常有效，有利于该酒店更加合理地确定自己的目标客户群，确立自己的优势，发现自己的劣势和不足，预测市场的需求，检测管理方的经营能力。中国旅游饭店业协会每年都会发布一次《中国饭店业务统计》，对比多家酒店的 RevPAR 值，这在中国酒店业是非常权威的数据，酒店可以根据自己的具体情况，将自己具体的 RevPAR 与符合自己酒店的数据群组相对照，从而作出正确的决策。使用 RevPAR 与本酒店历史经营情况相比较，能够寻找到自身的差距和不足。如果 RevPAR 逐年走低，落在人后，这说明酒店的经营能力在下降，原因可能是多方面的，可能是硬件需要改造，管理需要改进等；如能一直保持走高趋势，则说明酒店住房率和平均房价都还有潜力可挖，可适当提高房价等。因此在制定酒店的定价策略时，RevPAR 能够起到非常独特的效用。

在酒店管理合同谈判过程中，如果双方同意使用 RevPAR 这一方式对酒店管理公司进行业绩考核，一般还需要选择几家竞争酒店作为比较和参照的指数，一般会设定一系列选择条件或事先明确约定同一城市的某三家或四家酒店作为竞争酒店，每年将对酒店管理公司管理的酒店的 RevPAR 值与其他竞争酒店的 RevPAR 值进行排位和比较，如果该酒店 RevPAR 值低于某一水平，则说明酒店管理公司的管理水平不足，会有相应的惩罚措施，甚至业主可以就此解除合同，具体后果等内容可参照上一节所讲到的营业毛利考核方式。这里需要注意的是竞争酒店的选择，双方必须考虑到诸多因素，比如竞争酒店在酒店硬件及软件上的可比性、竞争酒店的调整和补充等。因为竞争酒店也是在发展中的，这些因素也是在随时变化的，双方需要将这些因素考虑在内。

在目前国内酒店业中，在科学有效地使用 RevPAR 方面，国际酒店管理公司管理的酒店优于内资酒店，管理集团管理的酒店优于单体经营的酒店。随着 RevPAR 的提高，所带来的直观效果就是酒店收入的增加，这也是酒店业主方和管理者追求利润的基础。如果经营者能将 RevPAR 的效用发挥得恰如其分，把 RevPAR 作为重要的经营指标和投资回报指标去考核，酒店的收益一定能够稳步提升。

本章节主要讲述了营业毛利考核方法和 RevPAR 考核方式，前者主要关注酒店自身的预期和实际效果的纵向比较，后者倾向于酒店与其他参照酒店的横向比较。在某些案例中，也出现过将两者结合的方式。例如，在使用营业毛利考核方法时，为避免管理公司故意降低年度预算的数额，双方可在管理合同中实现约定，双方在制定年度预算时应参考其他参考酒店的经营指标（例如 RevPAR）。也有管理合同同时规定这两种考核方法，但管理公司则只会同意仅在两种方法均不达标的情况下，业主才有权终止合同，而业主则希望出现任何一种不达标情况，均可视为管理公司未通过业绩考核。总之，如何在管理合同中约定这一敏感条款的具体方式和文字，需要双方充分沟通，慎重考虑相应后果。

第十二章
酒店品牌与知识产权保护

导读

在管理合同的诸多条款中，国际酒店管理集团最为关注的往往就是酒店品牌以及同品牌相关的知识产权条款，因为酒店的品牌价值是酒店管理公司赖以生存的基础，管理公司正是通过向不同的酒店输出品牌、输出管理标准以及管理经验来赚取管理费的，而国内业主也正是看到了国际酒店管理集团的这一优势和价值，才会愿意把酒店交给管理公司管理，并且心甘情愿地支付管理费。如果酒店管理公司的品牌或者知识产权不能得以很好地保护，势必将对管理公司的长久经营造成重大的影响。本章将对酒店品牌及其所涉及知识产权的保护作一详细介绍。

第一节　酒店品牌及其内涵

一、酒店品牌简述

酒店管理公司所拥有的最值钱的或者说最能体现其价值的无形资产当属集团旗下所拥有的酒店品牌了。各个国际酒店管理集团旗下，一般都会拥有一个以上的酒店品牌，其中不同的品牌不仅仅代表着不同的服务档次和定位，更代表着不同的服务理念和服务特色。这也要求业主在选择品牌时，一方面，要了解不同管理公司的特色，因为有些管理公司比较善于做度假酒店，而有些则专门做商务酒店，业主要做到扬长避短；另一方面，还要了解同一管理公司旗下不同品牌的定位和特点，比如同是万豪旗下的酒店，"万怡"品牌和"JW万豪"显然不可同日而语，不能简单地以为只要挂在一个国际大公司旗下，就代表该酒店拥有豪华的档次，不同品牌间可能相差很大。只有综合考量酒店管理公司及其旗下酒店品牌的不同特点和定位，并结合业主对自身酒店的定位、对盈利目标的期待等问题，才能有助于业主选择一个最适于其酒店的管理公司及酒店品牌。比如，万豪旗下的"Autograph Collection"品牌，该品牌的一个特点就是充分尊重和保持每一间 Autograph 精选酒店的独立性，在设计上给予业主很大的灵活度。因此，如果业主希望打造一家精选酒店，并在设计上拥有自己鲜明的特色，则该品牌可能会是业主比较好的选择之一。

为了便于大家直观上的理解，我们在这里简单列举一些国际上知名的酒店管理公司，以及这些管理公司旗下所拥有的酒店品牌。由于有些国际酒店管理公司旗下所拥有的品牌很多，在这里我们仅选取一些有代表性的并且在中国市场上比较常见的品牌进行列举。

表 12-1　中国市场上比较常见的酒店品牌

酒店集团	酒店品牌
喜达屋 Starwood	圣·瑞吉（St. Regis®）　　　喜来登（Sheraton®） W 酒店（W Hotels®）　　　威斯汀（Westin®） 福朋喜来登（Four Points® by Sheraton）
万豪 Marriott	丽思卡尔顿（Ritz Carlton）　　　万豪（Marriott） JW 万豪（JW Marriott）　　　万丽（Renaissane） 万怡（Courtyard）
雅高 Accor	索菲特（Sofitel）　　　铂尔曼（Pullman） 美爵（Grand Mercure）　　　诺富特（Novotel） 美居（Mercure）　　　宜必思（IBIS）
洲际 IHG	洲际酒店（InterContinental） 皇冠假日（Crowne Plaza） 华邑（Hualuxe）　　　英迪格（Indigo） 假日酒店（Holiday Inn） 快捷假日酒店（Express by Holiday Inn）

续表

酒店集团	酒店品牌	
凯悦 Hyatt	柏悦（Park Hyatt）	安达仕（Andaz）
	君悦（Grand Hyatt）	凯悦（Hyatt Regency）
希尔顿 Hilton	华尔道夫（Waldorf Astoria）	康拉德（Conrad）
	希尔顿（Hilton）	希尔顿逸林（Doubletree）
卡尔森[①] Carlson	丽笙（Radisson Blu, Radisson®）	
	丽亭（Park Plaza®）	
来佛士 Raffles	费尔蒙（Fairmont）	来佛士（Raffles）
	瑞士酒店（Swissotel）	
四季 Four Seasons	四季酒店	
朱美达 Jumeirah	朱美拉	
美高梅 MGM	美高梅金殿	
悦榕集团 Banyan Tree	悦榕庄（Banyan Tree）	
	悦椿（Angsana）	

① 原卡尔森旗下的"丽晶（Regent）"豪华酒店业务已经被台湾最大的酒店公司晶华国际酒店集团 (Formosa International Hotel Group) 于 2010 年以 5 600 万美元从私人控股的 Carlson Hospitality Group 和 Rezidor Hotel Group AB (REZT.SK) 手中收购。

二、酒店品牌的内涵

通过上一部分的介绍，想必读者已经对酒店品牌有了一个直观的认识。但是**从法律层面来看，所谓酒店品牌实际上应当定性为一种商标权，更具体地说应该属于一种服务商标**，这种商标具体体现为一些字母的组合、图形的组合或者字母和图形的组合（比如四季的"四季树"的图形），有些情况下可能还包括相对应中文翻译的文字组合。这种商标可以用于酒店的名称当中，也可以用于酒店的对外标志（如户外广告）以及酒店内的各种设备、设施，甚至一些低值易耗品（如毛巾和肥皂等）上。至于什么样的字母或者图形应当放置在什么位置上，可以放到哪些设备或者物品上，一般国际管理公司的品牌标准手册上都有着严格的要求和详细的操作规范说明，这也正是国际酒店管理集团价值之所在。也正因为国际酒店集团拥有一套很完整的管理体系和管理标准，才会让人们无论走到世界上哪一家同样品牌的酒店，都拥有几乎相似的体验，并进而获得基本同档次的服务（不排除地域性差异）。

毋庸置疑，每家管理公司对于酒店的品牌都非常重视，在管理公司的总部所在国一般均进行了完整的商标登记注册手续。但是，当国际酒店管理公司将其品牌在中国进行许可、并用于中国酒店时，由于商标权本身存在着地域性，如果某一品牌没有在中国的商标管理部门进行注册，当有第三人抢注该商标或者非法使用该商标时，就无法得到中国法的保护。在这一点上，对于酒店品牌中文译名的保护问题显得尤为突出。管理公司在进入中国之初，往往只注重了其英文商标的注册和保护，而忽略了对于其商标中文译名的注册，导致其品牌的中文翻译被一些国内的企业在先抢注，或者被一些国内企业恶意注册为企业的商标名。按照申请在先或者使用在先的原则，在此情况下，管理公司除非能够证明其酒店品牌属于驰名商标，否则是无法要求这些国内公司停止使用的，其最终的结果往往是管理公司不得不付出高昂代价从这些第三人手中将商标购回。这是因为在中国要认定某一个品牌是否属于驰名商标，在现阶段相对来说还是相当困难的，申请人必须证明该品牌"在市场上享有较高声誉，并且为相关公众所熟知"方可，而这一标准在实践操作当中却很困难。

在 2002 年以前，认定驰名商标的机构只能为商标局或商标评审委员会，但最高人民法院 2002 年 10 月 16 日颁布实施的《关于审理商标民事纠纷案件适用法律若干问题的解释》，则赋予了对商标纠纷具有管辖权的人民法院（中级以上人民法院）

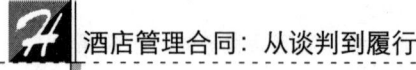
酒店管理合同：从谈判到履行

在商标纠纷案件的审理中可以独立行使驰名商标的认定权；即有权依职权或依当事人的请求，对尚未经中国商标行政主管部门认定的注册商标是否构成驰名商标作出认定；或者在诉讼中根据当事人提出的异议，对已被中国商标行政主管部门认定的驰名商标是否构成驰名商标作出认定。

尽管如此，目前在中国认定驰名商标仍然十分困难，而且从中国对驰名商标的保护原则来看，2001年以后我国的商标立法逐渐改变了之前所采取的"以主动认定、主动保护为主"的模式，确定了通过"个案处理"、"被动认定"方式来认定驰名商标的新模式；否定了过去商标注册人主动申请、国家商标局独家主动认定的方式，改变为只有在商标注册人/利害关系人在具体案件中认为其驰名商标受到损害并请求保护其合法权益时，才可以向行政、司法机关提出驰名商标的认定申请。具体案件类型包括：商标局主管的异议案件、工商管理（商标侵权投诉）案件；商标评审委员会主管的异议复审、争议案件；人民法院主管的侵权民事诉讼案件。对于请求认定驰名商标的商标注册人而言，如果没有确切个案的法律诉求和理由，该商标不会被认定为驰名商标。也就是说只有当商标权受到侵害后，管理公司才可以向有关部门主张被认定为驰名商标，而且该等判决的效力也仅限于个案的范围，并不能一劳永逸地使该商标权以后不再遭受侵害，如果一旦再次被侵权，还需要通过诉讼的方式解决，因此对于商标权利人的保护是十分不利的。鉴于此，**建议管理公司从一开始就在中国完成其英文及中文商标完整的注册手续，并且将商标受保护的类别尽可能地扩大到相关的领域，从而全方位保护其知识产权**。

三、酒店的品牌标准

对于酒店品牌而言，其意义不仅仅在于品牌本身，更重要的是品牌背后所蕴涵的一整套品牌标准，这才是品牌的内在价值及无形价值的具体体现。**品牌标准所涵盖的内容非常广泛，一般在管理合同中都采用概括性或者列举性描述**。例如，有的管理合同将品牌标准定义为：指由管理公司制定并采用的运营、建设、管理和维护品牌连锁酒店的所有标准、规范、手册、指引、规格、要求、程序，以及适用于所有品牌连锁酒店的酒店建设标准、装置及配备的技术标准等。

作为管理公司授予业主酒店使用酒店品牌的一个前提条件，在管理合同中都会要求业主在整个经营期限内遵守品牌标准。为了保证酒店能够严格按照品牌标准进行运营，管理公司通常会要求：①该酒店应该按照届时适用于该品牌的指导手册、政策与程序进行经营；②该酒店的经营标准不得低于所规定的标准，而且业主不得作出任何诋毁该酒店、标准或品牌名称的行为或者对该酒店、标准或品牌名称有负面影响的行为；③对于管理公司适用于所有连锁品牌酒店的各项要求及标准，业主应按照管理公司的要求予以遵守及执行；④对该酒店进行必要的修理、维护、替换、改进或基本建设工程，以使该酒店达到品牌标准。

遵守品牌标准贯穿于酒店建造、装修、管理以及改造的全过程。在技术方面，管理公司的技术团队会对酒店的建造、布局、结构、装修等方面是否符合品牌标准提出意见，并要求业主按照品牌标准建造、装修酒店。同时，在酒店开业后，一切的日常经营管理也都必须符合品牌的标准，无论硬件和软件（服务）都必须严格遵照品牌的标准执行。此外，一旦品牌标准发生变化或者升级，业主还有义务对酒店的硬件进行必要的改造，使其在改造后符合新的品牌标准。

第二节　酒店品牌在中国的注册

酒店品牌作为一项商标要在中国进行合法的商标注册申请，一般需要较长的时间，从递交申请材料到最终获得商标注册证书全程所需时间通常需要三年，甚至更长，其间需要经过中国商标管理局[①] 的形式审查和实质审查两道程序。

首先，从下面这幅图中，读者可以直观地了解在中国注册商标的具体流程，从而有一个宏观的概念，此后我们再就每一个程序具体地进行介绍。

[①] 目前在中国商标局并不是一个独立的政府职能部门，其同商标专利复审委员会一起，都隶属于国家工商行政管理局。

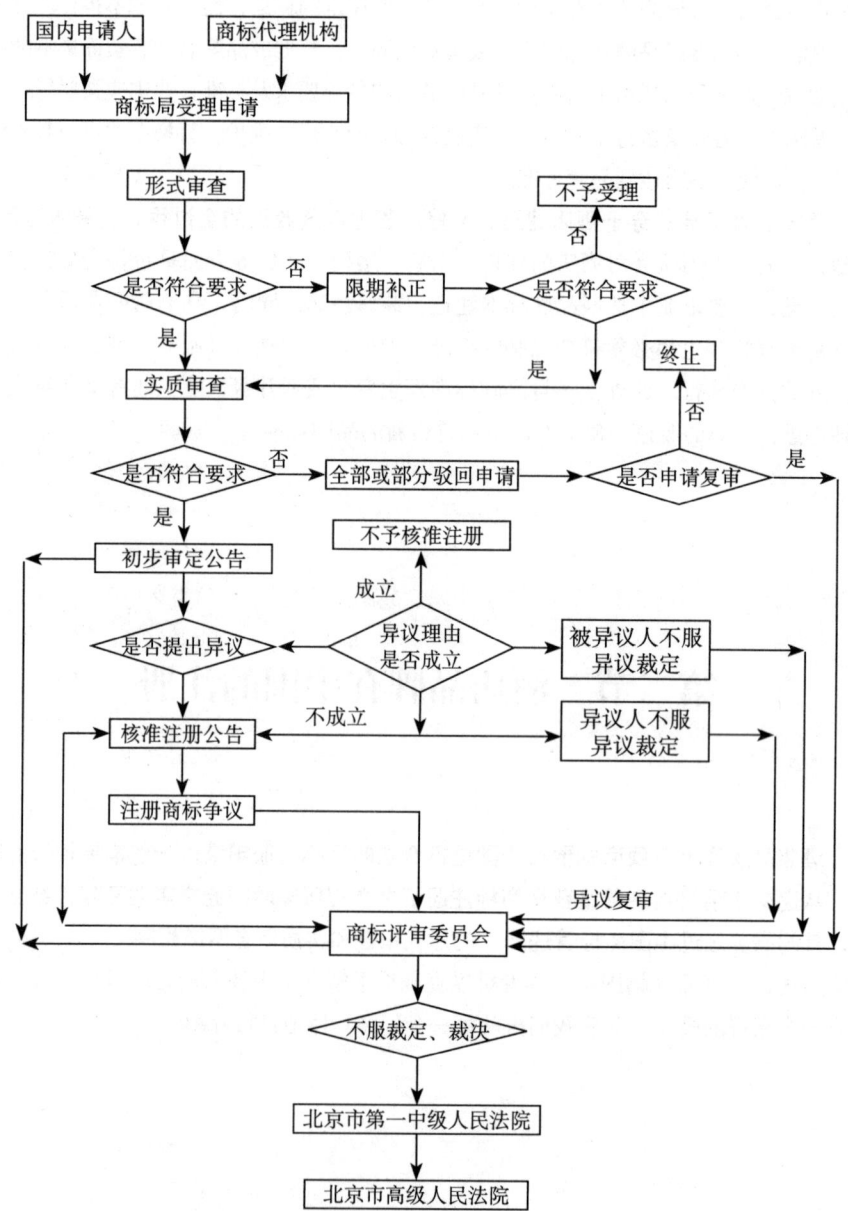

图 12-1　商标注册流程图

一、商标注册流程

（一）形式审查

申请人的商标上报商标局申请注册后，商标局将对提交的申报材料进行形式审查，审查内容为申报材料是否齐备、内容是否完整、商标图样是否清晰等。如果以上申报材料完整齐备，商标局将下发《注册申请受理通知书》，时间大约在上报之日起 45～60 天之内；如果申报材料存有问题，商标局将下发《补正通知书》，申请人可以在法定期限内作出补正。

（二）实质审查

在商标局下发《注册申请受理通知书》后，商标注册申请将进入实质审查阶段。根据《商标法》的规定，商标注册申请要受到国外申请优先权的影响，时间是 6 个月。此间，申请人商标将处于等待时期，不会被审查；之后将依据申请日排定的序号先后步入实质审查阶段，大概在商标申请上报之日起 24 个月左右开始实质审查。若没有发现存在在先注册或申请注册的相同或相近似的商标，商标局将刊登《商标初步审定公告》，向社会公示，进入 3 个月的异议期。若在此期间无人就该商标公告提出异议的，商标局将颁发"商标注册证"，即视为商标注册成功。

以上是比较理想或者顺利情况下的商标注册流程。除此以外，在商标的注册申请过程中，还可能存在着以下两个特殊程序，即：①在商标的实质性审查阶段，还可能会出现商标被驳回的情况，相应的法律补救措施则是启动商标驳回复审程序；②在商标的初审公告期间，还可能出现商标被提出异议的情况，相应的法律措施是启动商标异议答辩程序。

二、商标注册的特殊程序

（一）商标驳回复审程序

申请人的商标进入商标局实质审查阶段后，可能会出现被商标局驳回的情况，即依据《商标法》的相关规定，商标局书面通知申请人或其代理机构"对所申请的商标予以驳回，不予公告"。申请人对驳回理由不服的，可以在收到驳回通知之日

起15日内,向中国商标评审委员会提出复审。商标评审委员会对复审的理由进行审查,一般需要1年到1年半的时间作出决定,并书面通知申请人。若商标评审委员会仍然认为应当予以驳回,维持原审意见,申请人对维持决定不服的,还可以在30日内向北京市第一中级人民法院提起行政诉讼。

(二) 商标异议答辩程序

申请人的商标在初步审定公告的3个月内,任何人均可对其提出异议。申请商标被异议的,商标局将向申请人或申请人代理机构下发《商标异议答辩通知书》,申请人可以选择是否进行异议答辩(答辩将有利于商标局全面了解事实),期间是30天。在申请人提出答辩意见后,基于双方所提供的理由和证据,商标局将下发《商标异议裁定书》,裁定商标异议是否成立,这个程序可能持续3年左右;如果裁定异议成立(申请人商标不予注册),申请人对裁定理由不服的,还可以在15天内向商标评审委员会提交《商标异议复审申请书》,商标评审委员会还可以对商标异议复审申请进行审查,期间可能持续2年左右;如果商标评审委员会裁定维持决定,申请人仍然不服的,还可以于30日内向北京市第一中级人民法院提起行政诉讼。

可见,一旦进入上述两个特殊程序,则在商标注册上所花费的时间可能会更长,在最极端的情况下,如果上述每一个程序都走一遍的话,有可能会持续时间长达10年以上,这显然是任何一个企业都很难承受的。

这里需要补充说明的是,上述程序是在中国重新申请注册一个商标的基本程序和时限。但是,因为中国是马德里协定的缔约国,如果管理公司的品牌最初注册地所在国也是马德里协定的缔约国,而且其也将该商标在初始注册时就申请注册为国际商标,并且将保护范围延伸到了中国,将中国列为指定国的话,只要中国的商标管理机构最终批准该国际注册的延伸,那么该商标应当视为自国际注册申请日起即视为在中国的申请日,并受到中国法律的保护,而无须另行在中国提交一份新的商标注册申请。

如果管理公司在一开始申请注册时虽然将该商标进行了国际注册,但是没有将中国列为指定国的话,则仍然需要重新申请在中国的注册,只不过作为国际注册的商标享有半年的优先权(在该商标最初递交国际申请之日起半年内,只要其向中国商标部门提交申请则视为其享有在先的权利)。这种追加在中国的注册途径有两种,一种为向中国商标管理机构直接申请注册,其程序同在中国新申请注册一个商标基本无异,只是存在半年的优先权;另一种是也可以向其初始注册地的商标管理机构重新提出一项国际申请,追加中国为指定国,而这个程序同重新申请一项国际注册基本相同，一旦注册成功，也视为在中国进行了合法注册，但是由于第二种途径还需要首先经过国际注册递交国的形式审查，才能提交到中国商标管理部门进行实质性审查，因此往往比第一种途径甚至花费更多的时间。

第三节　酒店品牌的保护

出于对管理公司最为看重的无形资产的保护，**管理公司一般都会在酒店管理合同及品牌许可协议中对于酒店品牌的使用方式、使用期限、使用范围、权属等内容作出种种限制性，甚至近乎苛刻的约定，从而力求最大限度地保护其知识产权。**这些约定主要体现在以下几个方面：

一、知识产权的归属

业主在任何情况下，对管理公司的知识产权或商誉均不享有任何专有权。业主对品牌知识产权或商誉的使用仅局限于在管理合同规定的经营期限内且为管理合同目的之范围内。从业主所获得的品牌使用权的性质上看，通常情况下，业主从管理公司或管理公司的关联公司所获得的商标使用许可均属于非排他性许可，是一种非专用权，管理公司仍然有权将该品牌许可给其他酒店。同时，在管理合同当中都会严格地约定，业主所获得的商标许可的权利不得再行转让，也不得再分许可给任何第三人。

二、品牌使用的期限

一般来说，自签订管理合同及品牌许可协议之日起，业主即有权在酒店中以及在酒店的对外宣传中使用酒店品牌了。业主对酒店品牌所享有的唯一权利只限于在

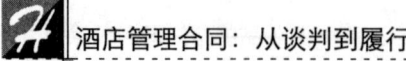

管理合同的期间内将该品牌及相关知识产权用于管理合同规定的目的，在合同期限届满后，应当立即停止使用，并按照本节第六点中所述的方式对所使用的品牌进行处理。

三、品牌的使用方式和范围

从品牌的用途上看，除为管理合同及品牌许可协议中所规定的目的，并且在管理合同及品牌许可协议允许的范围内使用品牌及相关知识产权或其任何部分内容之外，业主不得使用任何知识产权，而且管理公司一般会要求业主将拟使用知识产权所需的所有文件、物品及详细资料提交给管理公司，供其事先进行书面批准。

业主在任何其他情形下均不得在其业务中使用管理公司的知识产权或商誉，而且不会在其业务或广告宣传中误导公众，使之相信业主与管理公司有任何关联。同时，业主亦不能使用任何可能与管理公司的商标或其他知识产权相混淆的商标、服务标记和商名。

四、知识产权的注册

未经管理公司批准，业主不得自行使用任何与酒店品牌相关的知识产权，不得就任何该等知识产权申请国际或国内注册，亦不得在任何域名、网站、互联网网址或其他注册名称、经营商号中使用或注册品牌名称或任何其他名称或商标。

五、品牌网站的管理

未经管理公司批准：①业主不得将品牌信息或任何知识产权整合到任何其他网站中去；②业主不得用品牌名称注册域名，也不得注册包含品牌名称的域名；③业主不得为该酒店创建网站或运营网站。如果管理公司给予上述批准，一旦管理公司要求将该等包含其知识产权的域名转让给管理公司或其指定的人时，业主必须应管理公司的要求签署所有必要文件，以完成该等域名的转让。

六、终止时知识产权的归属

在经营期限结束之时,业主必须立即停止对品牌名称与知识产权的一切使用,并且经营期限结束之时,业主应立即全部清除以下各项:

(1) 清除与该酒店有关的对知识产权的任何援引,并停止对知识产权的一切使用;

(2) 清除在该酒店使用的或与该酒店相关的带有品牌名称或任何知识产权的标志。对于一些无法清除印记的低值易耗品,管理公司有权自行选择以一定的价格回购带有品牌标志的低值易耗品,或者允许业主继续使用带有品牌标志的低值易耗品,在一定的期限内消耗完毕;

(3) 清除在与该酒店有关的任何域名、网站或互联网网址上对品牌名称以及知识产权的援引。

七、侵权时的救济

一般来说,如果酒店涉及诉讼,无论是作为原告还是被告,都应当是产权人也就是业主出面参与诉讼。尽管业主授权管理公司全权管理酒店,但是对于起诉和应诉的权利一般会给予一定程度的保留或者限制,要求管理公司必须经过业主的事先书面同意才可以进行。但是,对于侵犯知识产权案件,在管理合同当中一般都会做特殊的处理,有专门的条款授予管理公司直接参与诉讼或者启动有关司法救济途径的权利,而无须取得业主的批准。这种司法救济途径在英美法系国家可能体现为禁止令(Injunction),而在中国可能体现为诉前的财产保全或者证据保全等。

第四节 业主对酒店品牌的关注

虽然对于知识产权的保护可能是管理公司所更为关注的内容，但作为业主，也并非只是将品牌拿来使用就可以了，对于一些与品牌使用相关的条款及使用限制业主必须密切关注及谨慎处理，否则在日后极易发生争议或者给业主带来不必要的风险。综合来讲，业主对于酒店的品牌应主要关注以下几点：

一、品牌的权属

业主聘请管理公司来管理酒店，归根结底看重的就是管理公司的品牌价值，因此，作为业主，签订品牌许可协议或者管理合同中有关品牌许可的条款，首要问题就是要确保自己所获得的品牌许可是合法有效的，并且不侵犯任何第三方权利。要达到以上目的，需要同时兼顾以下两点才可能全方位地保护业主的利益：①许可给业主使用的商标必须已经在中国合法注册，至少是已经提交了注册申请，成为在先权利人。在这一点上特别要提醒业主，注意管理公司是否对于中文商标也进行了注册，如果没有注册或申请注册且存在其他在先权利人的话，酒店使用该中文商标就可能构成侵权。②签署品牌许可协议的公司必须是商标的合法持有人，这既包括该公司本身就是商标的注册所有人的情况，又包括该公司拥有商标所有人的合法授权，有权利向第三方分许可商标使用权的情况。为了证明以上权属关系，一般需要管理公司提供商标注册文件以及相应的许可协议或者授权书。

二、品牌的区域限制

由于管理公司授予业主的品牌许可是一项非独家的权利，管理公司还可以将该品牌同时许可给一家或多家酒店业主，有些业主为了使自己的酒店在一定的地域范围内保持一定的竞争性和唯一性，往往还会在管理合同或许可合同中对管理公司的品牌许可范围设置排他性的限制，即要求管理公司在某地域范围内（如北京 CBD 地区）、在一定的期限内（如 5 年内）不能再许可第二家同品牌的酒店，从而为自己的酒店在一定期限内创造一个相对宽松的发展环境，避免同品牌酒店间的过度竞争。对于管理公司而言，因为这种条款会对管理公司的发展和扩张造成严重的限制，管理公司一般都会对类似条款非常谨慎，这也要求业主在设定类似的条款时要力求在科学测算的基础上设定限制性区域，只有当管理公司在一定区域内再开立第二家同等品牌的酒店确实会对该酒店的经营产生影响时，才有必要约定类似条款。同时享有排他权的地域范围要力求合理，不宜盲目扩大限制性区域，否则会对双方的合同谈判造成障碍。

延伸阅读

12-1　马德里商标国际注册

申请人到国外申请注册商标有两种途径：一种是逐一国家注册，即分别向各国商标主管机关申请注册；另一种是马德里商标国际注册，即根据《商标国际注册马德里协定》（以下简称《马德里协定》）或《商标国际注册马德里协定有关议定书》（以下简称《马德里议定书》）的规定，在马德里联盟成员国间所进行的商标注册。我们通常所说的商标国际注册，指的就是马德里商标国际注册。

"马德里联盟"是指由《马德里协定》和《马德里议定书》所适用的国家或政府间组织所组成的商标国际注册特别联盟。截至 2008 年 12 月 8 日，马德里联盟共有 84 个成员国（或称缔约方）。

第三编
酒店管理合同的履行

第十三章

酒店管理合同的履行

导读

《中华人民共和国合同法》（以下简称《合同法》）第60条规定："当事人应当按照约定全面履行自己的义务"，这也就是通常所讲的合同全面履行义务或严格履行义务。

就酒店管理合同而言，虽然其内容复杂，容量巨大，但同样存在一个合同履行的问题，而且在实践中，不论酒店管理合同谈得是好是坏，质量是高是低，在履行过程中总会或多或少地存在一些问题。比如，对特定事项约定不明确，或者虽然约定明确，但一方当事人却不按照合同的约定来执行；更有甚者，不仅不按合同约定来执行，反而将触角伸得更远，直接侵犯另一方当事人的特有权利。对于这些情况，在实践中如何处理呢？本章对此将通过三节予以详述。

第一节 违约事项的处理

一、什么是违约

一般来说，所谓违约是指合同当事人完全没有履行合同或者履行合同义务不符合约定的行为。对此，《合同法》第107条亦有明确规定："当事人一方不履行合同义务或者履行合同义务不符合约定的，应当承担继续履行、采取补救措施或者赔偿损失等违约责任。"据此，以货物买卖为例，如果甲方和乙方在买卖合同中约定由甲方在乙方交付货物后支付货款，如果甲方在乙方交付货物后没有支付货款，甲方的行为就应当属于违约行为。然而，这种理解并不全面，特别是在处理复杂的酒店管理合同纠纷问题时更是如此。兹以如下案例说明。

🔍 案情简介

管理公司和业主签订《×酒店管理合同》，约定："（1）业主应当向管理方支付总收入的2%作为基本管理费和营业毛利的6%作为奖励管理费；（2）基本管理费和奖励管理费应当按月支付，且应当支付至管理方指定的银行账户中；（3）管理方和业主在每个财务年度结束后，应当对该财务年度应付给管理方的管理费金额进行最后调整，调整后的应付款须在该调整确定后30天内支付，多退少补。"

《×酒店管理合同》又约定："如果业主没有按月向管理方支付基本管理费和奖励管理费的，应当构成违约，应由业主向管理方承担违约责任；但在支付基本管理费和奖励管理费前，管理方需将计算管理费的相关数据报送业主审核，对此业主应在合理时间内向管理方下达审核通知或向管理方直接支付费用，不得无理予以延长。"

在《×酒店管理合同》签订后的相当长一段时间内，业主均在接到管理方的管理费付费通知后，按时向管理方支付相关费用。其后，业主资金周转出现困难，多次要求管理方向其提供计算管理费用的数据，并借口计算管理费用的数据存在问题而一再拖延向管理方支付管理费用。管理方对此一筹莫展，不知如何处理，因为管理方不知道业主的行为是否已经构成违约，同时也担心贸然采取行动会引起业主的激烈行为，反诉管理方违约。

具体分析

要判断业主是否违约，或者管理方自身是否存在被诉违约的风险，必须首先仔细研读《合同法》关于违约行为的规定。除《合同法》上述第107条规定外，《合同法》第108条亦明确规定："当事人一方明确表示或者以自己的行为表明不履行合同义务的，对方可以在履行期限届满之前要求其承担违约责任。"

综合《合同法》这两条的规定来看，"违约"是可以被简单地理解为两种行为的，即①一方当事人履行的合同义务不符合合同的约定；或者②一方当事人不履行合同义务，不论是明确表示不履行或者以自己的行为表明不履行。以此为出发点，可以从案情简介中初步判断，业主的行为既可能是第一种违约行为，也可能是第二种违约行为；而管理方的行为则可能归为第一种违约行为，因为它不存在不想履行合同的意图。那么到底是哪一方违约了呢？

根据笔者对酒店管理合同的理解，酒店管理合同通常都会考虑到各方当事人的各种行为可能，并将这种行为可能进行文字化，从而导致酒店管理合同鸿篇巨制，各方当事人的权利和义务在酒店管理合同中纷繁错杂，相互交织，因此很难简单地认定某一行为是单一业主的违约，还是单一管理方的违约，因为也存在业主和管理方双方都违约的可能，因此在实践中需要根据个案具体分析。

至此，或许就可能展开对本案的具体分析了，然而这似乎忽略了一个根本前提，那就是：违约必须有"约"为基础，如果无"约"或者"约"尚未生效或已失效，则就不存在"违约"的说法。因此判断一方当事人是否违约必须首先，要考察其所签订合同的效力，如果合同没有生效或者已经失效，那么就不存在要求当事人按照约定全面履行自己义务的说法，当然也不可能存在违约的说法；其次，才涉及"约"的具体内容，按照《合同法》的上述规定，只要一方当事人履行义务不符合合同约定或者不按合同约定来履行其合同义务，即应当构成违约，就应当承担违约责任，因此所谓"约"的具体内容还主要是指合同中各方当事人的合同义务。由此可见，合同的具体约定，特别是关于义务的约定，才是判断一方当事人是否违约的根本标尺，它并不以产生相应后果作为判断前提。因此，只要将一方当事人的行为与其合同义务相比对，即可简单地作出该当事人是否已经违约的基本判断。

据此，笔者认为，要判断业主是否违约或者管理方是否存在违约风险，必须首先要明确该《×酒店管理合同》是否已经生效。要判断一个酒店管理合同是否生效，在实践中经常会遇到的一个问题就是到底需不需要有关商务主管部门的审批，是否以商务部门的审批作为生效要件。根据笔者的经验，这种审批要求可能会因当地商务主管部门的态度不同而有所差异，但是作为一个总的原则来讲，如果该酒店是由一家境外的公司直接管理，那么这个酒店管理合同就需要到有关商务部门审批；如果该酒店是由一家国内的酒店管理公司管理或者是外国酒店管理集团在国内设立的子公司管理，则不需要到商务部门审批。但是，我们倾向于认为，这种审批并不会影响管理合同的效力，管理合同应当自签订之日起生效。但是，在合同生效后，如果是外国公司直接管理的情况，有关管理合同的审批手续以及外国公司在华经营的工商登记手续还是要办的，否则管理公司将会受到相应的处罚。

根据上述案情简介，该管理合同生效应当不存在疑问，因为法律法规并没有要求酒店管理合同的生效必须以审批作为前提，而且本案中双方也并无关于合同生效的特别约定，因此，该《×酒店管理合同》应当自签订之日起生效。另外，双方已经将该《×酒店管理合同》履行了一段时间，该管理合同生效应当无疑，因此分析重点应当在于分析业主和管理公司在该《×酒店管理合同》中的具体义务分别是什么。

根据案情简介的描述，业主在付款问题上主要有两方面的约定，即①业主应当按月向管理公司支付管理费；②业主应当在合理时间内审核完毕管理公司报送的管理费计算数据或向管理公司直接支付费用，不得无理延长。根据通常对合同的理解，上述约定明确要求业主"应当"完成特定行为，因此完全可以理解为该等约定是为业主设定了义务。然而，问题在于，业主在合理时间内审核完毕管理公司报送的管理费计算数据是有前提的，即管理公司必须已经向业主提供了管理费的计算数据。因此，业主的这些义务还隐含了业主的一个权利，那就是要求管理公司提供它认为可以接受的计算数据，而业主的这种权利相对于管理公司而言则是一种义务。换言之，如果管理公司不提供或提供的相关数据不符合业主的要求，业主不仅可能据此拒付管理费，而且还有可能要求管理公司承担违约责任。

可见，虽然违约可以界定为未按合同约定履行义务的行为，但它在本质上还是一个相对的概念，权利和义务的认定不同，一方当事人的违约或守约地位也会相应发生变化。因此，**酒店管理合同的任何一方当事人在主张对方违约之前，必须充分**

审阅合同约定的相关具体内容，在综合考虑的基础上作出是否提出对方违约的主张，否则只能是搬起石头砸了自己的脚。

在本案中，由于管理公司提供的管理费计算数据能否为业主所接受是业主是否应当支付管理费的前提，因此它将是决定管理公司或者业主是否违约的关键。对管理公司而言，它要证明业主违约，必须首先要提供足够的证据来证明其提供的数据来源，同时兼顾此前提供的数据的正确性、计算方法以及业主的认可程度等问题，而对于业主审核时间的合理与否则可通过对双方此前的惯例和一般商业操作上的惯例加以判断即可。对业主而言，如果它要证明管理公司违约，则必须首先要提供足够的证据来证明管理公司提供的数据是不正确的，而根据双方此前的交易记录，除非有明确相反的证据，否则要证明这一点可能会存在一定的难度。因此，在本案中认定业主违约的可能性较大。

二、违约如何处理

违约，自然需要承担违约责任，这就是我们对违约如何处理的通常理解。但问题的关键并不在此，问题的关键在于在法律规定的众多违约责任中，究竟应当追究何种违约责任。只有确定了追究何种违约责任，才能涉及如何在实践中追究违约责任。兹从以下案例分析。

🔍 案情简介

管理公司和业主签订《×酒店管理合同》。《×酒店管理合同》约定："如果任何一方发生任何下列情况，另一方均可以书面形式通知对方，其选择将《×酒店管理合同》视为已被对方终止：未能遵守或履行《×酒店管理合同》项下其应遵守或履行的任何重大承诺、条款、规定或保证，而该违约行为在收到另一方通知后30天内未能得以纠正（如该违约行为无法在30天内予以纠正，但违约方已开始对违约行为进行补救，则该期限可进行合理延长）。如果《×酒店管理合同》在此情况下终止，且终止发生在开业日期前的，则违约方应支付××万元人民币作为违约金。"

《×酒店管理合同》又约定："管理方可以以业主的名义聘用、晋升、辞退和监督酒店行政主管人员的工作，并通过上述行政主管人员监督酒店所有其他人员的聘

酒店管理合同：从谈判到履行

用、晋升、辞退及工作。业主仅有权委派酒店的副总经理和财务副总监，且不得干涉、命令或指挥酒店雇用的员工。"

《×酒店管理合同》还约定："业主同意保留一切必要的营运资金，以便管理方能够根据《×酒店管理合同》独立自主并有效地经营酒店业务和维护酒店。由业主作为营运资金提供的所有款项，以及管理方代表业主收取的所有款项，应存入管理方以酒店名义开设的银行账户，并由管理方从该账户提款，就酒店的维修及经营等有关事务支付费用。"

酒店在按照《×酒店管理合同》运营半年之后，管理公司发现：①业主在未经管理公司同意的情况下，自行任命了酒店的财务部成本会计、保安部副经理和餐饮部经理；②业主开始不再按照《×酒店管理合同》的约定提供酒店营运所需资金，导致酒店员工的工资也无法正常发放；③业主不再按期支付应付管理公司的管理费，同时也拖欠了较大数额的中央预订服务费、营销服务费等。问题是，如果业主违约，应当承担哪些违约责任，管理公司又如何追究业主的违约责任呢？

具体分析

首先我们要明确，如果业主违约，法律规定业主应当承担哪些违约责任。根据笔者对《合同法》的理解，**违约方应当承担的违约责任主要有5种，即①继续履行；②采取补救措施；③赔偿损失；④支付违约金；⑤定金罚则**。其中，前3种违约责任已在上文提及的《合同法》第107条中有了明确规定，其他2种违约责任则分别体现在《合同法》的其他规定中。兹详述如下。

（一）继续履行

继续履行是指在一方当事人违反合同约定的情况下，守约方当事人可以要求违约方当事人继续按照合同规定履行其义务。这种义务不仅包括金钱性质的义务，也包括非金钱性质的义务。金钱性质的义务主要体现在《合同法》第109条中，即"当事人一方未支付价款或者报酬的，对方可以要求其支付价款或者报酬"。非金钱性质的义务则主要体现在《合同法》第110条中，即"当事人一方不履行非金钱债务或者履行非金钱债务不符合约定的，对方可以要求履行"。但《合同法》第110条对非金钱性质义务的继续履行，排除了3种例外，即①法律上或者事实上不能履行的非金钱性质义务，如因不可抗力无法继续履行；②债务的标的不适于强制履行或者履行费用过高的非金钱性质义务；③债权人在合理期限内未要求履行的非金钱性质义务。

(二)采取补救措施

采取补救措施是一个较为宽泛的概念。从广义的角度而言,所有的违约责任都可视为补救措施。而根据《合同法》对违约责任的分类,采取补救措施应当主要体现在其第111条规定中,即在对违约责任没有约定或者约定不明确,依照《合同法》第61条的规定仍不能确定的情况下,受损害方可以根据标的的性质以及损失的大小,"合理选择要求对方承担修理、更换、重做、退货、减少价款或者报酬等违约责任"。

(三)赔偿损失

赔偿损失是指在一方违反合同约定且给守约方造成损失的情况下,守约方可以要求违约方赔偿损失。这是一种损害赔偿责任,其规定主要体现在《合同法》第112条和第113条中。其中,第112条规定:"当事人一方不履行合同义务或者履行合同义务不符合约定的,在履行义务或者采取补救措施后,对方还有其他损失的,应当赔偿损失";第113条规定:"当事人一方不履行合同义务或者履行合同义务不符合约定,给对方造成损失的,损失赔偿额应当相当于因违约所造成的损失,包括合同履行后可以获得的利益,但不得超过违反合同一方订立合同时预见到或者应当预见到的因违反合同可能造成的损失。"该等规定确定了赔偿损失的基本原则,即①损失赔偿额应当是违约造成的损失,守约方因其他原因遭受的损失不能计算入违约方应支付的损失赔偿额中;②损失赔偿额应当以违约所造成的损失为限;③违约所造成的损失还包括合同履行后可获得的利益,但应以当事人能够预见的为限。此外,在适用损失赔偿违约责任时,还须考察合同中是否存在关于违约金的约定,如果有,则需要注意《合同法》第114条关于违约金和实际损失之间的平衡要求,这将在关于支付违约金的文字中详述。

(四)支付违约金

支付违约金是指在一方违反合同约定的情况下,守约方可以要求违约方支付合同约定的违约金。支付违约金是一种最常见的违反合同的责任形式,在合同中通常表现为①约定违约金数额,或②约定违约金的计算方法。如《合同法》第114条规定:"当事人可以约定一方违约时应当根据违约情况向对方支付一定数额的违约金,也可以约定因违约产生的损失赔偿额的计算方法。"需要注意的是,在部分合同中,违约金是针对特定事项设定的,守约方一般不能因为违约方违反其他事项,而要求违约方承担针对该事项所设定的违约责任。比如,如果酒店管理合同约定,业主逾

酒店管理合同：从谈判到履行

期支付管理费时需要支付相应的利息，则在业主拒绝提供酒店运营资金的情况下，管理公司就不可要求业主按照逾期支付管理费时所设定的利息对拒付的营运资金收取利息。约定的违约金数额也必须不得过分高于所造成的损失，否则可以在司法审判实践中增加或减少。如《合同法》第114条规定："如约定的违约金低于造成的损失的，当事人可以请求人民法院或者仲裁机构予以增加；约定的违约金过分高于造成的损失的，当事人可以请求人民法院或者仲裁机构予以适当减少。当事人就迟延履行约定违约金的，违约方支付违约金后，还应当履行债务。"

（五）定金罚则

支付定金是指在一方违反合同约定的情况下，如合同规定相应定金违约条款的，则按照合同的约定由违约方向守约方赔付定金的特定数额。《合同法》第115条规定："当事人可以依照《中华人民共和国担保法》约定一方向对方给付定金作为债权的担保。债务人履行债务后，定金应当抵作价款或者收回。给付定金的一方不履行约定的债务的，无权要求返还定金；收受定金的一方不履行约定的债务的，应当双倍返还定金。"而当事人既约定违约金，又约定定金的，则在一方违约时，对方可以选择适用违约金或者定金条款。

既然法律规定了许多种类的违约责任，是不是违约方在实践中必须承担所有的违约责任呢？答案是否定的。因为上述**违约责任分类是一种总体上的划分，只能由守约方根据具体案情选择适用，最后的结果既可能是违约方承担一种违约责任，也可能是承担数种违约责任，需要根据具体合同内容和案例具体分析**。

在明确法律所规定的违约责任种类的基础上，我们需要进而考察本案的业主是否存在违约行为。这在本案中并非难点，因为业主对相关行政人员的任免通知已经抄送了管理公司，同时酒店账户中的营运资金确实也存在数额远远不足的情况，因此业主违约相对而言比较容易判断。既然业主违约，那么业主究竟应当承担法律所规定的哪种违约责任呢？

从上述案情简介中可以得知，管理公司作为守约方主要面临两种选择，一是选择要求业主承担支付××万元人民币违约金的责任；二是要求业主作为违约方支付中央预订服务费、营销服务费等费用。那么，这两种选择是否存在冲突，从而导致管理公司只能选择适用一种违约责任呢？笔者以为二者之间并不存在冲突。首先，根据笔者在上文关于继续履行违约责任的分析，要求业主支付中央预订服务费、营销服务费等费用，实际上属于要求业主继续履行其尚未履行的金钱性质义务，因为该等费用按照《×酒店管理合同》的约定，是需要业主补偿给管理公司的。其次，

第十三章　酒店管理合同的履行

支付违约金与合同继续履行之间并不存在必然冲突，相反它们是可以在特定情况下同时适用的。如《合同法》第114条规定，在当事人就迟延履行约定违约金的情况下，守约方可以要求违约方在支付违约金后，继续履行债务。因此，这两种选择并不冲突，可以同时由管理公司选择适用。

既然确定了追究合同违约责任，那么剩下的就要看如何追究违约责任了，而在实践中违约责任不同，追究违约责任的方法亦会不同。在本案中，要求支付费用的请求比较容易理解，因为它本身是一种对已产生费用的补偿行为，那么在追究业主违约行为的过程中，管理公司就必须出具相关费用的票据。比较复杂的是，如何要求业主承担违约金？

根据案情简介的描述，要求业主承担违约金是有前提条件的，即《×酒店管理合同》必须视为已被业主终止，而业主是否能够被视为终止《×酒店管理合同》，则需要满足30天没有完成违约行为补救的义务。这些条件不仅要求管理公司就是否履行该合同作出商务选择，也要求管理公司在作出终止该合同的决定的情况下，思考如何达到该合同所要求的程序上的义务。

根据我们的实践经验，管理公司选择是否继续履行酒店管理合同的过程，其实也就是综合考虑其商业利益和法律利益的过程。如果管理公司很想继续该项目，那它首先就会考察酒店管理合同中关于违约及其补救措施的相应条款，按照酒店管理合同的约定，通过发函等方式力促业主继续履行管理合同，在特定情况下，还可能免除业主的相应违约责任；如果管理公司认为继续该项目的可能性已不大或者想放弃该项目，那么它就会考察酒店管理合同中关于违约和终止的相应条款，待到满足管理合同当中所约定的一定程序性和时间上的要求后，按照酒店管理合同的约定，通过发函等方式解除酒店管理合同，并要求业主承担违约责任。

在本案中，如果管理公司已经确定不再继续履行该《×酒店管理合同》，那么它就可以根据合同约定采取如下行动，即①书面通知业主纠正其违约行为，同时收集业主在酒店行政人员任免、酒店营运资金、拖欠款项等方面的证据；②如果业主在收到通知后30天内没有纠正违约行为，则在合理的期限内，管理公司可能会再次向业主发出要求纠正违约行为的信函；③如果业主还没有在函件要求的时间内纠正违约行为，则管理公司就可能选择书面通知业主不再履行该《×酒店管理合同》，并要求业主承担违约责任；④如果业主在收函后仍拒不承担违约责任，则管理公司可能会着手准备按照合同约定向仲裁机构或法院提起诉讼维护自身的合法权益，并提供关于业主违反《×酒店管理合同》的相关证据。

因此，违约方究竟应承担一种或者几种责任形式，应当根据该合同的具体情况而定，法律规定的违约责任不一定会全部适用于某一案件中。因此，在酒店管理合同履行过程中发生纠纷时，即使一方认为胜券在握，仍然需要谨慎对待，并在适当时候请相关专业人士予以协助。

第二节　侵权事项的处理

侵权法是中国民事法律体系中很复杂的一个分支，相关的立法目前也正在起草之中，因此本节的重点不是对侵权法展开全面讨论，而是讨论与酒店管理合同履行相关的侵权行为和法律处理方式。而在讨论与酒店管理合同履行相关的侵权过程中，我们将重点放在对合同一方的侵权上，而不是履行合同过程中对第三方造成的侵权，简言之，就是讨论业主对管理公司的侵权和管理公司对业主的侵权。请参考如下案例。

🔍 案情简介

管理公司和业主签订《×酒店管理合同》，约定："业主在任何情况下，对管理方的商标、服务标记或商名（下称"该知识产权"）均不享有任何专有权。业主仅有权在《×酒店管理合同》规定的经营期限内、且为《×酒店管理合同》的目的而使用该知识产权。任何情况下，业主均不得在其业务中使用该知识产权，而且不会故意在其业务或广告宣传中误导公众，使之相信业主与管理方或其关联公司之间有任何关系、关联；同时，业主亦不能使用任何可能与该知识产权或管理方其他知识产权或工业产权相混淆的商标、服务标记和／或商名。"

《×酒店管理合同》又约定："管理方为该知识产权之合法受益权利所有人，产权、权益以及商誉的所有权人。业主承认，其对该知识产权所享有的唯一权利，是只能在《×酒店管理合同》期间将该知识产权用于《×酒店管理合同》规定的目的；而且，

第十三章 酒店管理合同的履行

业主同意，除非经管理方书面指示，否则不会申请注册该知识产权，也不会将该知识产权用于业主的任何公司名称或经营商号，而只能在《×酒店管理合同》允许的范围内使用该知识产权。"

《×酒店管理合同》还约定："无论因何原因致使《×酒店管理合同》经营期限届满或终止，业主应自行承担费用采取以下措施：(i)立即停止使用该知识产权或与该知识产权有关的其他权利；(ii)停止使用或允许他人使用与该知识产权有关的任何标志、符号、设计、标记、标语号或其他内容；(iii)清除或改变所有含该知识产权的标志。"

×酒店在按照《×酒店管理合同》运营一段时间之后，管理公司因为业主出现根本性违约行为，提出解除与业主之间的《×酒店管理合同》，同时要求业主按照管理合同的约定停止使用该知识产权。然而，在解除通知发出很久以后，管理公司发现业主仍然在使用该知识产权，通过调查，管理公司进一步发现，业主早已用管理公司该酒店品牌的名称注册了一家独立法人企业，并已在当地工商局注册登记，同样从事酒店管理和服务业务。一般而言，管理公司对酒店品牌的维护是相当在意的，因此本案中的管理公司在知道该等消息后，决定进行维权行动，那么管理公司应当如何着手呢？

具体分析

本案是典型的违约责任和侵权责任的竞合案件。对此，《合同法》第122条明确规定："因当事人一方的违约行为，侵害对方人身、财产权益的，受损害方有权选择依照本法要求其承担违约责任或者依照其他法律要求其承担侵权责任。"也就是说，受害方在遭受侵权时，可以选择要求侵害方承担违约责任或者侵权责任，而这两种责任承担方式完全不同，引起的法律后果可能也会大为不同，需要受害方在选择时审慎决定。

就本案而言，业主违约是很明显的。首先，业主已在《×酒店管理合同》中，①确认该酒店品牌的知识产权属于管理公司所有，业主在任何情况下都不享有专有权；②承诺只在管理合同的范围内使用该知识产权，不会将该知识产权用于业主的任何公司名称或经营商号；③同意在管理合同届满或终止后立即停止使用该知识产权，并清除或改变所有含有该知识产权的标志。其次，业主在实践中根本就没有遵守这些承诺，相反将管理公司的知识产权用于了《×酒店管理合同》所规定目的以外的事宜，理应属于违约行为。

那么，业主的行为是否也构成侵权呢？根据法律界的理解，侵权行为一般是指行为人由于过错侵害他人的财产权或人身权，依法应承担民事责任的行为。按照不同的分类标准，侵权行为可以分为以下几类，即①根据侵权行为的构成要件不同，分为一般侵权行为和特殊侵权行为，而特殊侵权行为则由法律直接明确规定，包括国家机关或其工作人员职务侵权、产品责任、高度危险作业致人损害、污染环境致人损害、地面施工致人损害、建筑物致人损害、饲养动物致人损害、被监护人致人损害8种；②根据侵害对象的不同，分为侵害财产权行为和侵害人身权行为；③根据致害人的人数不同，分为单独侵权行为和共同侵权行为；④根据侵权行为的性质不同，分为积极侵权行为和消极侵权行为等。那么，业主在本案中的行为到底是否构成侵权呢？如果是，到底是哪种侵权行为呢？

根据上述分析，可以明确业主的行为不属于特殊侵权行为的任何一种，因此只能根据关于一般侵权行为的构成要件进行分析。根据法学界的一般理论，一般侵权行为是指行为人基于过错直接致人损害的行为，其构成要件主要包括四个方面，即①行为的违法性，即行为人的行为是法律所不允许的，不包括正确执行职务的行为、正当防卫行为、紧急避险行为等；②损害事实的存在，即被行为人的财产权或其他权利受到了损害，包括财产数额的减少和健康权受到损害等；③行为和损害事实之间存在因果关系，即行为人的行为是导致损害事实发生的客观原因，损害事实是行为人行为必然引起的结果；④行为人主观上存在过错，即行为人在行为时存在过失或者故意的心理，所谓故意是指行为人明知自己的行为可能产生某种法律后果，而仍然进行此种行为，有意促成该后果的发生；所谓过失是指行为人对自己的行为可能产生的违法后果应当预见、能够预见而竟未预见到，或者虽然预见到了却轻信其不会发生，以致造成后果发生。当然所有这些构成要件的适用必须有一个根本前提，那就是被侵害的财产权或其他权利是属于受害人的，否则受害人无法提起侵权的诉求。

按照对一般侵权行为构成要件的分析，本案业主的行为构成侵权也比较容易判断。首先，它所使用的知识产权系管理公司所有，而按照《民法通则》第5条的规定，"公民、法人的合法的民事权益受法律保护，任何组织和个人不得侵犯"，业主行为的违法性不容辩驳。其次，业主使用管理公司知识产权所造成的损害事实亦不容辩驳。举个最简单的例子，如果管理公司想用其酒店品牌在当地注册一个酒店管理公司，就会因为重名而不被允许。再次，这种损害明显是由业主的行为造成的，它用管理公司知识产权注册公司的行为直接导致了管理公司以后无法注册同样的公司。最后，业主主观上的过错也是很明显的，因为在签订《×酒店管理合同》时它就应当已经知道了管理公司对其知识产权的使用限制。因此，业主的侵权行为基本是可以确定的。

既然业主既构成违约，又构成侵权，那么按照上述法律规定，管理公司只能选择这两种民事责任中的一种提起诉讼。管理公司究竟应该选择哪种方式来维权呢？笔者以为，如何取舍主要取决于两个方面的考虑，其一，需要考虑通过维权要达到什么样的效果；其二，需要考虑两种责任形式的证明难度。

如前所述，违约责任主要包括①继续履行；②采取补救措施；③赔偿损失；④支付违约金；及⑤定金罚则五种。而按照《民法通则》第134条的规定，侵权责任则主要包括①停止侵害；②排除妨碍；③消除危险；④返还财产；⑤恢复原状；⑥修理、重做、更换；⑦赔偿损失；⑧支付违约金；⑨消除影响、恢复名誉；及⑩赔礼道歉10种。因此，受害方最终能够达到哪种维权效果，则取决于受害方到底是按照违约提起诉请，还是按照侵权提起诉请。比如，如果按照违约提起诉请，而受害方要求侵害方向其赔礼道歉，那么裁判机构支持这种请求的可能性就比较小，因为违约责任中并不包含赔礼道歉的法律后果。

至于两种责任形式的证明难度，也是比较容易判断的。首先，根据笔者在违约责任一节中的分析，违约与否的简单判断方法就是看当事人的行为是否违反了其合同约定义务，举证责任相对简单。相反，侵权责任的认定则需要具备四个构成要件，这无疑会增加管理公司的举证难度。其次，如果管理公司采用侵权责任的维权方式，它还面临上文提到的一个根本性问题，即它必须首先是该知识产权的权利人；而在本案中，该知识产权在中国的中文商标注册尚未完成，管理公司所拥有的只是境外的外文商标注册文件，因此采用侵权责任的维权方式还可能面临着不确定的结果。

基于上述分析，管理公司在提请本案仲裁时，采用了违约责任的维权方式，而业主在答辩时，也确实提出了该知识产权的中文商标没有在中国注册，其注册公司所使用的中文名称并没有侵犯管理公司的知识产权。然而，仲裁庭认为，双方之间关于该知识产权的约定并没有违反中国的强制性法律规定，是双方意见的一致表示，是合法有效的，因此业主只能在管理合同期限内按照合同约定的范围使用该知识产权，现《×酒店管理合同》经双方确认解除，业主应当停止使用该知识产权。可见，仲裁庭正是按照违约责任的方式来裁决此案的，这也很好地体现了不告不理的司法审判原则，显示了维权策略在司法审判中的重要作用。

第三节　未约事项的处理

《合同法》没有关于何谓未约事项的明确界定。由于在实践中,合同中约定不明的事项基本都作为没有约定来处理,因此本书将把合同中没有约定的事项和合同中约定不明的事项统称为未约事项。鉴于《合同法》对如何处理未约事项作了明确规定,本节将直接讨论未约事项的处理方法。

根据《合同法》第 61 条的规定,"合同生效后,当事人就质量、价款或者报酬、履行地点等内容没有约定或者约定不明确的,可以协议补充;不能达成补充协议的,按照合同有关条款或者交易习惯确定"。该规定为未约事项提供了两种基本解决途径,即①签订补充协议,即对原合同没有约定的事项或者约定不明的事项,用文字的方式进行补充约定或说明。这种方式在实践中比较常见,这也是笔者建议各位专业人士采用的方法,其最大的好处就在于能够将不明确的事宜明确下来,以减少将来发生纠纷的风险。②如果各方不能达成补充协议的,则按照原合同的有关条款或者交易习惯确定。比如,如果酒店管理合同中没有对管理费的支付时间作出任何规定,但在实践中业主都是在接到管理公司账单后 30 天支付的,那么如果业主超过该期限支付管理费,一旦管理方和业主发生纠纷,以前的这种支付记录则有可能被裁判机构作为判断管理费支付时间的依据。但这种依赖交易习惯确定双方权利义务的方式存在很大不确定性,笔者并不建议将此作为各方的优选方案。

但是,如果仍然不能根据《合同法》第 61 条的规定解决未约事项又该如何处理呢?对此,《合同法》第 62 条规定适用如下规定,即"(一)质量要求不明确的,按照国家标准、行业标准履行;没有国家标准、行业标准的,按照通常标准或者符合合同目的的特定标准履行。(二)价款或者报酬不明确的,按照订立合同时履行地的市场价格履行;依法应当执行政府定价或者政府指导价的,按照规定履行。(三)履行地点不明确、给付货币的,在接受货币一方所在地履行;交付不动产的,在不动产所在地履行;其他标的,在履行义务一方所在地履行。(四)履行期限不明确的，债务人可以随时履行，债权人也可以随时要求履行，但应当给对方必要的准备时间。（五）履行方式不明确的，按照有利于实现合同目的的方式履行。（六）履行费用的负担不明确的，由履行义务一方负担"。与《合同法》第 61 条相类似，《合同法》第 62 条在实践中的适用同样存在很大不确定性，比如，如何确定"符合合同目的的特定标准"等。因此，我们认为，对未约事项而言，最为合适的方法是商谈签订补充协议，而非消极处理。

  就酒店管理而言，酒店管理行为复杂，涉及客房销售、人员管理、物资采购等众多方面，而这些行为有很多是无法在酒店管理合同中详细约定的。比如，对于如何进行物资采购，管理公司和业主就无法在酒店管理合同中就采购人员的安排、采购价格、采购地域作出明确规定。因此，在酒店管理合同中，所谓的未约事项不仅包括合同各方之间的所有未约定事项或者约定不明事项，还包括涉及原合同履行或者与原合同相关的其他事项，而且《合同法》的重点不在于如何界定未约事项的概念，而是确定了一种明确未约事项的方法和程序，而这种程序明显带有一种优劣排序痕迹。因此，笔者认为，**对于未约事项各方当事人应当尽量配合，努力达成共识，并就此签订书面补充协议**，而且由于原合同的存在，各方也通常比较容易达成签订补充协议的共识，虽然这种理想状态在实践中并不一定能够完全实现。各方当事人不宜过度依赖《合同法》第 61 条和第 62 条的规定而放弃签订补充协议的机会，否则就有可能因为对该等模糊规定的理解不同，而导致争议升级，最终可能会导致各方不得不走上法庭。

第十四章
酒店管理合同的转让

导读

　　酒店换牌和酒店物业出售是酒店管理行业的两种常见现象。从实践操作的角度而言，虽然酒店换牌和酒店物业出售并不会导致酒店管理合同转让的必然发生，但都存在将原酒店管理合同进行转让的可能。而在实践中，酒店管理合同本身往往也会要求，受让方在合同转让完成后继续遵守关于双方权利义务的全部约定，这就是法律上通常所讲的合同权利义务一并转移或者概括转移。除此之外，实践中还存在着大量合同权利义务转让的其他情形，比如，一方当事人因合并或分立而造成的合同转让，一方当事人对合同部分权利或者义务的转让等。但是这些情况在酒店管理行业并不多见，并不是本章论述的重点，本章论述的重点是酒店管理合同全部权利义务的一并转让。

第十四章 酒店管理合同的转让

第一节 管理合同转让的条件

所谓合同转让,一般而言,是指合同一方当事人将其在合同中所享有的权利和承担的义务全部或部分转让给第三人的行为。对于转让全部权利和义务的合同转让而言,它应当具有以下特征:①合同转让并不以改变原合同内容(原合同中的权利和义务)为目的,而是为了将转让方在原合同中的全部权利和义务一并转让第三方;②合同转让实际上所导致的直接后果是合同主体发生转换,即由合同受让方取代合同转让方成为原合同的签约当事人,原签约当事人之间的合同关系消灭,新签约当事人之间的合同关系产生;③合同转让由两个互相关联的法律关系构成,即合同转让既包括原签约当事人之间的关系,也包括新签约当事人之间的关系,需要在办理合同转让法律实务时一并考虑。

在明确合同转让的法律含义的同时,还有两个问题需要充分考虑。首先,所转让的合同必须是一个有效的合同,无效的合同不得转让。根据《合同法》第56条的规定,无效的合同自始没有法律约束力,而合同转让的目的在于让合同受让方最终成为原合同的签约当事人,因此即使无效的合同发生了转让,仍然不能改变其无效的本质。其次,合同转让与合同变更是两个不同的法律概念。合同变更是指签约当事人对合同部分权利和义务进行更改,并按照更改后的内容履行合同,并不涉及合同主体的变化。当然,这并不是说,在进行合同转让时不得对合同内容进行任何更改。在合同转让的同时,对合同内容进行更改的,属于合同转让和合同变更的竞合,在此情形下,合同转让方除应当遵守法律关于合同转让的规定外,还应当遵守《合同法》关于合同变更的相关规定。

那么,合同转让应当满足哪些前提条件呢?根据《民法通则》第91条的规定,"合同一方将合同的权利、义务全部或者部分转让给第三人的,应当取得合同另一方的同意,并不得牟利。依照法律规定应当由国家批准的合同,须经原批准机关批准。但是,法律另有规定或者原合同另有约定的除外"。根据该规定,合同转让的前提条件可以简单地归纳为如下三点：

一、合同转让必须取得合同另一方当事人的同意，另一方当事人不同意的，不得将合同转让给合同受让方

对此，《合同法》第 88 条亦有明确规定："当事人一方经对方同意，可以将自己在合同中的权利和义务一并转让给第三人。"这里有一个问题需要明确，如果合同原来约定任何一方当事人不得转让合同，但后来另一方当事人又同意合同转让时，应当如何处理呢？笔者认为，如果另一方当事人后来确实同意转让，则应该以另一方当事人后来的意思表示为准。合同在本质上属于意思表示一致的行为，因此如果合同转让方能够和另一方当事人就合同转让形成新的一致意思表示，那么它们就可在此基础上形成一个对双方具有约束力的协议，从而更改了合同禁止转让的约定，使得合同转让成为可能。

二、合同必须具有可转让性，没有可转让性的合同是不可以转让的

《合同法》第 79 条规定，所谓的可转让性主要取决于以下三点内容：①合同当事人约定不得转让，但根据上述分析，合同当事人后来同意转让的，可以转让；②合同性质要求不得转让。合同性质是一个比较模糊的概念，但在实践中一般理解为含有一定人身信任关系的合同，如雇佣合同，在此情形下进行转让明显会破坏原有的人身信任关系，因此不能转让；③法律规定不得转让。这主要取决于相关的法律规定，如《担保法》第 61 条规定："最高额抵押的主合同债权不得转让。"

三、合同必须遵守国家关于合同转让批准的规定，合同转让依法应由国家批准的，但没有获得批准的不得转让

这既是关于合同转让程序的要求，也是关于合同转让条件的规定。如果一合同的转让依法须经国家批准，当事人却在没有获得批准的情况下擅自转让，那么这种转让就是违法的，在法律上并不能获得合同转让的后果，通常仍应当由原来的合同各方当事人承担合同的权利义务。

第十四章 酒店管理合同的转让

对于合同转让条件在酒店管理合同中的应用，兹举如下案例予以说明。

案情简介

业主和管理公司正在就《×酒店管理合同》进行谈判，《×酒店管理合同》由管理公司提供。管理公司所提供的《×酒店管理合同》有如下约定：

"管理方可将《×酒店管理合同》转让给其关联企业，但条件是受让方必须享有与管理方同样的利益，并保证业主在《×酒店管理合同》项下的任何权利和利益不受影响，且应向业主至少提前60天事先发出书面通知。除此以外，管理方未经业主事先书面同意而进行的任何其他让与均属无效。"

"合同期限内，业主如果有意将酒店物业全部或部分出售的，应当及时将拟受让方的名称和地址通知管理方，并将管理方合理要求的关于购买者的所有相关资料提供给管理方。业主不应促成或允许在以下情况下完成酒店的出售：①未得到受让方表示接受《×酒店管理合同》所有条款并将受其约束的书面承诺；②出售给资产净值不足以满足《×酒店管理合同》项下的义务，或自身资产少于酒店出售价格的百分之二十（20%）的受让方；③出售给在相关行业内被认为声誉不佳、缺乏道德诚信，或被认为卷入犯罪活动的受让方；④出售给直接地经营着与管理方或其关联企业相竞争的受让方。若《×酒店管理合同》因酒店物业出售而终止的，业主应当向管理方支付终止费。若属本条禁止的酒店物业出售行为，则管理方有权①在酒店物业出售时立即终止《×酒店管理合同》（若尚未由业主或受让方终止）；②收取终止费，并应在《×酒店管理合同》终止之日支付给管理方；③就额外损失对业主起诉。"

对于上述约定，业主内部几经讨论，也没有理清业主是否可以依据该等约定将《×酒店管理合同》转让；或转让酒店物业，因此请求律师就此出具法律意见，并提供谈判解决方案。

具体分析

从管理合同的上述约定来看，管理公司转让《×酒店管理合同》基本上是不存在问题的。首先，《×酒店管理合同》规定，《×酒店管理合同》可以在相应条件下转让，即合同受让方必须享有与管理方同样的利益，且业主在《×酒店管理合同》项下的任何权利和利益亦不受影响。因此，只要符合这些条件，管理方转让《×酒店管理合同》就应当不会存在障碍。其次，酒店管理合同没有人身信任关系，也没有法律所禁止转让的情形，具有法律所要求的可转让性。再次，业主已在《×酒店管理合同》中同意管理方转让《×酒店管理合同》，只是转让的前提是受让方必须是管理方的关联企业，且管理方应提前60天发出书面通知。再次，因为《×酒店管理合同》是由业主与外国管理公司在华的子公司签订，国家法律并没有任何关于该类酒店管理合同转让必须经过相关国家批准才有效的规定。因此，只要转让通知和受让方均符合《×酒店管理合同》约定的条件，管理公司就有权转让《×酒店管理合同》，业主就应当配合办理《×酒店管理合同》的转让事宜，否则就可能被要求承担《×酒店管理合同》项下的违约责任。

对于业主而言，如果业主意欲转让《×酒店管理合同》，则可能面临较大的困难。首先，《×酒店管理合同》没有对业主是否可以转让《×酒店管理合同》进行约定。尽管《×酒店管理合同》具有可转让性，但根据法律规定，业主仍然需要取得管理公司的同意。如果管理公司不同意，则业主转让《×酒店管理合同》的可能性就不大。如果业主强要转让《×酒店管理合同》，业主除可能面临承担违约责任的风险外，还可能最终因为管理公司不配合而导致转让不能。其次，业主转让《×酒店管理合同》与管理公司转让《×酒店管理合同》完全不同。在管理公司转让《×酒店管理合同》的情况下，受让方只要与业主达成一致即可顺利地成为新的管理方；而在业主转让《×酒店管理合同》的情况下，即使受让方与管理方达成一致，受让方的角色到底是什么呢？酒店物业的所有人，还是承租人？因此，业主转让《×酒店管理合同》的，必然还会涉及一个管理公司不会涉及的问题，那就是关于酒店物业的处分问题。

关于酒店物业的处分问题，《×酒店管理合同》是有明确约定的，那就是只要业主将酒店物业出售给第三方（无论是业主的关联企业还是非关联企业），都必须满足合同中所描述的承诺、资产、信用和非竞争者四个条件；但《×酒店管理合同》因为酒店物业出售被终止的（不论是由业主终止还是由管理方终止），则业主必须向管理方支付终止费。那么，在这种合同约定下，业主是否可以出售酒店物业呢？

根据笔者的实践经验，管理公司通过这种方式虽然可以限制业主出售酒店物业，但却不能完全禁止业主出售酒店物业。根据中国法律规定，业主对酒店物业的所有权属于物权，而业主与管理公司基于酒店管理合同所产生的权利属于债权，而债权是不能优先于物权的。换言之，如果业主要出售酒店物业，管理公司只能根据酒店管理合同的约定追究业主的违约责任，却不能强制受让方将业主售出的物业返还给业主。这个问题已经在《物权法》等法律中明确规定，且已被司法实践所证实。因此，无论受让方是否满足四个条件，都不能从实质上禁止业主将酒店物业转让给第三方，管理公司只能基于酒店管理合同针对业主的转让提起债权请求。也就是说，业主在酒店物业转让方面的责任才是本案的关键。

从业主的利益角度出发，《×酒店管理合同》约定的业主在酒店物业转让方面的责任是明显存在问题的。首先，它没有区分业主将酒店物业转让给关联企业和非关联企业的情形；其次，它没有区分酒店物业受让方是否愿意继续与管理公司履行《×酒店管理合同》的情形；再次，它也没有区分终止费会否因业主或管理公司终止《×酒店管理合同》而不同。基于此，笔者提出：

（1）区分业主将酒店物业转让给关联企业和非关联企业的不同情形，把业主将酒店物业转让给关联企业的情形从四个适用条件中排除，并修改相应的文字。

（2）区分酒店物业受让方愿意继续与管理公司履行《×酒店管理合同》的情形，并明确在此种情况下，业主不承担关于终止费的责任。

（3）按照业主或管理方对于《×酒店管理合同》被终止是否存在过错及过错大小，区分终止费的数额的不同，并在《×酒店管理合同》中予以明确约定。

（4）同时明确业主转让《×酒店管理合同》的条件，并辅以相应的程序性约定。

上述分析以及笔者提及的修改意见最终被业主采用，并在与管理方的合同谈判中适用，取得了与原《×酒店管理合同》很不一样的效果。

第二节　管理合同转让的程序

在合同具备转让条件后，当事人应当如何操作合同转让事宜呢？对此，法律并无详细规定，笼统的规定主要体现在《合同法》第87条中，即"法律、行政法规规定转让权利或者转移义务应当办理批准、登记等手续的，依照其规定"。

根据上述规定，合同转让程序应当是一件非常简单的事情，即只要转让一方当事人取得合同另一方当事人的同意，即可办理合同转让手续，该登记的登记，该审批的审批。但在实践中，这种理解并不全面，可能还会产生很多问题。比如，另一方当事人对合同转让的同意到底应当以何种方式体现出来？由另一方当事人签发一

酒店管理合同：从谈判到履行

份同意书，还是由合同当事人和受让方三方共同签订一方合同转让协议？所谓的合同转让手续具体如何办理？如果受让方希望在承接合同时对合同的某些条款进行更改，应当如何处理？

根据笔者的经验，办理合同转让的审批或者登记手续是比较容易理解和处理的，只要通过查询相关法规或咨询相关部门，即可很容易地知道如何办理，但对于上述其他问题，则需要综合考量各方的商业意图和法律规定，然后设定不同的转让方法。

在实践中，要非转让方签订同意合同转让的文书，是可行的，但比较麻烦，因为在转让方取得该同意书后，还需要与受让方签订合同受让协议，并将该同意书作为其附件；同时，转让方在取得合同受让协议后，还需将该协议交给非转让方确认，以形成对非转让方具有约束力的文件。这种合同转让方式似乎充分遵循了法律关于合同转让的要求，但在实践中并不经济，也不太容易为各方所接受。比较经济的方式一般是由转让方、非转让方和受让方共同签署一份合同转让协议，确定各方对合同转让的一致意思表示。

在签署合同转让协议后，有些非转让方还会要求与受让方再签订一份补充协议，作为明确受让方成为合同一方当事人的补充。虽然这种要求签订补充协议的方式无可厚非，但在实践中却为各方所涉及的另一个问题提供了解决方式，那就是在发生合同转让时，如何处理受让方或非转让方要求更改部分酒店管理合同条款的要求。根据《合同法》第77条和第88条的规定，当事人协商一致，可以变更合同，但当事人对合同变更的内容约定不明确的，推定为未变更。如果受让方和非转让方可以签订这类补充协议，那么《合同法》这两条所涉及的要求和法律风险均可以得到最大限度的解决。同时，如果法律要求合同转让和变更需要审批或备案的，那么在签订该等补充协议后，亦可一并办理，达到多快好省办事的目的。

对于合同转让程序在酒店管理合同中的应用，兹举如下案例予以说明。

🔍 案情简介

业主和管理公司签订《×酒店管理合同》，约定："业主有权将其在《×酒店管理合同》项下的任何权利或利益转让给业主的任何母公司、子公司或关联公司，无须得到管理方的同意，但条件是业主应向管理方提供一切所需的信息，证明业主的受让方是合法设立、有能力履行业主在《×酒店管理合同》下的义务，并且是酒店的唯一合法所有人，并且该受让方同意签署管理方提供的文件以明确该转让并同

第十四章 酒店管理合同的转让

意受《×酒店管理合同》条款与条件的约束。"

《×酒店管理合同》又约定:"如未事先得到管理方的书面同意,业主不得将其在《×酒店管理合同》中的任何权益直接或间接地以任何方式转让(或允许转让),并不得将其在酒店中的任何权利/或权益分割、出售、转让或转移给管理方的竞争对手,也不得许可对业主的多数股权及利润分成权益变更给管理方的竞争对手(但遗嘱继承或法定继承除外)。"

《×酒店管理合同》还约定:"《×酒店管理合同》中的条款、规定、合约、承诺、同意、义务及条件是具有约束力的,并且将适用于《×酒店管理合同》双方的权利承继人和受让方,对其具有同等的效力,但业主违反《×酒店管理合同》的规定而进行的转让,将不赋予受让方任何权利。"

《×酒店管理合同》签订并履行一段时间后,业主出于经营战略的考虑,决定将酒店物业转至其母公司名下,并由母公司继续履行《×酒店管理合同》,管理公司亦表示同意。但业主在翻阅《×酒店管理合同》时,却没有发现关于合同转让程序的相关条款,也没有发现合同转让与酒店物业转让之间相协调的条款。由于《×酒店管理合同》对违反《×酒店管理合同》约定而受让《×酒店管理合同》的受让人拒绝赋予任何权利,业主担心在酒店物业被转至母公司名下后,母公司无法承接《×酒店管理合同》,导致战略目的落空,因此需要从法律的角度设计一个解决方案。

具体分析

一般而言,酒店管理合同对合同转让程序不予约定的比较少见,比较多见的是,双方会对合同的转让作出详细规定,以方便将来的操作。然而,本案与一般酒店管理合同转让的最大不同还在于,它在进行合同转让的同时,还涉及酒店物业的转让问题。经研读《×酒店管理合同》,还发现管理公司并非中国的本土公司,也非国际酒店管理公司在中国设立的子公司。这就要求在降低业主酒店物业的转让与《×酒店管理合同》的转让法律风险的同时,必须考虑到转让行为的经济性和顺利性,因为部分签字还需要在国外来完成,而且按照法律规定,《×酒店管理合同》还需在商务部门等部门进行备案。那么,本案应当如何处理呢?

笔者认为,这需要首先从本案可能涉及的风险直接入手。本案涉及的风险主要是,在酒店物业被转至业主母公司名下后,母公司无法承接《×酒店管理合同》。按照上述分析,最为经济的降低该风险的方法应当是,首先确定管理公司是否同意业主将酒店物业转至其母公司名下。如果管理公司不同意转让,业主母公司不仅无法承接《×酒店管理合同》，还可能因为酒店物业的转让会给业主带来比较大的税负负担，并进而可能导致管理公司追究违约责任。就本案而言，这个已不存在问题，因为管理公司已经同意业主将酒店物业转让给其母公司。那么，剩下的问题就是如何设计一套经济快捷的转让方案。

从法律上讲，业主将酒店物业转让给其母公司的行为，并不属于合同转让，而是属于合同内容变更。虽然酒店物业的转让在实践中一般都会导致酒店管理合同的转让，但这种结果并不是必然的，不能排除业主在将酒店物业转让给第三方后仍然由业主继续履行酒店管理合同的情形。因此，本案的关键就在于，如何经济快捷地做到合同转让和合同变更的完美结合。

笔者前文提到，合同转让与合同变更是可以在一份补充协议中一并明确的，因此业主完全可以要求针对《×酒店管理合同》签订一份补充协议，要求管理公司在该补充协议中明确其同意在酒店物业转让给业主母公司后，由业主母公司受让《×酒店管理合同》，而业主母公司亦完全可以在该补充协议中表达其受让《×酒店管理合同》的意思，并由此形成一份三方协议，最大限度地减少因函件和文件往来所造成的时间和经济损失。

签订三方补充协议后，业主即可着手办理酒店物业转至其母公司名下的手续，并在转移手续办理完毕后，通知管理公司与业主母公司再行签订一份补充协议，确认业主母公司为《×酒店管理合同》一方，并将合同转让涉及的相关文件报送相关部门作备案之用，最终完成法律要求的合同转让手续。

第三节　管理合同转让的后果

一般而言，酒店管理合同转让所形成的直接后果就是，转让人退出原合同，不再承担原合同下的权利义务；而受让人则理所当然地成为合同新的一方，承接合同的全部权利和义务。酒店管理合同的转让一般不应当有任何其他状况的发生。然而，这种理解还需要稍微深化。

根据《合同法》第 89 条的规定，"权利和义务一并转让的，适用本法第 79 条、第 81 条至第 83 条、第 85 条至第 87 条的规定"。而《合同法》第 79 条、第 81 条至第 83 条、第 85 条至第 87 条主要规定的则是债权和债务转让的后果。比如，如果甲管理方将酒店管理合同转让给了乙管理方，在转让合同的同时，甲管理方还将业主应付给其 10 万元人民币的应收款转让给了乙管理方，那么这 10 万元人民币应收款的转让就属于债权转让，就应当适用《合同法》第 81 条至第 83 条关于债权转让的规定。

需要指出的是，在转让酒店管理合同的同时转让相应债权或者债务的情况在酒店管理行业并不多见，因为在酒店管理合同中一般都会明确约定因合同产生的相应债权和债务应当在特定条件下立即清偿，如合同解除、终止等情形。因此，如果甲管理方要退出与业主的酒店管理合同，它实际上是终止了与业主之间的合同关系，通常都会要求与业主清偿双方之间的债权债务关系。另外，债权债务的转让在实践中还可能存在很大的不确定法律后果。比如，《合同法》第 82 条规定："债务人接到债权转让通知后，债务人对让与人的抗辩，可以向受让人主张。"仍以上述债权转让为例，如果甲管理方对业主的债权存在瑕疵，那么在债权转让完成后，业主就可能会根据该条的规定向债权的受让方乙管理方主张抗辩，致使乙管理方可能无法如期如数收回债权。因此，在实践中，在转让酒店管理合同的同时转让债权债务的行为，往往不受欢迎，亦不列为本章所陈述的重点。

当然，如果酒店管理合同转让真的涉及了债权和债务的转让，本章第一节和第二节的分析依然可以适用，特别是关于转让程序的分析。通过转让方、受让方和非转让方的三方协议形式，不仅可以达到《合同法》所要求的对债务人通知和取得债权人同意的要求，而且可以在三方协议中共同明确债权债务的数额，作为将来债权人索求债权和债务人履行债务的依据。

此外，酒店管理合同的转让还会涉及与酒店运营相关合同的履行问题，比如服务合同、物资采购合同等。一般而言，虽然这种合同与酒店运营相关，但酒店管理合同的转让并不必然导致这种合同的转让或者终止，完全可以由当事人按照其商业意图根据相关法律规定进行处理，本章亦不赘述。

第十五章

酒店管理合同的解除

导读

　　天下没有不散的宴席。管理方和业主的合作再完美，亦必须面对类似的残酷命运，即解除或终止双方间签订的酒店管理合同。根据《合同法》第91条的规定，除法律对特殊合同另有规定外，合同的权利义务在七种情况下终止，即①债务已经按照约定履行；②合同解除；③债务相互抵消；④债务人依法将标的物提存；⑤债权人免除债务；⑥债权债务同归于一人；⑦当事人约定终止的其他情形。虽然这些规定同样适用于酒店管理合同，但本章却无意对如何适用这些规定进行全面探讨，而是集中讨论酒店管理合同的合同解除问题。

第十五章　酒店管理合同的解除

第一节　管理合同解除的条件

根据法律界的一般理解，合同解除是具有合同解除权的一方行使合同解除的行为。合同解除权分为约定解除权和法定解除权两种。**在两者的适用顺序上，实践中一般会优先考虑约定解除权，只有在约定解除权无法适用或没有的情况下才会考虑法定解除权，但这并不表示二者不可以同时适用。**

所谓约定解除权是指合同当事人在合同中约定解除合同的条件，并在解除条件成就时按照合同约定或法律规定解除合同。约定解除权主要体现在《合同法》第93条中，即"当事人协商一致，可以解除合同。当事人可以约定一方解除合同的条件。解除合同的条件成就时，解除权人可以解除合同"。当事人在合同中没有约定解除条件，但事后通过协商达成解除合同合意的，亦可协议解除合同。

所谓法定解除权是指法律直接规定的合同应当解除的条件。法定解除权主要体现在《合同法》第94条中，即"有下列情形之一的，当事人可以解除合同：①因不可抗力致使不能实现合同目的；②在履行期限届满之前，当事人一方明确表示或者以自己的行为表明不履行主要债务；③当事人一方迟延履行主要债务，经催告后在合理期限内仍未履行；④当事人一方迟延履行债务或者有其他违约行为致使不能实现合同目的；⑤法律规定的其他情形"。对于法定解除权的具体含义，兹分述如下。

一、因不可抗力致使不能实现合同目的

理解该规定的关键是，明确不可抗力和合同目的的含义。根据民事法律的相关规定，不可抗力主要是指当事人不能预见、不能避免且不能克服的客观事件，如战争和自然灾害等。但由于法律允许当事人根据具体情况在合同中设定不同的不可抗

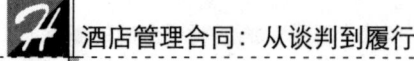

力，比如社会性罢工、地震等，因此实践中还需要审查合同的具体约定，来确定不可抗力的具体内容。至于合同目的，则需根据双方签订合同所拟实现的商业目标来判断。在酒店管理合同中，如果业主拒付管理费，对管理公司而言就属于无法实现合同目的的情形。

二、在履行期限届满之前，当事人一方明确表示或者以自己的行为表明不履行主要债务

理解该规定的关键是，明确主要债务和行为表明不履行的含义。《合同法》没有对何谓主要债务进行明确界定，实践中需要根据合同目的来判断。比如，管理公司签订酒店管理合同的目的在于收取管理费，如果在合同履行过程中发生了一些需要业主补偿的邮寄费用，且业主拒绝予以补偿，则这些邮寄费用不能视为主要债务，管理公司不能因为业主拒付邮寄费而要求解除酒店管理合同。行为表明不履行比较好理解。比如，如果管理公司连续向业主发出管理费支付要求，只要业主不予理睬，既不答复，也不处理，则属于以自己的行为表明不履行主要债务，管理公司可以据此提出解除酒店管理合同。

三、当事人一方迟延履行主要债务，经催告后在合理期限内仍未履行

理解该规定的关键是，明确合理期限的含义。《合同法》没有对何谓合理期限进行明确界定，实践中需要根据商业习惯来确定。一般而言，在酒店管理合同中，如果拖延支付管理费达3个月，基本上就可以认定为超出合理期限。当然，为保险起见，合同当事人通常都会在适当延长上述期限的基础上，向另一方发出解除请求。

四、当事人一方迟延履行债务或者有其他违约行为致使不能实现合同目的

迟延履行债务本身就属于违约行为，因此该规定实际上是说，只要违约行为导致无法实现合同目的，守约方就应当享有合同解除权。

需要注意的是，上述分析是针对一般情况作的概括性分析，不论是根据约定解除权来解除合同，还是根据法定解除权来解除合同，都需要具体案例具体分析，不

第十五章 酒店管理合同的解除

可一概而论，武断决定，否则即可能面临被诉违约的风险。

另外，不论行使何种合同解除权，其都有一个行使期限，这主要体现在《合同法》第95条中，即"法律规定或者当事人约定解除权行使期限，期限届满当事人不行使的，该权利消灭。法律没有规定或者当事人没有约定解除权行使期限，经对方催告后在合理期限内不行使的，该权利消灭"。这也是合同解除的条件之一，仅此提请各位读者注意，不再赘述。

对于合同解除条件在酒店管理合同中的应用，兹举如下案例予以说明。

案情简介

管理公司和业主签订《×酒店管理合同》。《×酒店管理合同》约定："如果任何一方发生任何下列情况，另一方均可以书面形式通知对方，其选择将《×酒店管理合同》视为已被对方终止：未能遵守或履行《×酒店管理合同》项下其应遵守或履行的任何重大承诺、条款、规定或保证，而该违约行为在收到另一方通知后30天内未能得以纠正（如该违约行为无法在30天内予以纠正，但违约方已开始对违约行为进行补救，则该期限可进行合理延长）。如果《×酒店管理合同》在此情况下终止，且终止发生在开业日期前的，则违约方应支付××万元人民币作为违约金。"

《×酒店管理合同》又约定："业主保证是酒店用地的土地使用权持有人，其拥有签订《×酒店管理合同》的全部权利和授权，并保证且酒店用地符合中国法律的土地规划要求。业主现已经购买酒店用地和酒店的产权，但相关政府批准及产权过户手续正在办理过程中。业主保证在签署《×酒店管理合同》后120日内完成酒店用地及酒店的产权过户手续，并在签署《×酒店管理合同》的同时向管理方提交所有相关的过渡性证明文件。如果业主未能在上述约定期限内完成酒店用地及酒店的产权过户手续，业主将被视为违约，管理方则有权按照《×酒店管理合同》的约定追究业主的违约责任。"

《×酒店管理合同》签订后，管理公司正式为酒店提供管理和经营服务。但在酒店运营半年之后，管理公司发现业主仍未向其提供酒店用地及酒店产权的过户证明。另外，管理公司进一步查明，酒店消防仍然存在问题，短期内无法办理消防验收手续。其后，管理公司认为继续管理和经营该酒店的风险较大，决定终止与业主之间的《×酒店管理合同》，希望笔者就是否可以及如何终止《×酒店管理合同》提供意见。

具体分析

根据本节开篇分析，合同当事人的解除权有约定解除权和法定解除权两种。作为《×酒店管理合同》的一方，管理公司当然亦拥有这两种解除权，但关键是能否行使。

就约定解除权而言，管理公司拥有的权利是，按照《×酒店管理合同》的约定，选择将《×酒店管理合同》视为被业主终止来处理。此种情况下，按照《×酒店管理合同》的约定，管理公司必须向业主发出书面通知。一旦该通知发出且业主在收到通知后30日内没有纠正其违约行为，则《×酒店管理合同》应当被视为由业主终止。但适用该约定需要两个前提。首先，管理公司可否就业主的上述违约行为发通知，即业主所违犯的承诺是否属于重大承诺？在本案中，该问题不难回答，因为业主拥有酒店的所有权和酒店通过消防验收，是管理公司可以依法管理和经营酒店的前提条件，业主在这方面的承诺属于重大承诺无疑。其次，如果管理公司可以发通知，那么如果业主已经开始办理相关房产手续和消防验收手续，那管理公司发出的第二次通知需要给予业主多长时间的合理期限来纠正违约行为呢？对此，应作如下分析。其一，《×酒店管理合同》要求业主必须在合同签署后120天内办完这些手续，签订合同时，业主应当已经知道或已经开始办理这些手续；其二，发出第一次通知后，业主应当已经开始加速办理这些手续；其三，酒店已开业半年之久，考虑正式开业前的试营业时间，加上第一次通知的时间，管理公司实际上已经为业主留出了至少12个月的时间办理手续，在这段时间内，业主本应早已办理完毕相关手续，除非已经发生了一些业主根本无法办理上述手续的情形。因此，所谓的合理延长期限不宜过长，笔者以为60天的延长期是合理的。基于上述分析，只要业主的行为满足了上述两个前提，且管理公司按照约定发出了书面通知，管理公司的解除权就应当已经成就。

就法定解除权而言，管理公司则必须运用《合同法》第94条的规定对本案进行分析。对此，管理公司首先要考虑的问题就是，业主长达12个月之久都没有办理完毕酒店产权手续和消防手续的行为，到底属于《合同法》第94条所规定的哪一种情形，是①因不可抗力致使不能实现合同目的；还是②在履行期限届满之前，当事人一方明确表示或者以自己的行为表明不履行主要债务；还是③当事人一方迟延履行主要债务，经催告后在合理期限内仍未履行；还是④当事人一方迟延履行债务或者有其他违约行为致使不能实现合同目的。这需要采用排除法进行分析。首先需要排除的是第①种情形，这是因为不可抗力可以使得业主免责，而这并不是管理公司希望看到的，而根据笔者的分析，业主主张不可抗力的理由极可能是政府办事不力。而在审判过程中，业主确实将该理由提出来，很遗憾，《×酒店管理合同》并未将政府办事不力纳入不可抗力范围之内,因此在实际上也未适用第①种情形。其次需要排除的是第②种情形,因为在《×酒店管理合同》履行期限届满之前,业主并未明确表示或者以自己的行为表明不办理房产手续和消防验收手续,而是一再声称正在办理。再次需要排除的是第④种情形,这是因为虽然业主没有取得房产手续和消防验收手续最终可能会导致管理公司无法再继续管理酒店,但就目前的状态而言,管理公司仍然在管理着酒店并收取管理费,其商业目标正在实现,虽然可将第④种情形作为一个依据,但可能会遭到业主的上述反驳。因此,管理公司的法定解除权只能集中在第③种情形上,即"当事人一方迟延履行主要债务,经催告后在合理期限内仍未履行"。

通过比对《×酒店管理合同》的约定和法定解除权第③种情形,可以发现具有一个共同点,那就是需要通知。因此,如果两者可以竞合,管理公司就可以同时行使约定解除权和法定解除权主张解除《×酒店管理合同》,这也会增加管理公司解除合同的可靠性,并进一步降低自身的风险。为此,笔者提出,由管理公司按照《×酒店管理合同》的约定向业主发出两次违约行为纠正通知书,并在业主接到第二次通知仍然不能改正违约行为的情形下,要求解除《×酒店管理合同》,退出酒店管理。这种做法在实践中也达到让裁判庭确认合同解除的效果,而裁判庭的裁决结果也正如所设计的一样。

第二节　管理合同解除的程序

在合同具备解除条件后,当事人应当如何操作合同解除事宜呢?对此,法律并无详细规定,笼统的规定主要体现在《合同法》第96条中,即"当事人一方依照本法第93条第2款、第94条的规定主张解除合同的,应当通知对方。合同自通知到达对方时解除。对方有异议的,可以请求人民法院或者仲裁机构确认解除合同的效力。法律、行政法规规定解除合同应当办理批准、登记等手续的,依照其规定"。

根据上述规定,合同解除程序应当是一件非常简单的事情,即只要拥有解除权

酒店管理合同：从谈判到履行

的一方当事人发出通知，办理需要的登记或审批手续即可。但在实践中，这种理解并不全面，可能还会产生很多问题。按照本章第一节分析，合同解除分为协议解除合同、依约定解除权解除合同、依法定解除权解除合同三种，尽管有《合同法》第96条的规定，但这三种解除方式在实践中的操作方法是不同的。

对于依法定解除权解除合同而言，《合同法》第96条所规定的解除合同基本程序应当是，主张解除合同的一方应当首先将其解除合同的意思表示通知另一方。在实践中，这种通知一般会通过书面解除通知的方式递交另一方，并会在通知中说明提出解除合同的依据；如果另一方在接到书面通知后，认为合同解除存在问题，则可以通知对方不同意解除合同，或者直接向法院或仲裁机构请求确认合同解除的法律效力。由此可见，在行使法定解除权解除合同的情况下，虽然法律规定合同在书面解除通知到达对方时解除，但这种所谓的解除实际上是一种效力待定的合同解除，还需要法院或仲裁机构的最终确认。法院或仲裁机构确认解除的，合同解除；法院或仲裁机构认为合同不能解除的，则上述解除通知不仅没有达到解除合同的目的，且如果提出解除一方还存在其他违反合同约定的行为的，还可能会追究相关的违约责任，因此能否达到合同解除的条件才是是否能够成功解除合同的关键。

对于依约定解除权解除合同而言，其合同解除程序与依法定解除权解除合同的程序基本相同，但需要注意两个问题。首先，行使解除权的一方必须按照合同的约定，履行相应的手续。比如，合同要求行使解除权的一方向另一方发出书面整改通知，并以该通知的执行与否作为行使解除权基础的，则行使解除权的一方必须发出该整改通知，这不仅是对合同解除条件的要求，也是对合同解除前置程序的要求，行使解除权的一方必须遵守。其次，如果合同约定解除权行使期限的，则行使解除权的一方必须在该行使期限内要求解除合同，否则其解除权将依法消灭，不得再针对同样的理由向对方提出解除合同。在满足了上述所有前置程序要求后，行使解除权的一方即可以向另一方发出解除合同的通知了。

对于依法定解除权解除合同和依约定解除权解除合同而言，《合同法》第95条还规定了一种解除合同的催告程序，即在没有法定或者约定解除权行使期限的情况下，如果发生了拥有解除权的一方可以解除合同的情形，对方可以向拥有解除权的一方发出催告，要求拥有解除权的一方解除合同。在这种情况下，如果拥有解除权的一方愿意行使合同解除权，则可以在接到该催告后，书面通知对方解除合同；如果不愿意行使解除权，则可以拒绝在催告的期限内行使解除权。在实践中，如果拥有解除权的一方在法定或者约定解除权行使期限内没有行使解除权，或者在催告行使解除权期限内没有行使解除权的，则会丧失就同样理由再次要求解除合同的机会。

与依法定解除权解除合同和依约定解除权解除合同的复杂程序不同，对于协议解除合同而言，操作方式较为简单，即只要原合同双方达成解除合同的一致意思表示，即可以解除合同。在实践中，双方通常都会就解除原合同签订一份新的"终止协议"，以书面的形式将双方的意思表示明确下来。同时，双方还有可能根据合同的履行情况，将双方因履行合同所产生的债权债务的请求和偿付方式在该终止协议中明确下来。双方对该种终止协议不可等闲视之。

此外，根据《合同法》第96条的规定，法律、行政法规规定解除合同应当办理批准、登记等手续的，依照其规定。因此，一旦法院或仲裁机构确认管理合同解除，或者管理合同解除已被双方确认，则应当按照该规定办理合同解除的登记手续。依照笔者的经验，只有在管理方为外国公司的情况下，才需要办理这种合同解除的登记手续；在管理方为本土公司或者外国公司在华子公司的，则无须办理。这种登记手续办理与否对管理合同解除没有法律效力上的影响。

对于酒店管理合同而言，上述分析依然适用。以本章第一节中的案例而言，在本案例中，虽然管理公司提出了解除《×酒店管理合同》，但业主在本意上是不愿意同意解除《×酒店管理合同》的，因为毕竟已在酒店中投入了大量的人力、物力和财力。因此，管理公司最后才不得不按照《×酒店管理合同》的约定行使约定解除权，按照《合同法》第94条规定的第③种情形行使法定解除权。为达到法定解除权和约定解除权的竞合，以降低自身风险，管理公司还不得不发出了两次违约行为纠正通知书。即便如此，管理公司和业主还是不得已地一起走进了裁判庭，由裁判庭最终确认了合同解除的效力。由于本案例中的管理公司是外国公司的在华子公司，倒是无须办理合同解除的登记手续。

需要注意的是，在本案例中的两次违约行为纠正通知书本身并不会导致直接解除合同效果，它们仅仅是为了满足合同解除的条件，同时也是为了履行合同解除的前置程序。因此在管理公司发出两份违约行为纠正通知书后，仍须再向业主发出一份合同解除通知书，而该解除通知书的内容必须同时考虑到以后可能的法庭审判，以合适的文字将笔者在合同解除条件案例分析中提到的各种解除依据列举在内。正是因为充分考虑了合同解除条件，并充分履行了合同解除程序（包括前置程序），本案例才最终赢得了裁判庭关于解除合同的裁决。

第三节　管理合同解除的后果

　　合同解除的方式不同，合同解除的后果亦会不同。《合同法》第 97 条规定："合同解除后，尚未履行的，终止履行；已经履行的，根据履行情况和合同性质，当事人可以要求恢复原状、采取其他补救措施，并有权要求赔偿损失。"根据法律界的一般理解，合同解除应当向未来发生效力，即"合同解除后，尚未履行的，终止履行"，这一点无论是在协议解除合同的情况下，还是在依约定解除权或法定解除权解除合同的情况下，均适用。但在处理已发生债权债务的问题时，不同的合同解除方式就产生了不同的后果，兹详述如下。

　　如本章第二节所述，协议解除合同的，当事人一般都会就解除原合同签订一份终止协议，并且一般都会在该终止协议中对因履行合同所产生的债权债务等问题作出明确约定，作为将来各方当事人行事的依据。从法律的角度而言，这实际上又相当于在原合同的基础上签订了一份新的协议，并在该新协议中设定了双方各自的权利义务关系，且在一般情况下都会得到裁判机构的尊重。比如，当事人在终止协议中免除了对方损害赔偿责任的，协议生效后，裁判庭一般都不会支持就此再次提起的请求赔偿。因此，《合同法》第 97 条对这种合同解除方式的影响不大。

　　与协议解除合同不同，无论是依约定解除权解除合同还是依法定解除权单方解除合同，都没有一份补充协议来界定当事人之间已经发生的债权债务关系，当事人之间的纷争往往只能通过裁判机构来裁决，在这一点上，《合同法》第 97 条的规定就显得尤为重要了。但是依约定解除权解除合同与依法定解除权解除合同在这个问题上又有不同。根据《合同法》第 94 条关于法定解除权的规定，除因不可抗力导致不能实现合同目的而解除合同外，依法定解除权解除合同的其他三种情形基本都是以另一方当事人违约为前提的；而在依约定解除权解除合同的情形中，一方当事人的解除权主要取决于合同的约定，因此既可能存在对方违约的情形，也可能不存在对方违约的情形。笔者认为，在一方当事人因为对方违约而解除合同的情形下，无论是依据约定解除权解除合同，还是依据法定解除权解除合同，都存在一个解除溯

第十五章 酒店管理合同的解除

及力的问题,即履行义务的一方可以根据履行义务的情况和合同性质,要求违约方"恢复原状、采取其他补救措施,并有权要求赔偿损失"。而在依据约定解除权解除合同的情形下,如果一方当事人因为合同约定的解除条件成就而解除合同且另一方不存在违约行为,则不存在一个解除溯及力的问题,该方当事人不能要求另一方"恢复原状、采取其他补救措施,并有权要求赔偿损失"。比如,如果酒店管理合同约定,管理公司可以在酒店物业在特定日期前无法达到开业要求时解除合同,那么如果管理公司因此解除了合同且自身没有违约行为,那么业主就很难要求管理公司"恢复原状、采取其他补救措施,并有权要求赔偿损失"。关于"恢复原状、采取其他补救措施,并有权要求赔偿损失",可以参考第十三章关于违约责任的规定。

在理清了合同解除时当事人之间已经发生的债权债务关系的可能处理后果后,仍然有一个方面需要注意,即在酒店管理合同中还往往存在很多关于合同解除时如何对已发生的债权债务关系进行处理的问题。比如,酒店管理合同中的费用处理条款,如"本协议终止之前应付而未付给管理方的所有款项(包括在本协议下为业主垫付的资金),如果不存在争议,应在本协议终止当日前支付给管理方,而管理方有权从酒店营运账户中直接将该等款项汇入到管理方自己的账户上,否则管理方有权根据本协议规定提请仲裁"。这种条款在合同解除后仍然会得到法律的尊重吗?从法律的角度而言,这是一种关于合同终止后如何进行结算和清理的条款。除上述已发生的债权债务的清偿外,它还涉及可能的法律处理程序。**根据《合同法》第98条的规定,"合同的权利义务终止,不影响合同中结算和清理条款的效力"**,因此法律是支持当事人进行这种约定的。①

另外,在酒店管理合同中还往往存在很多合同解除后仍然有效的条款,如"双方同意对本协议的约定事项严格保密,未经另一方事先同意,任何一方均不得向新闻界或任何第三方披露上述资料,除非在下列情况下披露:为履行本协议向其专业人士或顾问披露;为了酒店融资需要向贷款银行披露;为了进行本协议所允许的转让而向受让人披露;或者依据法律要求需要披露。本条约定的义务在本协议终止或到期后继续生效"。这种条款在合同解除后仍然会得到法律的尊重吗?从法律的角度而言,这种约定实际上属于合同解除后的配合义务。**根据《合同法》第92条的规定,"合同的权利义务终止后,当事人应当遵循诚实信用原则,根据交易习惯履行通知、协助、保密等义务"**。因此,法律是支持当事人对这种配合义务进行约定的,尽管它本身也是一种法定义务。

---

① 虽然合同解除是合同终止的一种方式,但法律界对合同解除和合同终止的后果一直存在争议,但在此处,《合同法》关于合同终止后果的规定是可以适用于合同解除的。

第十六章
管理合同的争端解决

导读

根据酒店管理的一般实践，业主和酒店管理公司在酒店管理合同中可采用的争端解决方式主要有三种，即专家解决方式、仲裁解决方式和诉讼解决方式。这三种方式各有利弊，专家解决方式快捷经济，但稳定性不够；仲裁解决方式保密性强且裁决域外执行性强，但可能存在与诉讼程序的交叉，如涉及财产保全或裁决执行的，需要依靠法院的支持；诉讼解决方式可以做到程序上的统一，不论是裁判还是保全或者执行都可以在法院完成，但保密性却不够且可能存在域外执行的困难。本章将对如何选择这三种争端解决方式及如何进行操作进行详述。

第十六章　管理合同的争端解决

第一节　专家意见

咨询专家意见是酒店管理行业中一种比较常见的做法，因为酒店管理作为一种特殊性很高的产业，无论是在酒店立项和开办阶段，还是运营和管理阶段，都需要很多行业的专家参与并提供专业意见，包括技术、财务、市场、法律等各个方面的专家和专业意见。比如，在酒店立项和开办初期，聘请专家就酒店开办的可行性及发展潜力出具专家意见已成为酒店管理行业一个比较通行的做法。专家及专家意见已成为酒店管理可以成功发展的一个重要因素。

在就酒店管理合同谈判和履行方面，专家意见同样重要。比如，在酒店管理合同谈判阶段，笔者亲身遇到的一个案例就是，在管理公司和业主无法就限制发展区域划定范围时，管理公司就曾建议由专家就此提供意见，并得到了业主的首肯。鉴于专家意见的重要性，部分管理公司还提出在酒店管理合同的履行中纳入专家意见，并将专家意见作为当事人解决酒店管理合同履行所产生争端的一种方式。

那么，到底何谓专家呢？中国法律对此并无明文规定。按照一般的理解，专家可以解释成为具有某一方面专业知识和技能的人。但就酒店管理而言，这种定义显然是不够的，如上文所述，酒店管理涉及技术和财务等各个方面的专家，将酒店管理方面的专家笼统界定为具有酒店管理专业知识和技能的人是不严谨的。因此，在**酒店管理合同中，专家一般会被界定为在酒店管理方面具有相应专业知识和技能并具有解决相关问题能力和资历的公司或个人**，而这种专家往往都被要求具有一定知名度，并由管理公司和业主双方协议指定。

在酒店立项和开办阶段，专家的聘请比较容易理解，一般由双方或者单方来聘请或承担费用。但在争端解决阶段，专家聘请却有些不同，一般而言，都会经历一个提出倡议和确定的过程。比如，在酒店管理合同履行过程中发生问题时，往往一方会事先向另一方发出倡议由专家解决该问题的通知，并由另一方评价或推荐新的人选，并通过协商最终确定专家人选和费用。如果双方最终无法协商确定专家人选

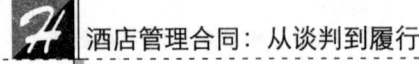
酒店管理合同：从谈判到履行

的，双方可能还会采用另外一种专家选定方式，那就是由双方分别推荐一个专家人选，然后由双方推荐的专家或机构选定第三个专家，以保证专家的公正性和独立性，并最终确定专家的费用承担方式。

在选定了专家后，由专家按照酒店管理合同的约定或者专家聘请协议的约定，在特定时间内向管理公司和业主提交争端事项的处理时限和处理方式，并在处理时限内将有关处理方案发给管理公司和业主确认，并最终由管理公司和业主在此基础上达成共识或者新的协议。对此，管理公司和业主通常都会予以配合，将争端所涉及的资料和记录提交给专家，并在争端处理过程中配合专家进行工作。

将争端提交专家解决的最大优点在于，可以保证争端处理的快捷性，因为专家对酒店管理行业往往很熟悉，不仅能够迅速发现问题产生的原因，往往还能够迅速提出解决问题的方法和途径，能够为管理公司和业主节省大量时间和精力，以保证业主和管理公司能将更多的时间投入到酒店的经营和管理工作中去。当然，专家争端解决方式的另一大优点是保密性比较强，专家在接受双方的指定时往往都会被要求对争议事项严格保密，而这种要求往往都能为专家所遵守。因此，为了保证能够尽快确定专家并解决争端，部分酒店管理合同甚至还早早明确约定了承担专家费用的方式，如纳入酒店的运营成本等。

那么，专家争端解决机制在中国法律下的效力又如何呢？如果一方当事人不遵守调解协议，另一方当事人应当采取什么措施呢？比如，笔者曾经看到过这样的约定："酒店专家的决定须为最终决定，对双方均有约束力，并且不得通过仲裁、法庭判决或任何其他方式对其进行质疑。"这样的约定会得到中国法律的尊重吗？回答该问题的关键是，中国法律是否允许专家争端解决机制的存在。

根据中国现行的法律法规，民事争端解决方式主要有四种，即和解、调解、仲裁和诉讼。所谓和解是双方在发生争议时，由双方通过协商达成一个和解协议，并对争议问题作出安排。和解是由争议双方完成的，并不需要第三方的参与，因而不是本章所讨论的专家解决机制。而调解则是指在双方发生争议时，由双方选定的第三方参与双方对争端问题的协商过程，并在第三方参与的情况下达成处理争端问题的协议。综合上述关于专家争端解决机制的描述，可以看出**专家争端解决方式其实就是中国法下的调解**，由管理公司和业主确定的争端处理方案其实就是中国法下的调解协议。

关于调解的法律后果，最高人民法院在其《关于审理涉及人民调解协议的民事案件的若干规定》中曾明确规定，调解协议只有在满足①当事人具有完全民事行为能力；②意思表示真实；③不违反法律、行政法规的强制性规定或者社会公共利益等三个条件时才能有效，而在①损害国家、集体或者第三人利益；②以合法形式掩盖非法目的；③损害社会公共利益；④违反法律、行政法规的强制性规定等四种情况下则无效，并且对于①因重大误解订立的；②在订立调解协议时显失公平的调解协议，还赋予了当事人请求人民法院变更或者撤销的权利。可见，虽然专家争端解决方式有其保密性和快捷性的优点，但在双方当事人对调解协议有争议或一方当事人不遵守调解协议的情况下，也只能申请法院对其效力予以确定。也就是说，除了当事人对调解协议存在的商业风险外，调解协议本身在法律上也存在一定风险。

那么，这种风险到底有多大呢？笔者以为，在酒店管理合同中，这种风险基本上是可以控制的，只要调解协议不侵害第三方的利益，或者违背中国法律的强行规定。换言之，**只要调解协议不侵害第三方的利益，或者违背中国法律的强行规定，调解协议基本就会得到法院的支持**，而且由于调解协议本身因为对争议已经有了处理方案，可以大大降低法院裁判结果的不确定性，也可以在实际上缩短法院的审理时间，促进争议的解决。

就上文提到的案例而言，约定"酒店专家的决定须为最终决定，对双方均有约束力，并且不得通过仲裁、法庭判决或任何其他方式对其进行质疑"，是同中国法律法规中的有关诉讼法律法规相违背的，因为当事人的某些诉讼权利是不能通过双方的约定所免除的，因此在司法实践中被尊重的可能性较小。当然，这并不是说专家争端解决方式是一无是处的，专家争端解决方式的保密性和快捷性是无可争辩的，只是当事人也需要衡量专家争端解决成本、法院裁判成本等各方面的因素，以作出合理判断，并在酒店管理合同中作出明确约定。

第二节　商事仲裁

商事仲裁是酒店管理合同中最常使用的一种争端解决方式。相对于专家争端解决方式而言，商事仲裁同样具有保密性的特点，因为仲裁案件不公开审理，从而可以有效地保护当事人的商业秘密和商业信誉；另外，商事仲裁也具有专家解决争议

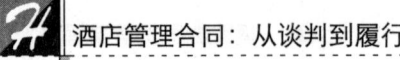 酒店管理合同：从谈判到履行

的性质，以中国国际经济贸易仲裁委员会（"CIETAC"）为例，该仲裁委就包含金融、房地产等各方面的专家，当事人完全可以通过阅读专业仲裁员名册来选定自己信任的仲裁员，在特定情况下，该仲裁委还允许当事人指定仲裁员名册之外的专家担任仲裁员，以保证仲裁的质量和效率。

相对于专家争端解决方式和民事诉讼而言，商事仲裁还具有其他一些优点。比如，商事仲裁具有一裁终局的效果，相对于专家争端解决方式而言，具有很大的确定性；而且，仲裁裁决不同于法院判决，仲裁裁决不能上诉，一经作出即为终局，对当事人具有约束力。虽然仲裁裁决可能被裁决作出地法院裁定撤销或被执行地法院裁定不予承认和执行，但法院裁定撤销或不予承认和执行的理由是非常有限的，在涉外仲裁中通常仅限于程序问题。因此，商事仲裁的裁决具有直接执行的效力，也就是说一旦商事仲裁裁决作出，任何一方当事人都必须受仲裁裁决的约束，否则另一方当事人就可以申请执行，要求强制该方履行仲裁裁决。

商事仲裁的另一大优点在于，仲裁裁决还具有域外执行的效力。由于中国已经加入了1958年《承认和执行外国仲裁裁决公约》，而且参加该公约的缔约国至2005年2月28日为止已达到135个之多，因此不论当事人约定的仲裁地点在哪里，只要该仲裁裁决是合法有效的，那么该仲裁裁决就可以直接在中国境内申请执行。同理，即使该仲裁裁决是在中国境内作出，该仲裁裁决仍然可以在加入该公约的任何国家申请直接执行，无须就所涉及的争议再次进行司法裁判和确认，当然适用于国外仲裁裁决时还需要考虑相关缔约国所做的一些商事保留和互惠保留。

既然商事仲裁具有许多的优点，那么在实践中究竟应当如何适用商事仲裁呢？根据中国《仲裁法》的规定，当事人申请仲裁应当符合三个条件，即①有仲裁协议；②有具体的仲裁请求和事实、理由；③属于仲裁委员会的受理范围。从目前笔者的实践来看，就酒店管理合同所产生的争议申请在中国仲裁是完全没有问题的，关键是当事人之间是否有仲裁协议以及仲裁协议的内容。如果当事人之间没有仲裁协议或者在争端发生后达不成仲裁协议，就只能去法院申请民事诉讼；如果当事人之间已有仲裁协议或者在争端发生后达成了仲裁协议，则当事人可以直接申请商事仲裁，而且按照中国法律规定，在这种情况下申请法院民事诉讼的，法院不应当受理。但是仅有仲裁协议还是不够的，仲裁协议还必须写明需要仲裁的事项，没有写明的仲裁事项，仲裁庭不应当受理，对这些事项当事人也只能去申请法院民事诉讼解决。比如，仲裁协议仅约定将违约金的支付作为仲裁事项的，如果当事人将产品瑕疵责任申请仲裁，仲裁庭便无法受理，对于产品瑕疵责任，当事人只能提交法院民事诉讼解决。当然，仲裁协议可以表现为当事人之间达成的一份独立协议，也可以表

第十六章　管理合同的争端解决

现为当事人之间的合同条款，即在合同中用专门条款对仲裁事项以及如何仲裁进行约定。

就酒店管理而言，管理公司和业主通常都会在酒店管理合同当中用专门条款对仲裁事项进行约定。为了防止仲裁条款约定不明而导致仲裁无法被受理的可能，酒店管理合同对仲裁事项往往采用一些很模糊但又很概括的语言进行约定。最常见的约定基本如下："因本协议或本协议的违约、终止或无效引起的或与此有关的任何争议、争论或索赔，任何一方均可提交中国国际经济贸易仲裁委员会（'CIETAC'），并依据该仲裁委员会的仲裁规则在北京进行仲裁解决。"实践证明，这种约定是行之有效的。笔者不仅依据该约定将争议成功递交CIETAC，CIETAC还依据该约定对合同效力、违约金、管理费、知识产权、补偿费用等内容作出了裁决。

然而，在约定仲裁事项时有一个特别需要注意的问题，那就是，在实践中很多酒店管理合同中都会有如下类似的约定，如"因本协议而引起的或与之有关的一切争端、争议、索赔或分歧，应首先由一方向另一方发出争端通知，另一方在收到通知后10天内应本着真诚善意与该方进行为期30天的协商以努力解决争端。如果在该30天期限内双方不能解决争端，则双方应聘请一位双方均可接受的专家帮助他们在额外30天内解决争端；如果仍未能解决，则应依照本协议约定的仲裁程序进行仲裁"。这种约定综合了争端解决的多种方式，包括和解以及专家调解，在现实中比较有利于争端的解决，但如果这些方式一旦无法解决争端而导致双方不得不走向仲裁庭的时候，仲裁庭就会首先考虑一个问题，即前面的这些和解和调解程序是否已经走过了。在仲裁庭看来，这些和解和调解程序是它是否可以受理此争端的前置程序。如果这些前置程序没有完成，则仲裁庭就会要求双方就此作出一个说明，并声明愿意未经过这些前置程序直接进入仲裁程序。这是仲裁庭出于仲裁程序正当所采取的一种做法，以防止将来仲裁裁决因为仲裁程序不当而不被承认和执行，这一点是管理公司或者业主在决定提交商事仲裁前需要注意的问题。

在确定了所约定的仲裁事项可以仲裁后，就可以向仲裁庭提出仲裁申请了。按照CIETAC的规定，当事人可以就开庭审理、证据的提交和意见的陈述等事项达成协议，并设计符合自己特殊需要的仲裁程序；如果当事人没有协议，则由仲裁庭自由决定。一般而言，都会经过一个申请、立案、答辩、选定仲裁员、确定开庭时间的过程。其中，对管理方和业主而言，比较重要的一点是仲裁员的选定。

就酒店管理合同而言，管理公司和业主就仲裁员的选定通常都会作如下约定："任何一方均可将争议提交中国国际经济贸易仲裁委员会（'CIETAC'），依据该仲裁委员会的仲裁规则进行仲裁。仲裁由3位仲裁员进行，其中一名由管理方指定，另外一名由业主指定，第三名由双方指定的仲裁员协商共同指定，双方未能共同指定第三名仲裁员的，则应由仲裁委员会主任予以指定。"这种规定与CIETAC关于仲裁员选定的规定基本相符。当然，也有部分酒店管理合同对仲裁员的选定程序作出了更为详细的约定，包括双方选定仲裁员的时间、仲裁员的资质等，这些约定通常也都会得到CIETAC的尊重，无须多述。

在选定仲裁员并确定仲裁时间和地点后，基本上就可以开庭进行仲裁审理了。为了保证在仲裁审理过程中交流的效率，在酒店管理合同中，也有管理公司要求仲裁应当以汉语以外的其他语言作为仲裁审理语言，这种要求一般都会受到CIETAC的尊重。按照CIETAC的规定，仲裁开始审理后，一般都会在6个月内审结案件，出具仲裁裁决。

然而，特别需要当事人注意的是，仲裁委员会并没有调查取证的权力，不能进行证据保全，它也没有对财产进行保全的权力，无法对可能被迅速转移的财产进行冻结，更没有执行仲裁裁决的权力，无法在败诉方不履行仲裁裁决的情况下强制执行仲裁裁决，它所拥有的权力仅限于对当事人的争端进行审理并出具仲裁裁决。当事人要申请证据保全、财产保全或者执行仲裁裁决的，必须向法院另行提起申请，寻求法院的救济，因为这些权力体现的是国家司法权，而仲裁带有民间性质，是私权处分权的授予，不能行使这些权力。

从某种角度上讲，这种权力的分割会在程序上给当事人带来一定不便，但这是国家司法主权的要求，当事人只能在现实中予以遵守，否则只能承担由此产生的不利后果，而现实中也多次发生过当事人因在提请仲裁时没有申请证据保全或者财产保全而导致损失发生的现象。因此，在这种阶段寻求专家协助是十分必要的。

商事仲裁中还有一个问题特别需要注意，那就是中国的仲裁机构可否适用外国的法律进行仲裁？笔者已经在酒店管理合同谈判中多次遇到这个问题，整体上的看法是适用外国法律不妥。首先，如果该酒店管理合同是国内业主与国内管理公司或者国际管理集团在中国境内的子公司签订，那它就没有适用外国法的基础，即使仲裁裁决依照外国法作出来了，人民法院也完全可以以该裁决违背社会公共利益，而裁定不予执行，这涉及司法主权问题，个人意志无法左右。其次，如果该酒店管理合同是国内业主与外国管理公司签订，虽然按照中国法律它可以适用外国法，但问题在于酒店的开发、建设和经营会涉及很多中国法律问题，而外国法律与中国法律存在冲突的可能性很大，在现实中很难同时按照两种法律来处理酒店的开发、建设和经营问题。即使仲裁裁决按照外国法已作出，它同样面临上面所提到的司法主权问题，很难在现实中得到执行。

第三节　民事诉讼

民事诉讼是民事权利救济的最后一道防线，也是国家民事法律效力的最终体现途径，因此国家在制定民事诉讼法规时也是非常慎重和严格的。由此带来的直接后果就是，民事诉讼程序极为复杂，一般人很难轻易掌握，成为很多商事纠纷的次优选择。**就酒店管理合同而言，管理公司和业主通常都会倾向于选择用商事仲裁来解决纠纷而不是民事诉讼。**

管理公司和业主倾向于放弃民事诉讼争端解决方式的具体理由可简单列举如下。首先，民事诉讼存有审级之分，当事人对一审法院判决结果不服的，还可以申请进行二审，在特殊情况下还可以申请再审，导致争端解决时间过长，且判决结果存在不确定性，不利于双方将来的工作和经营。其次，为保证法院审理的公正和公平，法院审理一般都要求公开进行，除非争端涉及商业秘密而不进行公开审理，这必须要经过当事人申请。但不论是公开审理的案件，还是非公开审理的案件，法院必须一律公开宣告判决。虽然不公开审理可以避免商业秘密的泄露，但公开宣判本身却可以公开当事人的相应信息，并可能对其市场信誉产生影响。再次，酒店管理带有很大的特殊性。通过商事仲裁，当事人基本上可以选择自己认为信任的熟悉酒店行业的专业人士进行争端仲裁，但法院却不同，当事人根本没有机会安排这种专业人士，裁判人员全部由人民法院指定。

虽然如此，但法院的重要性依然不可或缺。正如笔者上文提到的，专家所达成的调解协议并不是不会存在被质疑或者被拒绝履行的风险，在这种情况下，当事人就必须提请法院通过诉讼的方式对调解协议的效力予以确定。仲裁庭所出具的仲裁裁决也不是不会存在被拒绝执行的风险，在此情况下，当事人也只能提请法院予以最终执行协助。当然，涉及证据保全或者财产保全的，也只能由法院来完成。换言之，**如果采用民事诉讼来解决争端，它最大的优点就在于有可能使审判、裁决、保全和执行由一家机构来完成，从而避免当事人采用商事仲裁所面临的程序分割问题。**

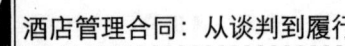

就一般的民事诉讼程序而言，它一般会经过提出诉讼、法院立案、法庭审理、法院判决几个阶段。其中，在法庭审理阶段又包括证据交换、证据质证、法庭辩论等内容。在法院作出判决后，法院判决通常都会有一个15天的生效期。如果15天期满当事人不上诉的，法院判决生效；上诉的，判决不生效，直至上诉判决的作出。判决生效后，当事人就应当执行，否则另一方当事人就可以申请法院强制执行。当事人对上诉判决仍有异议的，可以申请再审，但在再审期间上诉判决并不停止执行。

此外，需要特别指出的是，与商事仲裁裁决不同，法院判决不具有域外执行的效力。比如，中国法院的判决是无法拿到美国去直接申请执行的，它还必须经历一个美国法院司法审判来确认的问题；反之亦然。另外，根据在上一节中关于仲裁适用法律的分析，法院采用外国法来审理和判决酒店管理合同的可能性不大，不论该酒店管理合同是由国内业主与国内管理方签订，还是由国内业主与外国管理方签订。

后 记

中国饭店业经过改革开放后三十年多年的发展,取得了令人瞩目的成就,无论是拥有的酒店数量、规模还是质量,都取得了显著成绩。据不完全统计,截至2010年,已有40多家国际酒店管理集团的70多个品牌进入中国,共管理1000多家酒店。世界上排名前十位的国际酒店管理集团均已进入中国市场。

近年来,越来越多的中国酒店业主选择国际酒店品牌,委托国际酒店管理集团管理其酒店,如何在与国际酒店管理集团的合作中充分了解和尊重国际酒店管理的行业惯例,在酒店管理合同的谈判中保护自己的利益,对于业主与管理公司能否顺利合作、酒店项目能否成功是非常重要的。为了使国内的酒店业主及酒店业内人士全面地了解国际品牌酒店管理项目的运作以及酒店管理合同的主要内容及谈判要点,编者在多年酒店业实践与法律积累的基础上,编写了这本《酒店管理合同:从谈判到履行》(实战版)。本书立足于当前国际品牌酒店委托管理项目的现状及行业惯例,结合编者的实践经验,内容深入浅出,有助于读者全面了解国际品牌酒店管理合同的主要内容以及如何在酒店管理合同的谈判及履行中把握业主及管理公司双方的利益。

目前,全面、系统,兼具专业性及实践性地介绍国际品牌酒店管理合同的书籍屈指可数。本书作者通过其多年从事酒店项目的经验及体会,对国际品牌酒店委托管理项目从项目前期的可行性研究、确定适用的酒店品牌，到酒店管理合同的谈判、签约，直至管理合同的履行进行了全面的介绍，读者借此可以了解国际品牌酒店管理项目的全部过程。本书是一本具有很高实用价值的参考书，对于指导酒店业主及酒店业内人士从商业上及法律上把握国际品牌酒店管理项目极具意义。

本书由王丽华、孙铤哲、李亚、孟宪石、张兵参与编写，王丽华负责全书的修改及统稿工作。本书作者为资深的酒店业内人士以及拥有丰富酒店项目经验的专业人士。本书的主编王丽华女士为资深的酒店业专业律师，拥有10多年的国际品牌酒店管理合同的谈判经验，代表国际酒店集团及国内酒店业主参与过上百个酒店项目，拥有极其丰富的实践经验。本书副主编孙铤哲先生曾服务于艾美（Le Méridien）、希尔顿（Hilton）、雅高（Accor）、金陵、朗廷（Langham）等多家酒店集团，具有14年酒店项目发展及前期技术筹备经验，为酒店业内的资深人士。本书编者李亚、孟宪石及张兵先生亦拥有多年国际品牌酒店管理合同的谈判经验，具有丰富的实践经验。

本书的编写过程中得到了许多朋友的支持和帮助，特别是旅游教育出版社的无私帮助，在此表示衷心感谢！

编　者
2012 年 12 月

策　　划：赖春梅
责任编辑：张　娟

图书在版编目(CIP)数据

酒店管理合同：从谈判到履行：实战版/王丽华主编. —北京：旅游教育出版社，2013.4 （2021.8 重印）
（饭店经理人丛书）
ISBN 978-7-5637-2560-1

Ⅰ.①酒… Ⅱ.①王… Ⅲ.①饭店—项目管理—经济合同 Ⅳ.①D913

中国版本图书馆CIP数据核字（2013）第039007号

饭店经理人丛书

酒店管理合同：从谈判到履行（实战版）

王丽华　主编

孙铤哲　副主编

李　亚　孟宪石　张　兵　编委

出版单位	旅游教育出版社
地　　址	北京市朝阳区定福庄南里1号
邮　　编	100024
发行电话	(010) 65778403　65728372　65767462(传真)
本社网址	www.tepcb.com
E-mail	tepfx@163.com
印刷单位	唐山玺诚印务有限公司
经销单位	新华书店
开　　本	710mm×1000mm　1/16
印　　张	14.75
字　　数	222千字
版　　次	2013年4月第1版
印　　次	2021年8月第5次印刷
定　　价	52.00元

（图书如有装订差错请与发行部联系）